【資本論】

與中國特色
社會主義政治經濟學

楊穎、許彥 主編
郭險峰　副主編

財經錢線

前　言

《資本論》猶如人類思想史上的皇皇大廈，充滿著邏輯的力量和藝術的語言，不僅揭示了資本的奧秘，而且處處閃耀著真理和先知的光芒。時間和實踐告訴我們，雖然歷經歲月變遷，《資本論》所闡釋的原理、方法依然是當今經濟發展的指南，它的基本理論依然是人們寶貴的精神財富。而《資本論》就是馬克思主義政治經濟學的集大成者。要堅持中國特色社會主義政治經濟學的重大原則就需要對《資本論》進行深入研究和學習，從《資本論》中汲取理論營養，這既是中國特色社會主義理論發展的需要，更是當前中國經濟社會實踐發展的要求。

本書集結了此次理論研討會理論成果，為進一步研究《資本論》和中國特色社會主義政治經濟學提供一些觀點和思路。本書收錄了多名學者的 26 篇論文，由楊穎、許彥和郭險峰負責全書主編。因為時間倉促，加上編著者自身學識和研究認識的限制，該論文集或有不當之處，還望大家批評指正。

編　者

目　錄

馬克思再生產理論的當代價值探析 ………………………………… 丁　英（1）
馬克思的資本累積理論及其現實意義 ………………………………… 孫繼瓊（11）
構建中國特色社會主義政治經濟學的理論體系與發展路徑 ………… 郭險峰（20）
改革開放以來中國農地制度改革演變研究
　　——基於《資本論》地租理論視角 ……………………………… 袁　威（29）
從馬克思主義政治經濟學角度看供給側結構性改革 ………………… 李　勝（43）
試論財政資金沉澱的癥結及應對路徑分析 …………………………… 黃紹軍（51）
資本價格波動背景下的地方政府融資模式轉型研究 ………………… 蒲麗娟（57）
《資本論》視角下對發展中國特色社會主義政治經濟學的思考 …… 丁登林（63）
馬克思虛擬資本理論視角下完善農戶融資體系研究 ………………… 周海兵（69）
《資本論》的當代價值研究 ………………………………… 陳小平　姜博朧（74）
馬克思主義政治經濟學中國化的新成果
　　——論五大發展理念的理論和實踐意義 ………………………… 曾會利（79）
試論馬克思主義政治經濟學在中國的豐富和發展 ………… 邱亞明　趙傳敏（83）
借鑑馬克思生態思想　貫徹落實綠色發展理念 ……………………… 林勁松（88）
《資本論》與共享發展的關係研究 …………………………………… 蔣之亮（92）
中國特色社會主義政治經濟學發展的新境界 ……………… 徐光智　向喜宗（98）
從私有財產到異化勞動的路徑探究
　　——《1844年經濟學哲學手稿》札記 …………………………… 袁　琳（103）
踐行五大理念　打贏扶貧攻堅世紀戰 ………………………………… 湯紅蒂（106）
新時期加強農村廉政文化建設的實踐探討 ………………… 陳宇波　李國慶（111）

關於資源型城市推進供給側結構性改革的思考 ………………… 羅　蓮　陳　荻（118）
「一帶一路」國家發展戰略下的攀枝花機遇與對策 … 陳　荻　羅　蓮　周　群（123）
混合所有制：經濟發展的增長點 ……………………………………… 羅志軍（127）
破解農村消費「需」而「不旺」問題的思考……… 南充市南部縣委黨校課題組（132）
丘陵地區統籌城鄉改革發展調查研究
　　——以南充市順慶區為例 …………………………………………… 梁　宇（138）
追求和諧、效率、持續的內在統一
　　——深入研究《資本論》中的綠色經濟思想 ……………… 袁劍平　胡文權（143）
甘孜藏區農牧民飲水安全現狀及思考 ………………………………… 吳財明（149）
哲學視閾下生態保護紅線劃定與管控的思考 ………………………… 倪　婷（155）

馬克思再生產理論的當代價值探析

四川省委黨校經濟學教研部 丁 英

摘 要：馬克思在其分析研究資本主義經濟的歷史巨著《資本論》中，詳盡地闡述了其社會資本再生產理論原理。馬克思的社會再生產理論雖然是在分析資本主義經濟的過程中建立起來的，但對社會主義市場經濟條件下再生產的順利進行、經濟的持續增長仍然具有重要啟示意義和科學價值，特別是對社會主義市場經濟中的宏觀經濟管理，更是具有重要參考價值。為此，本文對馬克思再生產理論對現階段中國宏觀經濟運行的價值加以分析，以期對促進中國生產、再生產順利進行，經濟持續穩定增長有所裨益。

關鍵詞：馬克思；再生產理論；價值

社會資本再生產理論是馬克思主義政治經濟學的一個重要組成部分，是馬克思經濟理論的重要內容。馬克思在其研究資本主義生產過程的歷史巨著《資本論》中，對社會資本再生產問題進行了全面系統的分析和研究，在此基礎上建立了完整、系統、科學的再生產理論。再生產理論主要包括社會再生產中貨幣資本重要性原理、社會再生產的核心是社會總產品實現的原理、社會生產和社會產品的分類原理、社會再生產實現條件原理等。馬克思的社會資本再生產理論雖然是一百多年前在分析資本主義經濟生產過程中形成的，但是，它不僅揭示了資本主義社會資本再生產運動的特殊性，而且揭示了以社會化大生產為特徵的社會再生產的一般規律，其理論原理對中國社會主義市場經濟條件下的社會再生產和經濟運行具有重要啟示意義和參考價值。

一、馬克思再生產理論對社會化大生產具有普適性

《資本論》的社會資本再生產理論雖然是在分析研究資本主義再生產過程中形成的，但是，其基本原理對中國社會主義市場經濟的正常運行仍然適用。

資本主義經濟是建立在商品生產基礎上的市場經濟，資本主義生產是社會化大生產，而中國現階段的經濟是社會主義市場經濟。社會主義市場經濟也是以商品生產為基礎、以社會化大生產為特徵，撇開社會性質不論，僅從商品經濟、社會化大生產角度看，社會主義市場經濟與資本主義經濟具有相通的地方。因此，馬克思《資本論》中

的社會資本再生產理論和原理對現階段中國的生產和再生產同樣適用，對中國現階段社會主義市場經濟的建設和發展而言，馬克思的再生產理論具有重要啟示意義和借鑑價值。

在中國社會主義市場經濟發展過程中，經濟發展的目的是通過經濟的持續穩定發展，更好地滿足人民群眾日益增長的物質文化生活需要。經濟發展的基礎是經濟增長，要實現中國經濟社會發展的近期目標和長遠目標，首先需要經濟持續穩定增長。經濟持續增長問題實際上就是社會擴大再生產問題，經濟持續增長的過程就是社會擴大再生產的過程。可見，《資本論》的社會資本再生產理論對中國經濟增長以及為促進經濟持續穩定增長所進行的宏觀經濟管理具有重要啟示價值。

二、馬克思再生產理論的基本啟示——社會產品供求平衡

在社會主義市場經濟條件下，經濟持續穩定增長是實現經濟社會發展目標的基礎。在現階段，要順利、如期實現中國 2020 年全面建成小康社會的戰略目標，最終實現中華民族偉大復興的「中國夢」，更需要經濟持續穩定增長。按照馬克思的社會資本再生產理論，實現經濟持續穩定增長的基本條件是社會各生產部門之間、各產業之間保持合理比例，維持數量上的平衡和物質上的對應。這種部門之間、產業之間的合理數量比例和物質形態對應反應在供求關係上，就是社會總供給與社會總需求平衡。這種社會總供求的平衡是價值平衡與實物平衡的統一。社會總供給與社會總需求的平衡，應成為社會主義市場經濟條件下宏觀經濟調控的基本目標。

（一）供求平衡是經濟持續穩定增長的基本條件

按照馬克思的社會資本再生產理論，不論是簡單再生產還是擴大再生產，都要求社會生產兩大部類之間以及兩大部類內部各部門之間必須保持適當的比例，按比例發展。在社會再生產中，社會生產兩大部類以及各個生產部門相互產生需求、相互供給產品，因此，社會生產各產業、各部門之間的平衡實際上就是社會總供給和總需求的平衡。其中，兩大部類之間的總量平衡和結構平衡，是保證社會總產品實現、保證再生產順利進行的關鍵。

經濟增長屬於擴大再生產的範疇，社會持續進行的擴大再生產意味著經濟持續穩定地增長。依據馬克思的社會資本再生產理論，結合現階段中國經濟運行的實際情況，要實現經濟持續穩定增長，必須使社會生產各部門、各產業之間保持合理比例，使各生產部門之間、各產業包括一、二、三產業之間既保持總量的相等，同時又保持物質上的對應，使各產業之間、各行業產品之間保持價值平衡和物質平衡。這是保持經濟持續穩定增長、實現經濟社會發展目標的基本要求。

不過，當今世界是開放的世界。按照馬克思的再生產理論，在開放經濟條件下，對外貿易可以解決部分社會產品過剩或不足的問題，從而對社會生產各部門、各產業之間的平衡起調節作用。因此，在當今的開放經濟中，社會生產各部門之間、各產業之間的

平衡不必保持封閉經濟條件下的機械平衡，而應是著眼於全球開放經濟條件下的平衡，要力求保持在對外貿易和資本輸出輸入基礎上社會生產各部門、各產業之間的總量平衡和結構平衡。

(二) 維持社會總供求平衡需供給管理與需求管理並重

按照馬克思的社會再生產理論，資本主義條件下社會資本再生產所要求的各部門、各行業之間的比例關係只能依靠市場調節自發實現，一旦社會再生產的正常比例關係遭到破壞，社會再生產便難以正常進行，進而社會生產比例失衡甚至爆發經濟危機不可避免。在社會主義市場經濟條件下，實現再生產中的供求平衡，除有市場機制的調節外，還有政府的調節管理。為了維持開放條件下社會生產各部門、各產業之間的合理比例關係，以及維持社會總供求平衡，除需要充分發揮市場在資源配置中的決定性作用外，還需要更好地發揮政府的宏觀經濟管理職能，充分發揮政府在宏觀經濟管理中的調控作用。

政府宏觀經濟調控和管理的方向，應是供給管理與需求管理並重。馬克思的社會再生產理論認為，從價值角度看，社會生產的兩大部類相互提出需求，從物質角度看，兩大部類又相互供給產品，兩大部類產品價值上的相等和物質上的平衡是社會再生產順利進行的基本條件；同時，宏觀經濟運行即社會再生產是生產消費和生活消費的統一。因此，解決中國宏觀經濟失衡問題、維持社會生產各部門之間正常比例的基本思路在於供給與需求並重，且二者的總量平衡和結構平衡並重。通過對供給層面和需求層面的調整、改革，促進社會總供給與總需求的總量平衡和物質平衡，保持社會再生產過程中各部門、各產業之間的合理比例，促進再生產順利進行，經濟持續增長。

運用馬克思的再生產理論分析中國的再生產問題，可以發現，馬克思所說的社會再生產實現條件即社會生產各部門之間、各產業之間的平衡，實際上是宏觀經濟中總供給與總需求的平衡。它要求社會總供給與總需求既保持價值量相等，還要保持物質上的平衡。只有這樣，社會再生產才能順利實現，經濟才能持續增長。

當前，中國經濟發展進入新常態，經濟發展中面臨一系列新情況、新問題。從供給與需求來看，目前中國宏觀經濟面臨的問題概括說來就是供求失衡，結構性過剩，一些行業如鋼鐵、建材、汽車等產能過剩。中國現階段的產能過剩，有需求不足的原因，但更多的是供給側產品和服務不適應需求造成的。也就是說，供給與需求在物質上不平衡是造成供求失衡、經濟增長速度減緩的重要原因。這也從反面印證了保持社會總供給與總需求總量平衡和結構平衡對於經濟持續增長的極端重要性。只有社會生產各部門、各產業之間保持合理比例，從而保持社會總供給與總需求在價值上和物質上的雙重平衡，才能保證生產、再生產順利進行，以及經濟持續增長。因此，面對當前中國經濟結構性過剩、經濟增長速度減緩、宏觀經濟下行壓力較大的現實，要保持經濟持續中高速增長，實現全面建成小康社會的戰略目標，基本思路就在於通過對需求和供給的調整，維持社會總供給與總需求在價值上和物質上的平衡。

(三) 現階段宏觀供給管理與需求管理的基本思路

當前中國宏觀經濟中供求關係呈現失衡狀態，具體表現為供給結構不適應市場需求，一些行業主要是低端產業產能過剩，庫存積壓嚴重。這種產能過剩不是總供給絕對大於總需求造成的，而是結構性過剩。一方面，部分產業、部分產品產能過剩，主要是諸如建材、鋼鐵、煤炭等低端產業產能過剩；另一方面，中高端產品和現代服務業的有效供給卻不足。同時，現階段的產能過剩是相對過剩，是相對於人們收入水平、有效需求的產能過剩。[1] 鑒於目前中國經濟結構性過剩的現實，依據馬克思社會再生產理論關於社會生產各部類、各部門按比例協調發展的原理，想要解決目前中國產能過剩、經濟結構失衡問題，需要從供給和需求兩個方面同時著手，需要供給側結構性改革與需求側調整和改革並重。一方面，要大力推進供給側結構性改革，通過化解過剩產能、調整和優化產業結構、增強企業創新能力，調整供給結構，增加適應市場需求的中高端產品和現代服務的供給，縮減不適應市場需求的低端產品供給；另一方面，註重需求側調整和改革，將需求側短期的數量調整與長期的結構調整及其與之相關的制度改革統一謀劃，共同推進，以促進有效需求持續增長。通過供給側結構性改革與需求調整改革的相互配合、協同推進，有效解決經濟發展中產業之間、產品之間比例失調問題，實現社會供求平衡，促進經濟持續穩定增長。

1. 供給側調整改革思路

從供給側分析，目前中國供求失衡、產能過剩的主要原因在於供給與需求不適應。一方面，一些低端產業、傳統產業不顧市場需求過度擴張，產能超過市場需求，生產過剩；另一方面，隨著經濟的發展，人民群眾收入水平逐漸提高，需求逐漸變化和升級，但供給結構、供給質量未適應需求變化做出相應調整，導致一部分需求缺乏有效供給。結構性過剩影響經濟持續增長，有效供給不足又造成一部分消費能力外流，對經濟增長形成阻礙。解決結構性過剩問題的思路在於註重供給與需求相適應，隨著需求量、需求結構的變化進行供給結構調整。目前中國正在加緊推進的供給側結構性改革就是基於現階段結構性過剩實際而提出的解決再生產比例失調、實現供求平衡的重要舉措。

鑒於當前中國需求調節效果有限的現實，化解過剩產能、解決結構性過剩問題，需要大力進行供給結構調整、改革。供給側結構性改革的目的在於調整、優化產品結構、產業結構，減少無效供給、低端供給，增加適應市場需求的有效供給、中高端供給，「增強供給結構對需求變化的適應性和靈活性」[2]。為此，產能過剩行業要根據市場需求情況去庫存、去產能。要引導產能過剩行業、企業壓縮甚至關停不適應社會需求的產品的生產。對於技術上確實已經落後、產品嚴重缺乏市場的產能過剩企業、虧損企業要果斷處置，通過兼併重組、債務重組或破產清算等措施推動其資源重組、優化資源配置。對於產品仍有一定市場、通過轉型升級能重新煥發生機和活力的企業，應大力推動其轉型升級，使之通過產品結構的調整和技術創新，提高市場適應能力，提高市場競爭力，

---

[1] 周文. 供給側結構性改革與中國經濟學的理論創新 [J]. 理論與改革，2016 (4)：1-4.
[2] 何自力. 論供給管理的特點及其必要性 [J]. 理論與改革，2016 (4)：8-10.

增強有效供給能力，為市場提供更加優質的產品和服務。

去庫存、去產能不應是簡單地收縮生產、縮減生產規模，而是企業要根據市場需求的發展、變化進行產業優化重組，積極調整產品結構，發展高端產業或產業高端，積極進行技術創新和產品研發，提高產品質量和性能，提高供給質量，同時努力創造新供給，擴大中高端產品和服務供給，提高有效供給能力。

從社會層面看，政府相關部門、行業協會及其他相關機構應通過多方面措施，如發布行業、產業信息，實施相應的財政、信貸等政策，推動產能過剩行業的產業結構、產品結構調整，促進低端產業向高端產業轉化，對一些傳統產業則推動企業由產業低端向產業高端發展、轉化；同時，引導企業根據社會需求變化情況及其發展趨勢，增加有效供給，提高有效供給能力，以消費者需求為引領，不斷生產和提供更多高質量的產品和服務。

2. 需求側調整改革思路

從需求角度看，當前中國經濟發展過程中的產能過剩，部分原因在於社會有效需求不足。因此，在大力推進供給側結構性改革的同時，還要堅定不移地推進需求側的調整和改革。

需求側調整與改革不能只是著眼於短期地增加有效需求，而是要協同推進短期數量調整、長期結構調整以及相關的體制改革。一方面，要採取措施大力促進需求增加，以消化過剩產能；另一方面，要著眼於促進需求長期穩定增長，深化收入分配製度、投融資體制、外貿體制等領域改革。通過需求側的結構性調整和制度改革，促進需求持續穩定增長，實現需求與供給協調增長，維持社會供求平衡，促進經濟持續穩定增長。

按照馬克思的再生產理論，產品銷售不掉，產品價值無法實現，社會產品的價值補償和物質補償無法進行，社會再生產就不可能順利進行。在社會有效需求不足的情況下，要使經濟持續增長，就需要努力擴大社會需求。社會總需求由消費需求、投資需求和國外需求三部分構成，目前，中國這三個方面的需求增長都面臨困難和問題，居民消費需求增長乏力，投資需求增長放緩，外需持續疲軟，致使社會有效需求不足，部分產業產能過剩。為此，促進需求增長，既要大力促進居民收入增長以擴大居民消費需求，又要深化投資領域改革以促進投資增長，還需要加強國際經濟合作，促進對外貿易增長。

（1）深化收入分配領域改革，促進消費需求增長

造成中國現階段國內需求增長乏力的原因很多，其中最主要的原因是收入分配和再分配製度不完善、不合理。不合理的收入分配製度和不完善的社會保障制度導致居民收入增長不適應供給增長，社會有效需求不足；更重要的是導致居民收入差距過大。收入分配嚴重不平等成為社會有效需求不足的重要原因。為此，推進需求側調整和改革，應加緊落實共享發展理念，深化收入分配製度、社會保障制度等方面的改革。

首先，要繼續改革、完善收入分配製度。通過收入分配製度的深入改革，有效縮小收入分配的個人差距、地區差距和行業差距，壯大中等收入群體，擴大中產階層，提高社會收入分配公平程度。這是擴大社會需求的現實途徑。其次，要建立和完善個人收入隨經濟增長相應增長的機制，使社會有效需求能隨著生產水平的提高、經濟的增長相應

增長。這是促進供求平衡的長效之舉。再者，要繼續改革完善稅收制度特別是個人所得稅制度，切實減輕中低收入者的稅負；建立和完善個人收入信息採集機制和監管機制，加強稅收徵管，使個人所得稅制度更好地發揮個人收入再分配功能。此外，要繼續改革完善社會保障制度，加大對低收入者的社會保障力度，提高社會保障水平；改革社會福利制度，提高中低收入階層特別是低收入人群福利水平。通過一系列措施，使廣大人民群眾的消費水平隨著經濟增長逐漸提高，經濟增長具備與之相適應的有效需求，從而促進經濟持續穩定增長。

（2）深化投融資制度改革，促進投資增長

投資需求是社會總需求的重要組成部分，投資增長不僅直接擴大總需求，而且會對經濟增長產生長期效應，促進經濟持續增長。因此，在目前經濟結構性過剩的情況下，促進經濟持續增長，需要投資合理增長。

鑒於目前中國低端產業產能過剩同時中高端產品和服務供給不足的現實，促進投資增長應有選擇性、方向性。要大力促進市場前景廣闊的高端產業和產業高端的投資增長，加大戰略性新興產業、現代服務業等領域的投資力度；加大科技創新投入；隨著財政收入的增加，逐漸加大公共服務領域基礎設施建設投入。

為促進戰略性新興產業、現代服務業等高端產業、產業高端投資增長，財政政策方面應實行定向促進政策。可對這些行業的企業繼續實行減稅政策並適當加大減稅力度，或直接對這類符合結構性調整要求的投資給予投資方面的稅收減免或抵扣。貨幣政策方面，要繼續實行適度寬鬆的貨幣政策，保持合理、充裕的流動性，降低融資成本，降低高科技產業、戰略性新興產業直接融資門檻，擴大高端產業直接融資比重。針對目前中國金融資源配置中存在的貨幣資本大量集中於金融領域、實體經濟融資困難、中小企業融資尤其困難的結構性問題[①]，應深入推進金融體制改革，暢通貨幣資本流向實體經濟的機制，通過財政貼息、政府或社會擔保等措施，引導金融機構將貨幣資本投向戰略性新興產業、現代服務業。

總之，要通過投融資領域的調整、改革，促進高科技產業特別是戰略性新興產業、現代服務業投資增長。這些產業投資需求增長，會直接拉動經濟增長，同時會有力推動經濟的結構性調整，促進產業結構調整、升級和優化，促進實體經濟技術水平提高，創新能力增強，對經濟增長起到持續推動作用。

（3）註重對外貿易，努力開拓國際市場

馬克思的再生產理論認為，在社會再生產中，對外貿易具有調節作用。馬克思指出，「在兩個場合，對外貿易都能起補救作用；在第一個場合，是使第Ⅰ部類保留貨幣形式的商品轉化為消費資料；在第二個場合，是把過剩的商品銷售掉。」[②] 而對外貿易中的出口貿易是社會總需求的重要組成部分，目前造成中國結構性產能過剩的原因之一就在於外需持續疲軟影響出口增長。在這種情況下，進行需求側調整和改革需要大力發展對外貿易。通過進出口貿易的調節，可以促進社會再生產正常比例的實現，促進社會

---

① 邱海平. 堅持運用馬克思主義政治經濟學指導供給側結構性改革 [J]. 理論與改革，2016（4）：4-7.
② 馬克思. 資本論：第2卷 [M]. 北京：人民出版社，1976：526.

供求平衡。一方面，通過出口貿易的增長可以擴大社會總需求，緩解國內產能過剩帶來的矛盾和問題；另一方面，通過進口貿易，可以解決國內部分能源和基礎性原材料供給不足的問題，緩解中高端產品和服務供給不足的矛盾，從而促進社會供求平衡，經濟持續增長。

發展對外貿易特別是出口貿易，需要針對中國外貿領域存在的困難和問題採取相應對策。目前，中國對外貿易發展面臨多方面困難和問題。從發展出口貿易、擴大國際需求的角度看，除需要加強中國與有關貿易夥伴國的磋商協調、加強國際經濟合作外，就自身而言，在進出口結構方面，要大力調整外貿產品結構、產業結構，改變以中低端產品特別是低端產品出口為主的外貿格局，大力發展高科技產品、高附加值產品出口貿易，努力發展服務貿易。對外貿企業而言，則需要加快技術進步步伐，著力提高技術水平，增強創新能力，通過產品創新、技術創新提高生產效率，降低出口產品成本，增強出口競爭力。此外，還應深化匯率制度改革，完善匯率形成機制，以利於外貿企業進行風險管理，降低外貿風險。

三、馬克思再生產理論的其他啟示

保持社會總供給和社會總需求在價值上和物質上的平衡，是馬克思社會資本再生產理論對中國宏觀經濟管理的基本啟示。除保持社會總供求平衡外，從《資本論》的社會資本再生產理論中，我們還可以得到其他相關啟示。

(一) 完善資本市場，促進資本流通

馬克思的再生產理論認為，在社會再生產過程中，貨幣具有重要作用，貨幣資本是社會再生產的第一推動力和持續動力，是社會再生產正常進行的重要條件。馬克思指出：貨幣資本「是每個單個資本登上舞臺，作為資本開始它的過程的形式。因此，它表現為發動整個過程的第一推動力」「資本主義的商品生產，──無論是社會地考察還是個別地考察，──要求貨幣形式的資本或貨幣資本作為每一個新開辦的企業的第一推動力和持續的動力。」[①] 在商品經濟社會，進行商品生產時，首先必須用貨幣購買生產要素，社會生產和再生產的進行離不開貨幣的推動；同時，連續不斷的社會再生產離不開與生產規模相適應的貨幣流通，貨幣成為社會再生產持續進行的動力，成為擴大再生產得以進行的重要條件。不僅如此，貨幣資本的累積還是擴大再生產的起點和基本前提。進行擴大再生產，不僅要求資本累積，而且要求累積的貨幣資本達到一定數量，能增加正在執行職能的不變資本或開辦新企業，要求累積的貨幣資本能在市場上購買到擴大再生產所需要的生產要素。

馬克思關於貨幣在社會再生產過程中作用的原理和資本累積是社會資本擴大再生產前提條件的原理均表明，在社會主義市場經濟條件下，要使再生產以持續擴大的規模進

① 馬克思. 資本論：第2卷 [M]. 北京：人民出版社，1976：393.

行，經濟持續增長，首先必須有貨幣資本的累積，有一定量的資金投入。沒有一定數量的資金，資金數量達不到擴大生產所要求的數量，就不可能用增加的投資資金購買生產要素投入生產，擴大再生產就不可能進行。可見，經濟持續增長需要貨幣資金的持續推動。同時，社會再生產的持續進行，還要求貨幣順暢流通，能順利實現資本的週轉和循環。貨幣能根據再生產進程順利實現在貨幣資本、生產資本和商品資本之間的形態轉化。為此，在中國的經濟運行中，要進行實現經濟持續增長，就要求資金能順利流通，資金能順利向資本轉化。

目前中國總體上資金比較充裕，但資金利用不充分，實體經濟普遍存在資金短缺問題。究其原因，資本市場欠發達、不完善，金融資源配置結構性失衡是重要原因。一方面，大量貨幣資金集中於金融領域、金融機構，且貨幣資金向貨幣資本轉化渠道不暢，大量資金沉澱於金融領域，難以有效轉化為企業投資資金、生產經營資金；另一方面，實體經濟融資困難，特別是中小企業更是難以在資本市場籌措資金，致使企業生產、技術改造、擴大生產經營規模面臨嚴重的資金困難。

促進經濟持續增長，需要進一步深化金融改革。金融改革的基本思路是建立健全資本市場，特別是二級、三級市場；進一步放寬直接融資門檻和條件，推動直接融資發展；通過多種措施引導金融機構增加對中小企業、民營企業的資金投放；通過財政、貨幣政策以及其他措施，引導金融領域資金、民間資金投向實體經濟、中高端產業。

（二）完善市場體系和市場規則，促進商品流通

馬克思的再生產理論表明，社會再生產過程是生產過程與流通過程的統一，是生產過程、交換過程與消費過程的統一，對此馬克思指出：「資本的再生產過程，既包括直接的生產過程，也包括真正流通過程的兩個階段」「這個總過程，既包含生產消費（直接的生產過程）和作為其媒介的形式轉化（從物質方面考察，就是交換），也包含個人消費和作為其媒介的形式轉化或交換。」[①] 社會資本再生產的核心在於社會總產品的實現，包括社會產品在價值上和物質上的實現。因此，要順利實現社會產品的價值補償和物質補償，除需要社會生產各部門、各產業之間保持合理比例外，還要求有順暢的商品流通、發達完善的商品市場。

目前，在中國經濟運行過程中，市場本身仍存在不少問題，主要表現在市場體系不夠完善、健全，法治環境欠佳，市場信息不夠完備、充分等。市場體系不健全、不完善主要表現在一些市場發育不充分，如要素市場特別是資本市場、技術市場、勞動力市場等發育不充分，仲介市場不發達、不完善，市場運行不夠規範。要素市場不發達、運行欠規範，導致一部分生產要素流通不暢，難以有效投入生產和再生產，如科技市場不發達、運行欠規範導致一部分科學技術難以有效轉化為科技產品，由此影響科技轉化為現實生產力，影響技術水平提高，阻礙技術進步；仲介市場不發達表現在仲介結構、仲介組織數量不多，難以適應市場流通的需要，難以為供、求雙方提供及時、便捷的仲介服務，同時，仲介市場運行規則不健全，導致仲介市場運行不夠規範，仲介服務領域虛假

---

① 馬克思. 資本論：第 2 卷 [M]. 北京：人民出版社，1976：390.

信息、詐欺甚至坑蒙拐騙等現象時有發生。

從法治環境看，目前中國市場經濟運行過程中既存在缺乏完善、健全的法律制度的問題，又存在執法過程中有法不依、執法不嚴的問題。一方面，市場經濟運行的法律法規不健全、不完善，甚至存在一些法律空白，導致經濟運行過程中一些問題無法可依，處理問題時缺乏相關法律依據，對市場經濟運行的監督、管理難以有效實施。另一方面，在市場經濟運行過程中，又存在有法不依的問題。如一些地方、一些領域執法不嚴、執法過程中隨意性大，司法、執法過程中執法不嚴、重人治、輕法治甚至有法不依的問題時有發生。一些執法人員由於相關經驗、知識、水平不足，執法中不能準確把握尺度，造成執法中有失公允；一些執法人員職業道德意識薄弱，執法過程中不嚴格依法辦事，不能公正執法。個別地方執法部門的執法人員為維護地方利益、小團體利益，往往採取種種手段干擾司法過程，妨礙司法公正，甚至有個別執法人員為牟取個人利益執法違法甚至知法犯法、徇私枉法；有的行政執法人員利用職務之便非法牟取個人利益，嚴重影響市場經濟的法治環境，影響正常的市場秩序、經濟秩序，對社會再生產順利進行造成嚴重阻礙。還有一些地方社會治安保障不力，治安環境較差。在一些地區特別是偏遠落後地區，執法部門、執法人員對社會治安環境整治不力，對違法犯罪行為打擊不力，致使當地治安環境較差，違法犯罪行為時有發生，嚴重擾亂當地生產生活秩序，影響經濟正常運行。

在市場經濟特別是現代市場經濟中，經濟的順利運行離不開充分的信息支持，但目前中國經濟運行中一些領域信息不充分問題比較突出。一是政府相關部門的行業、產業發展信息發布不夠及時、充分，影響產業結構、產品結構調整和產業發展；仲介組織發育不充分和仲介市場運行欠規範，導致仲介市場信息服務難以做到真實準確、及時有效。

保障商品流通順暢進行，促進經濟持續增長，需要進一步完善市場體系。要建立健全各類產品市場、要素市場特別是資本市場、技術市場、信息市場。

同時，為保證各類市場正常有序運轉，需要進一步建立健全市場經濟運行的法律法規，建立和完善市場運行規則，使各種經濟行為有法可依。在加強經濟領域立法、建立健全相關法律規範的基礎上，還必須嚴格執法，通過建立健全執法制度、進一步完善執法手段，強化執法機關內外部監督機制，加強執法監督，加強對執法人員的培養教育，提高執法隊伍水平等措施，確保有法必依、執法必嚴，以加大經濟發展過程中的執法力度。加強政府對市場的監管，促進公平競爭，促進市場規範有序運行，為社會再生產順利進行、經濟持續增長提供堅實的法治保障。

此外，為保證市場順暢有序運行，還應加快信息化步伐，建立健全政府以及其他相關機構的信息化平臺，完善信息技術手段，提高信息化水平，以強化經濟領域信息服務。同時，要強化信息服務領域法治化建設，建立健全信息服務規範，加強政府對信息服務領域的監管，努力促進經濟領域信息公開、透明、及時、準確，以推動市場運行效率提高、經濟持續穩定增長。

參考文獻：

［1］馬克思. 資本論：第 2 卷［M］. 北京：人民出版社，1976.

［2］劉炳瑛，沈連元.《資本論》學習綱要（二）［M］. 北京：求實出版社，1981.

［3］楊嫩曉. 從《資本論》社會資本再生產理論看中國宏觀經濟的內外部失衡［J］. 西安郵電學院學報，2008（2）：16-18.

［4］周文. 供給側結構性改革與中國經濟學的理論創新［J］. 理論與改革，2016（4）：1-4.

［5］何自力. 論供給管理的特點及其必要性［J］. 理論與改革，2016（4）：8-10.

［6］邱海平. 堅持運用馬克思主義政治經濟學指導供給側結構性改革［J］. 理論與改革，2016（4）：4-7.

馬克思的資本累積理論及其現實意義

中共四川省委黨校　孫繼瓊

摘　要：累積理論是馬克思《資本論》理論體系的重要組成部分，也是長期以來被認為是馬克思主義政治經濟學中階級屬性最為鮮明的部分。撇開資本的階級屬性，從一般意義上考察，馬克思的資本累積理論，主要揭示了市場經濟社會化生產過程的累積機制，其對累積的源泉、累積的主體與動因、累積量的因素、累積的構成、累積的形式、累積的效益等方面的分析，對市場經濟改革與發展具有重要的借鑑意義。

關鍵詞：資本累積；主要內容；當代價值

累積理論是馬克思《資本論》理論體系的重要組成部分，也是長期以來被認為是馬克思主義政治經濟學中階級屬性最為鮮明的部分。馬克思通過對資本主義社會資本累積的過程、本質、影響因素、一般規律及歷史趨勢的分析，深刻地揭示了資本主義生產關係的對抗性質，得出了資本主義必然滅亡、社會主義必然勝利的結論。但是，撇開累積理論的階級屬性，從市場經濟運行的一般規律考察，累積理論所闡述的資本運動的一般規律，對於指導市場經濟實踐，推進中國經濟改革與發展具有重要的借鑑意義。

一、資本累積理論的主要內容

對於《資本論》累積理論所涵蓋的內容，理論界和學術界有廣義和狹義兩種不同的觀點。狹義的資本累積理論主要指《資本論》第一卷第七篇《資本累積過程》，主要內容包括簡單再生產、剩餘價值轉化為資本、累積的一般規律以及原始累積和現代殖民理論等。廣義的累積理論除了第一卷第七篇的內容外，還包括第二卷的第三篇《社會總資本的再生產和流通》，以及第三卷中的前三篇平均利潤率形成和趨於下降的理論。鑑於本文的研究目的，筆者主要從狹義資本累積理論出發，對資本累積的本質、影響因素、一般規律及歷史趨勢等內容進行分析。

（一）**資本累積的本質及其影響因素**

馬克思在分析剩餘價值轉化為資本的過程中，揭示了資本累積的本質和源泉。馬克

思指出：「把剩餘價值當作資本使用，或者說，把剩餘價值再轉化爲資本，叫作資本累積。」[1]資本家之所以能夠累積資本，就是因爲他剝削了雇傭勞動創造的剩餘價值，這也是資本家能夠不斷發財致富的秘密所在。

剩餘價值是資本累積的唯一源泉。資本累積既是剝削工人的結果，又是擴大對工人剝削的手段，資本累積的本質就是「對過去無酬勞動的所有權，成爲現今以日益擴大的規模佔有活的無酬勞動的唯一條件，資本家已經累積得越多，就越能更多地累積」[2]。資本累積的實質表明，建立在簡單商品經濟基礎上的商品生產所有權規律現在已經轉變爲資本主義佔有規律，即擁有生產資料的資本家無償佔有雇傭工人創造的剩餘價值的規律。

資本累積來源於剩餘價值，因此，決定剩餘價值量的因素也就是決定累積量的因素。在剩餘價值量一定的條件下，累積量由剩餘價值分割爲資本和收入的比例決定，其中收入是資本家個人消費的部分，收入所佔比重越大，資本累積量越小。在剩餘價值分割爲資本和收入的比例一定的條件下，累積量就決定於剩餘價值量。

影響剩餘價值的因素包括：①對勞動力的剝削程度。對勞動力的剝削程度越高，同量的可變資本獲得的剩餘價值就越多，從而累積的數量也就越多。現實中，資本家一方面通過提高勞動強度、延長勞動時間的方法來提高對勞動力的剝削，另一方面，還通過壓低工人工資的方法來達到這一目的，這實際上是把工人的一部分必要消費基金轉化爲累積基金。②社會勞動生產率的水平。由於社會勞動生產率的提高，生活資料的價值降低，從而使勞動力這一商品的價值也降低，這就可提高剩餘價值率。同時，由於勞動力和生產資料價值下降，同量資本便可以購買更多的勞動力和生產資料，以此可以生產出更多的剩餘價值，從而也就增加了資本累積的數量。③所用資本和所費資本之間的差額。所用資本和所費資本的差額越大，對資本累積就越是有利。④預付資本量的大小。在剝削程度一定的條件下，剩餘價值決定於被剝削的工人人數。如果不變資本和可變資本的比例不變，則隨著預付資本數量的增大，資本所雇傭、剝削的工人人數隨之增加，資本家能夠剝削到的剩餘價值數量也會增加，從而資本累積的數量也會增加。

（二）資本累積的途徑

馬克思在《資本論》中論述了個別資本增大的兩種形式：資本積聚和資本集中。資本積聚就是指個別資本通過剩餘價值的資本化來增大自己的總額。但是，單純依靠資本積聚來增大個別資本的數量，速度是比較緩慢的，難以滿足規模越來越大的資本主義生產發展的需要。資本集中是指已經形成的各個資本的合併，它是通過大資本吞併小資本，或若干小資本聯合成少數大資本而實現的個別資本迅速增大。資本集中是借助於競爭和信用兩個強有力的槓桿來實現的。

馬克思認爲，實現資本集中的途徑有兩種，一是「通過強制的道路進行吞併」，二是「通過建立股份公司這一比較平滑的辦法把許多已經形成和正在形成的資本融和起來」，前者是指企業併購，後者則是指股份制。通過這種辦法可以快速累積巨額資本。馬克思指出：「假如必須等待累積去使某些單個資本增長到能夠修建鐵路的程度，那麼恐怕直到今天世界上還沒有鐵路，但是，集中通過股份公司轉瞬之間就把這件事完成

了。」[3]可見，資本集中更能適應生產迅速擴張的需要。

(三) 資本累積的一般規律

馬克思研究資本累積的一個主要任務就是說明資本的增長對工人階級命運的影響，而這涉及資本的構成和它在資本累積過程中所發生的變化。

馬克思說：「資本的構成要從雙重意義上來理解。從價值方面來看，資本的構成是由資本分為不變資本和可變資本的比率，或者說，分為生產資料的價值和勞動力的價值即工資總額的比率來決定的。從在生產過程中發揮作用的物質方面來看，每一個資本都分為生產資料和活的勞動力；這種構成是由所使用的生產資料量和為使用這些生產資料而必需的勞動量之間的比率來決定的。我把前一種構成叫作資本的價值構成，把後一種構成叫作資本的技術構成。二者之間有密切的相互關係。為了表達這種關係，我把由資本技術構成決定並且反應技術構成變化的資本價值構成，叫作資本的有機構成。」[4]可見，資本的有機構成首先是一種資本的價值構成，但是，它又和純粹的資本價值構成不同。資本有機構成是資本技術構成在價值上的反應，純粹資本價值構成則可能與資本技術構成無關。隨著資本主義的發展，資本有機構成有不斷提高的趨勢，表現為全部資本中不變資本所占的比重增大，可變資本的比重減小。

對資本主義社會而言，技術進步以及資本有機構成的不斷提高，相對人口過剩的出現是必然的，這是資本主義生產方式所特有的人口規律。相對過剩人口的存在，適應了資本主義生產週期性發展的需要，同時也成為資本家加強對在業工人剝削的手段。馬克思說：「過剩的工人人口是累積或資本主義基礎上的財富發展的必然產物，但是這種過剩人口反過來又成為資本主義累積的槓桿，甚至成為資本主義生產方式存在的一個條件。」[5]因為過剩人口形成了一支可供資本支配的產業后備軍，使資本累積任何時候都不會受人口實際增長的限制，特別是為其無法避免的工業的週期波動，提供了富有伸縮彈性的勞動力「蓄水池」，以至於如果沒有勞動后備軍，在波動中增長的資本主義將無法繼續進行下去，過剩人口的生產成了現代工業生活的條件。不僅如此，過剩人口的存在，還為資本家增加在業工人的勞動強度以及壓低工人工資提供了方便。

馬克思通過對資本累積的分析，總結了資本累積對無產階級命運的影響，提出了資本主義累積的一般規律，即隨著資本累積的增長，必然造成社會的兩極分化，一極是資產階級佔有的資本和財富的累積，另一極是無產階級事業和貧困的累積。馬克思指出：「累積再生產出規模擴大的資本關係：一極是更多的或更大的資本家，另一極是更多的雇傭工人。」[6]這一規律深刻揭示了無產階級和資產階級之間的矛盾和對立關係，以及資本主義生產關係的對抗性質。

(四) 資本累積的歷史趨勢

資本主義生產方式的產生是以資本原始累積為基礎的，資本主義生產方式的發展是以資本累積為基礎的。隨著資本主義累積的進行，一方面會使生產不斷社會化，生產社會化要求生產資料公有制與之相適應；但另一方面，資本主義累積又使個別資本不斷擴大，生產資料的資本主義私人佔有制不斷發展。這會加深資本主義的基本矛盾。資本主

義基本矛盾的不斷深化說明資本主義生產關係的歷史局限性,而資本累積過程不僅為資本主義的滅亡準備了客觀物質條件——生產社會化,而且也為資本主義的滅亡準備了主觀條件——無產階級,因此,資本累積的歷史趨勢是資本主義必然滅亡,社會主義必然勝利。正如馬克思在總結資本主義累積的歷史趨勢時指出:「從資本主義生產方式產生的資本主義的私有制,是對個人的、以自己的勞動為基礎的私有制的第一個否定。但資本主義生產由於自然過程的必然性,造成了對自身的否定,這是否定的否定。這種否定不是重新建立私有制,而是在資本主義時代的成就的基礎上,也就是說,在協作和對土地及靠勞動本身生產的生產資料的共同佔有的基礎上,重新建立個人所有制。」[7]

二、資本累積理論的現實意義

撇開資本的階級屬性,從一般意義上考察,馬克思的資本累積理論,主要揭示了市場經濟社會化生產過程的累積機制,其對累積的源泉、累積的主體與動因、累積量的因素、累積的構成、累積的形式、累積的效益等方面的分析,對市場經濟改革與發展具有重要的借鑑意義。

(一) 理順累積和消費等分配關係,實現國民經濟健康發展

累積都是擴大再生產源泉,為了解放和發展生產力,初級階段的社會主義也必須進行資本累積。黨的十八大報告指出:「我們必須清醒認識到,中國仍處於並將長期處於社會主義初級階段的基本國情沒有變,人民日益增長的物質文化需要同落后的社會生產之間的矛盾這一社會主要矛盾沒有變,中國是世界最大發展中國家的國際地位沒有變。」解放和發展社會生產力,滿足人民日益增長的物質文化需要,需要正確處理累積與消費的關係,不斷推進經濟的改革與發展。

新中國成立后,特別是改革開放以來,中國經濟取得了舉世矚目的成就,資金累積方式也經歷了不同的變化態勢。1953—1978 年,中國經濟走過了一條「高累積、低消費、低效益」的路子。期間,累積率呈現出先上升—後下降—再上升的演變路徑。1953 年,中國經濟的累積率為 23.1%,1959 年上升至 43.8%,其后逐步下降,1962 年累積率僅為 10.4%,到 1966 年上升至 30.6%,1967—1969 年有短暫的下降,之后基本維持在 30% 左右的水平,到 1978 年中國的累積率為 36.5%。整體而言,1953—1978 年,中國的平均累積率為 29.7%。

改革開放以後,中國資本累積呈現出「高累積水平、快速提升累積率」的特徵。整體而言,1978—2015 年,中國固定資本形成率①呈現出不斷上升的態勢,1978 年固定資本形成率為 29.78%,2015 年上升至 42.53%。其中 1978—1991 年,固定資本形成率基本維持在 30% 以內 (除 1985、1986、1987、1988 年外)。1992—2001 年,固定資本

---

① 改革開放以後,中國的國民經濟統計指標體系,由過去模仿蘇聯的物資綜合平衡表,改為國際通行的國民收入核算體系之后,國家統計局不再公布每年的累積率,而改成了對固定資產投資和資本形成的統計。

形成率維持在 30%～35%。2002—2008 年維持在 35%～40% 範圍波動，2009—2015 年固定資本形成率上升至圍繞 44% 上下波動。由此可見，改革開放以來，中國累積率總體保持在較高水平。

累積與消費的比例關係，是國民經濟的重大比例關係之一。中國社會主義經濟建設的實踐業已證明，合理、協調的累積與消費的比例關係，能夠帶來經濟持續健康發展和人民生活水平的不斷提高，實現二者的良性互動；累積與消費比例關係的失衡，則會帶來產業結構的失衡和經濟效益的低下。因此，正確處理累積與消費的關係，對於解放和發展生產力，推進經濟結構調整，實現經濟協調可持續發展具有重要意義。

第一，統籌兼顧，推進累積和消費的協調增長。在推進累積和消費協調增長的過程中，要把發展生產與改善生活有機地結合起來，使累積與消費互相適應、互相促進。一方面，滿足人民日益增長的物質文化生活的需要，是社會主義的生產目的，也是安排累積和消費比例關係的出發點和落腳點，為此，需要把提高人民的生活水平放在突出位置；另一方面，只有生產發展了，消費才能有所增長，這也要求安排好必要的累積，使生產有所發展。只有統籌兼顧，防止和避免「重累積輕消費」或「重消費輕累積」的傾向，才可能適應經濟發展戰略目標的要求。

第二，以提高經濟增長的質量和效益為中心，促進累積和消費的協調增長。累積是經濟增長的重要源泉，但經濟增長速度的高低對累積有不同的要求，因而也會影響到累積率的高低，從而影響累積和消費的比例關係。改革開放以來，中國經濟取得了巨大成就，但是經濟增長主要是依靠資源投入、要素投入的粗放型增長，推動中國經濟實現粗放型向集約型的轉變，提高經濟增長的質量和效益，需要合理安排累積和消費的增長比例，避免盲目追求高速增長形成高累積，使累積和消費的比例失調。

第三，保持投資與消費比例協調，促進經濟結構優化。促進經濟結構優化，需要將投資和消費的關係加以整合、協調，既保證投資與消費在數量上匹配，又確保投資結構與消費結構相互彌合。現階段，在協調投資與消費增長的過程中，應當注意防止投資拉動力度偏大，即投資過度帶來經濟過熱等負面效應。

（二）提高勞動生產率，擴大累積源泉

馬克思關於決定資本累積量的因素分析，為我們增加累積基金提供了可利用的途徑。在累積率一定的前提下，一切增加剩餘產品及其價值的方法，都是增加累積量的方法，其中最重要的是提高社會勞動生產率。提高社會勞動生產率能夠縮短生產某種商品的社會必要勞動時間，能用相同的或較少的勞動時間生產更多的產品，為增加累積提供更多的物質產品及累積基金。

勞動生產率不僅直接影響資本累積量，而且是衡量一個國家經濟發展水平和生產力發展水平的核心指標。1995—2015 年，中國勞動生產率呈現出快速增長的態勢，期間的平均增速達 8.6%，比同期世界平均水平高出 7.3 個百分點。尤其是 2005—2007 年，勞動生產率均達到了兩位數的高速增長，分別為 10.3%、12% 和 13.1%。隨著勞動生產率增速的不斷提高，1995—2015 年中國單位勞動產出也大幅增加，且呈現出持續上升的態勢，1995 年單位勞動產出為 1,535 美元/人，2015 年則上升至 7,318 美元/人，是

1995年單位產出的4.77倍左右。

值得注意的是，儘管中國的勞動生產率增長速度較快，但是和世界其他國家相比，單位勞動產出仍然較低。2015年，中國單位勞動產出僅為7,318美元/人，比世界平均水平低11,169美元/人，僅為美國單位勞動產出的7.4%，日本的9.6%。因此，如何進一步提高勞動生產率，促進經濟質量和效益的提升，仍然是中國經濟面臨的主要任務之一。特別是在經濟新常態背景下，依靠高強度要素投入、大規模產能擴張和排浪式消費的發展模式，已經越來越不適應經濟發展的需要。未來，只有通過提高要素生產效率，才能從根本上為經濟轉型、結構調整以及經濟的可持續發展創造條件。

第一，提高勞動者素質。首先要註重培養勞動者的職業技能和適應職業變化的能力，激發勞動者的創新意識，重視職業道德的培養和提高，並使之與職業技能培訓緊密結合；其次要改革技術、技能人才培養模式，加強技術技能人才通道與其他人才通道的相互銜接和溝通，為勞動者的全面發展創造條件。此外，提高勞動者素質，還需要營造有利於人才培養和發展的環境，建立和完善有利於勞動者學習成才的培訓機制、評價機制、激勵機制。

第二，推動創新和技術進步。實踐表明，科學技術越是發展，越是被廣泛地運用於生產過程，勞動生產率也就越高。推動技術進步，首先要完善多種政策工具有機銜接的政策體系，營造有利於推動創新和技術進步的良好氛圍；其次，要建立與創新業績和貢獻相適應的激勵機制，充分調動科技人員積極性、創造性。此外，要加大資金投入，逐步建立以政府投入為先導、企業投入為主體、金融信貸為支撐、民間資本為依託的多元化、多渠道科技投入體系。

第三，完善勞動力市場。推動勞動力市場完善，能夠使低生產率部門的剩餘勞動力更順利地向高生產率部門轉移，也有利於就業的自由選擇，實現勞動力資源更加有效的配置，從而提高勞動生產率。這需要建立健全的就業機制，充分發揮市場機制在勞動力資源配置中的作用，提升勞動力供給與行業需求的匹配度。同時，要加快就業制度改革，逐步打破城鄉分割和地域分割，促進勞動力合理流動，為形成市場導向的就業機制，逐步實現城鄉統籌就業奠定基礎。

（三）激發市場主體的積極性，增強經濟發展的內在動力

馬克思資本累積理論中關於資本家是累積的主體、資本家受剩餘價值規律支配，迫於競爭壓力，不斷進行累積的客觀必然性告訴我們，推動經濟增長，必須充分發揮市場主體的積極性和創造性，增加經濟發展的內在動力。要積極創造條件，推動市場主體遵循市場規律，把握社會需求趨勢，適應市場供求關係變化，自主決策、自主經營、自主發展，實現經濟的自主增長。為此，必須深化改革，使國有企業成為獨立自主的主體；保護非公有制企業的合法權益，大力發展和引導非公有制經濟發展；進一步調整政府與市場的關係，發揮市場在資源配置中的決定性作用。

第一，深化國有企業改革，使之真正成為獨立的市場主體，切實履行國有資產保值增值的職責。馬克思累積理論告訴我們，資本家不斷進行資本累積並積極關注累積的規模和效益，是因為他們是資本的所有者，累積的規模和效益決定著他們獲取剩餘價值的

多少，決定著他們的命運。同樣，在社會主義市場經濟條件下，只有使國有企業成為自覺執行累積職能的主體，國有企業的發展與經營者及全體職工的利益緊密結合，才能使國有企業自覺地擔起國有資產保值增值的職責。為此，國有企業改革要遵循市場經濟規律和企業發展規律，堅持政企分開、政資分開、所有權與經營權分離，依法落實企業法人財產權和經營自主權，促使國有企業真正成為依法自主經營、自負盈虧、自擔風險、自我約束、自我發展的獨立市場主體。

第二、保護非公有制企業投資主體的合法權益，大力發展和引導非公有制經濟發展。十六大報告提出：「必須毫不動搖地鼓勵、支持和引導非公有制經濟發展。」十八大報告進一步指出：「全面深化經濟體制改革，要毫不動搖鼓勵、支持、引導非公有制經濟發展，保證各種所有制經濟依法平等使用生產要素、公平參與市場競爭、同等受到法律保護。」非公有制經濟是社會主義市場經濟的重要組成部分，對增強經濟活力，充分調動人民群眾和社會各方面的積極性，加快生產力發展，發揮著十分重要的作用。

推動和引導非公有制經濟發展，一是在政策上必須要清除各類歧視性規定，消除影響非公有制經濟發展的體制性障礙，確立平等的市場主體地位，實現公平競爭；二是要進一步完善國家法律和政策，依法保護非公有制企業和職工的合法權益；三是要進一步加強和改進政府監督管理和服務，為非公有制經濟發展創造良好環境；四是要進一步引導非公有制企業依法經營、誠實守信、健全管理，不斷提高自身素質，促進非公有制經濟持續健康發展。

第三，要進一步調整政府與市場的關係，發揮市場在資源配置中的決定性作用。十八屆三中全會指出：「經濟體制改革是全面深化改革的重點，核心問題是處理好政府和市場的關係，使市場在資源配置中起決定性作用和更好發揮政府作用。」政府的職能要轉到為市場主體服務、創造良好環境上來，主要是通過保護市場主體的合法權益和公平競爭，激發社會成員創造財富的積極性，增強經濟發展的內在動力。

（四）正確認識和處理技術進步和擴大就業的關係，推動就業增長

為了深入研究資本累積對資本主義發展的影響，馬克思創造性地提出資本有機構成範疇。馬克思通過考察資本主義條件下資本有機構成提高的趨勢，揭示了資本累積對工人階級命運的影響，闡明了市場經濟條件下資本有機構成和資本對勞動力需求之間的內在聯繫以及經濟運行的基本原理，對於我們正確認識和處理技術進步和擴大就業的關係，推進產業結構調整，具有重大的啟示和指導意義。

馬克思認為，資本的有機構成是由資本技術構成決定並且反應資本技術構成變化的資本的價值構成。由於資本有機構成的高低受到資本技術構成高低的影響，因此，不同國家之間，或者是同一國家在不同的發展階段中，由於技術水平的不同而導致的資本有機構成的高低也各不相同。從中國的實踐看，隨著經濟的發展和科學技術的普遍運用，中國的資本有機構成呈現出不斷提高的態勢，其運行態勢符合馬克思在《資本論》資本有機構成的相關變化的若干規律。與此相對應，隨著技術的進步和資本有機構成的提高，中國經濟增長的就業彈性呈現出不斷下降的態勢。1979—2014年，中國的就業彈性系數由1979年的0.287下降至2014年的0.049。這一趨勢說明，經濟增長對就業的

拉動效應正在逐漸減弱，即每帶動一個百分點的就業增加需要更高的經濟增長。分階段特徵看，1979—1981 年，就業彈性系數有較大幅度的增長，從 1979 年的 0.287 增加至 1981 年的 0.627。此后，就業彈性系數不斷下降，從 1982 年的 0.398 下降至 1991 年的 0.123。1992—2004 年，就業彈性系數進一步下降，大致在 0.07～0.15 範圍波動；2005—2014 年就業彈性系數的波動範圍為 0.03～0.07。

  資本有機構成的提高，客觀上會對就業產生一定的擠出效應，但是從再生產的較長時間看，資本有機構成提高即技術進步有利於擴大就業。這是因為：一方面，從單個生產部門看，只要該部門資本總量的增長快於資本構成的提高，就業人數也是會絕對增加的。正如馬克思所分析的：「累積的增進雖然使資本可變部分的相對量減少，但是絕不因此排斥它的絕對量的增加。」另一方面，整個社會大部分企業提高資本有機構成能普遍增加利潤，有利於個別企業和社會大多數企業增加資本累積，實現擴大再生產，增加就業。此外，社會資本有機構成提高，普遍提高勞動生產率，會使一定價值和剩餘價值體現在更多的產品上，能為擴大再生產提供更多的物質資料，有利於擴大就業。同時，大工業下機器的使用會創造新的物質文化需求和新的產業部門，還會創造配套的產業服務，使產品生產呈現多元化，擴大社會的就業需求，從而對就業產生創造效應。

  事實上，改革開放以來，伴隨著技術進步和資本有機構成的提高，雖然一些傳統的產業，如農業、採掘業、鋼鐵業、機器製造業、紡織業等部門減少了就業人數，但從整個社會看，中國就業總人數卻不斷增加。1978—2014 年中國的就業人數呈現出不斷上升的態勢，1978 年就業人員數為 40,152 萬人，2014 年就業人員數增加至 77,253 萬人，是 1978 年的 1.92 倍，比 1978 年多出 37,101 萬人。尤其是 2010 年以來，儘管中國經濟的增速呈不斷下行態勢，經濟增長速度從 2010 年的 10.6% 下降至 2014 年 7.3%，但是期間的就業彈性系數仍有微幅上升，就業彈性系數從 2010 年 0.034 上升至 2014 年 0.049，說明 2010 年以後中國經濟增長的就業帶動效應有所增強，這是和經濟結構調整以及以服務業為代表的第三產業的發展密切相關的。

  當前，面對經濟下行的壓力和嚴峻複雜的就業形勢，需要進一步正確認識和處理技術進步和擴大就業的關係，推動就業增長，要多措並舉，穩定實體經濟增長，加強財稅、金融、產業、投資等多項政策的協同配合，促進和保持就業崗位的持續供給，使就業總量不斷增加。同時，要積極推進就業轉型，降低結構性失業風險，實現經濟發展與擴大就業的良性互動。

  第一，保持經濟的持續增長。要保證就業的穩定增長，首先必須保持經濟的持續增長。因為，只有資本總量擴大了，可變資本才會增加，進而才有勞動力需求增加的可能性。因此，保持經濟的穩定增長，從而保證資本總量的絕對增加，是就業增長的前提。

  第二，調整並逐步推動第二產業優化升級，拓展就業渠道。調整產業結構，大力發展現代工業。根據國際上工業發展的普遍規律，工業發展的同時，在一段時間內，可能會導致就業需求的短暫減少，但是從長遠來看，現代工業的發展，能極好地拉動周邊相關產業，特別是第三產業的發展，能從根本上拉動就業的需求。因此，在結構調整過程中不能忽視第二產業在擴大就業方面的作用。要加大對製造業的調整和升級，推動高新技術產業發展，增強創新能力，拓展新的就業空間；用高新技術改造和提升傳統製造

業，增強其競爭力，保持其就業崗位的增長。

第三，大力發展第三產業。資本有機構成的提高，會促使新的行業，特別是第三產業的發展。第三產業的就業彈性大，是就業的巨大蓄水池，因此，優化產業結構，支持和鼓勵第三產業發展，是創造就業機會、持續增加就業量的一個有效途徑。未來，應積極創造條件，加快旅遊、金融、教育、物流等第三產業發展。

第四，促進新成長勞動力和下崗失業人員的充分培訓，抓住解決就業結構性矛盾的著力點。要大力調整勞動力技能結構，減少就業結構性矛盾對就業彈性的負面影響。要對新成長勞動力開展職業技能培訓，並注意培養他們的創業能力；對下崗失業人員進行再就業培訓，增強再就業的能力；大力發展技校教育，更多地培養具有較高技能水平的實用型人才；推行在職培訓，提高職工適應職業變化和崗位變化的能力。

參考文獻：

[1] 馬克思. 資本論：第 1 卷 [M]. 北京：人民出版社，1975：634.
[2] 馬克思. 資本論：第 1 卷 [M]. 北京：人民出版社，1975：639.
[3] 馬克思. 資本論：第 1 卷 [M]. 北京：人民出版社，1975：690.
[4] 馬克思. 資本論：第 1 卷 [M]. 北京：人民出版社，1975：672.
[5] 馬克思. 資本論：第 1 卷 [M]. 北京：人民出版社，1975：692.
[6] 馬克思. 資本論：第 1 卷 [M]. 北京：人民出版社，1975：673-674.
[7] 馬克思，恩格斯. 馬克思恩格斯全集：第 23 卷 [M]. 北京：人民出版社，1973：832.

構建中國特色社會主義政治經濟學的理論體系與發展路徑

四川省委黨校　郭險峰

摘　要：中國特色社會主義政治經濟學的誕生體現和印證了政治經濟學的發展性和創新性，也是對中國經濟社會發展實踐內在呼喚的回應，是一次具有深遠理論意義和時代特徵的重大探索，是一次指導中國特色社會主義建設的理論基礎建構，建構中國特色社會主義政治經濟學理論體系迫在眉睫。在建構過程中，要以馬克思主義政治經濟學為學科基礎，實現馬克思主義政治經濟學同中國實踐的有機結合。

關鍵詞：中國特色社會主義政治經濟學；理論體系；目的指向；發展路徑

2015年底中央經濟工作會議上，習近平總書記提出要堅持中國特色社會主義政治經濟學的重大原則，由此，「中國特色社會主義政治經濟學」進入了大眾的視野和研究範疇，掀起了新一輪的政治經濟學理論創新。中國特色社會主義政治經濟學的誕生是一場對馬克思主義政治經濟學的深刻創新，是一次具有深遠理論意義和時代特徵的重大探索，是一個凝聚馬克思主義政治經濟學基本原理與中國實踐智慧的理論成果，是一次指導中國特色社會主義建設的理論基礎建構。當然，對於中國特色社會主義政治經濟學的理論研究還在持續進行中，關於如何認識中國特色社會主義政治經濟學，它應該包括怎樣的理論框架體系和邏輯結構，它未來的發展趨勢如何，等等，還有待進一步研究和深入發展。本文試圖從「why，what，how」這樣一個邏輯對中國特色社會主義政治經濟學進行認識和框架性體系建構。

一、中國特色社會主義政治經濟學的提出正當其時

（一）中國特色社會主義政治經濟學體現了理論的時代發展性和創新性

中國特色社會主義政治經濟學為何在此時提出？實際上，中國特色社會主義政治經濟學並不是橫空出世或者領導層的心血來潮，相反，其誕生正是體現和印證了政治經濟學的發展性和創新性。政治經濟學自1615年蒙克萊田提出後至今，就一直隨著歷史的

演進和時空環境的改變而不斷發展分野。馬克思主義政治經濟學的誕生即是基於對古典經濟學說，特別是對古典政治經濟學揚棄基礎上的創新。馬克思主義政治經濟學思想和原理集中體現在《資本論》中，而《資本論》的誕生，源於馬克思在廣泛閱讀、批判性研究了重商主義、古典政治經濟學、小資產階級經濟學、庸俗經濟學等學派理論的基礎上，通過對資本主義生產方式矛盾運動規律和發展趨勢的深刻分析，闡釋了資本主義必然滅亡、社會主義必然實現的社會發展規律。也正是由於馬克思對古典政治經濟學批判性的研究，而使他在《資本論》標題下加上「政治經濟學批判」這樣一個副標題。歌德在《浮士德》中有句名言「理論是灰色的，而生命之樹長青」。也是從另一個角度說明了理論需要不斷拓展創新，這恰如列寧在《論策略書》一文中所說：「現在必須弄清一個不容置辯的真理，就是馬克思主義者必須考慮生動的實際生活，必須考慮現實的確切事實，而不應當抱住昨天的理論不放，因為這種理論和任何理論一樣，至多只能指出基本的和一般的東西，只能大體上概括實際生活中的複雜情況。」

(二) 中國特色社會主義政治經濟學是對經濟社會發展實踐內在呼喚的回應

中國經濟社會發展實踐也內在地呼喚著馬克思政治經濟學的創新。理論的構建總是基於指導社會實踐的需求，自新中國成立以來，指導中國經濟社會建設和發展的政治經濟學理論經歷了不同階段的更迭。20世紀50、60年代，中國社會制度經歷了從新民主主義社會過渡到社會主義社會的轉變。這個階段中國引進了蘇聯高度集中的計劃經濟體制，政治經濟學教材也是直接使用1954年出版的蘇聯斯大林時期的教材，即蘇聯《政治經濟學教科書》，這本教科書裡的結論也就成為指導當時中國經濟建設和社會發展的基本理論。20世紀70、80年代，馬克思主義政治經濟學尤其《資本論》是各個大學必須開設的課程。《資本論》開課時間一般在一年以上，那時的大學生很多都能對《資本論》的內容倒背如流，甚至能夠清楚指出馬克思某一句話出自哪一冊、哪一頁、哪一段。那時的各級黨校政治經濟學課程也主要是學習《資本論》，教員們圍爐而坐探討的也是《資本論》所闡述的原理和方法。人們對於經濟現象的解釋，常常需要回到馬克思政治經濟學中去找理論支撐，也因此出現了「僵化」和「教條主義」的現象。到了20世紀90年代中期以後，西方經濟學開始與馬克思主義政治經濟學並駕齊驅，直至現在，政治經濟學日漸式微，而西方經濟學開始大行其道。指導經濟建設的主要理論是西方的宏觀和微觀經濟學理論，人們言必稱凱恩斯、薩繆爾森、斯蒂格利茨，用西方式的數學和計量模型等工具來解釋中國的經濟現象也成為一種潮流，而馬克思主義政治經濟學已經在很多大學裡失去了主導地位，課時壓縮、師資不濟、學生不重視，讓政治經濟學陷入了尷尬的境地。

時間推進到今天，中國經濟社會面臨著全面小康社會的建成和「兩個一百年」奮鬥目標實現的歷史任務，經濟社會發展狀況和發展環境亦發生了巨大改變：一方面中國全面深化改革進入了攻堅期，經濟發展進入了新常態，面臨著陷入「中等收入陷阱」的風險；另一方面各種經濟問題層出不窮，經濟現象複雜多變，發展過程中積澱的深層次矛盾也開始顯現——這些複雜的現實情況和艱鉅的改革任務呼喚著政治經濟學的創新，使政治經濟學有助於人們使用其原理去撥開現實迷霧，理性分析當前的經濟問題，

不受社會各種議論和輿論思潮的影響和左右,能夠在理論指導下找準中國特色市場經濟發展規律,把握住經濟發展脈搏。但現在無論是馬克思主義政治經濟學還是來自於對西方成熟市場經濟進行研究的西方經濟學都已經很難解釋中國特色社會主義建設過程中紛繁多樣的經濟現象,也很難指導中國特色社會主義的進一步建設和發展。單純的「本本主義」和「拿來主義」亟待破除,中國特色社會主義建設、發展理論的總結和創新迫在眉睫。也就是在這個時候,帶有特定時空背景印痕的「中國特色社會主義政治經濟學」應時應勢而生,我們希冀其能為中國特色社會主義的建設提供理論支撐,能使人們從紛繁複雜的各種學術紛爭中掙脫出來,把握住社會經濟發展規律,從而提高駕馭社會主義市場經濟的能力,更好地開展中國社會主義市場經濟實踐建設活動。

二、中國特色社會主義政治經濟學理論體系

(一) 中國特色社會主義政治經濟學研究對象

若對「中國特色社會主義政治經濟學」進行詞組解析,不難發現,這個詞組的主體是「政治經濟學」,而前綴「中國特色社會主義」是對主體進行的修飾。也就是說,中國特色社會主義政治經濟學是跟馬克思主義政治經濟學、資本主義政治經濟學、新政治經濟學相並列的一個政治經濟學流派。而前綴「中國特色社會主義」則是賦予了政治經濟學的「時空」印記,即「中國」這個特定地域的空間印記和「社會主義建設階段」的時間印記,從而使中國特色社會主義政治經濟學一方面具有政治經濟學的一切特徵和屬性,比如政治性、科學性和道德性,另一方面由於擁有獨特的「時空印記」,而具有了獨特的屬性。一是研究對象的範圍限定性,即中國特色社會主義政治經濟學的研究對象主要是中國社會主義實踐建設活動,是馬克思主義政治經濟學中國化的理論總結,是馬克思主義政治經濟學基本理論與中國經濟社會建設新的實際相結合的理論成果。二是研究對象的時間階段性。馬克思主義唯物歷史觀告訴我們,歷史不是一成不變的,社會主義初級階段是實現共產主義的一個過程,或許這個過程很漫長,但終究會向更高級的階段發展,因此中國特色社會主義建設就具有階段性。

從這個邏輯出發,中國特色社會主義政治經濟學研究對象也就清晰和明確了。關於政治經濟學研究對象,學術界基本達成了一致意見,即政治經濟學研究對象是生產力和生產關係,以及兩者之間相互作用的規律。作為帶著時空印記的中國特色社會主義政治經濟學,其研究對象應該就是中國社會主義建設過程中所蘊含的生產力和生產關係,及其兩者之間相互作用的規律,是研究中國特色社會主義建設過程中的改革與發展問題。

(二) 中國特色社會主義政治經濟學研究目的指向

提煉和總結中國特色社會主義建設中的經驗,將其理論化、系統化,形成學科體系的目的指向如何呢?正如前文所說,中國特色社會主義政治經濟學應該具有政治經濟學的學科屬性,也就是具有政治性、科學性和道德性。基於此,它應該回答國家和社會組織在經濟社會中如何扮演理想的角色,以及怎樣的公共政策和制度能夠使我們走近理想

的社會。也就是說，不管中國特色社會主義政治經濟學的內容體系是什麼，它的任務都是用來指導中國經濟發展實踐，用來解決中國特色社會主義建設過程中的新問題，用來指導中國政府在組織引導中國特色社會主義建設中能夠採取有效的公共政策和制度，能夠促進中國的進一步發展，能夠使我們的發展是朝著全面小康社會的建成、實現全面的自由和解放而前進，能夠使我們的發展更具有溫度、更具有品質感。正如王亞南教授曾經說過的，理論聯繫實際就是指「把理論回到它所反應的歷史實際中去和使它應用到我們的實際中來」。所以，中國特色社會主義政治經濟學說的提煉、豐富和完善，應該是朝著有效指導中國特色社會主義的建設方向而去。

(三) 中國特色社會主義政治經濟學內容體系

在研究對象清晰化和研究目的指向明確化下，中國特色社會主義理論體系也就在一定程度上清楚了，具體了。歸納總結起來，中國特色社會主義政治經濟學理論體系主要包括以下幾個方面的內容：

1. 中國特色社會主義本質理論

對社會主義本質的認識是一個漸進發展的過程，社會主義本質論也就不斷發展著。十一屆三中全會以后，鄧小平同志率先總結反思中國經濟發展實踐過程而提出對社會主義本質的認識。鄧小平指出：「社會主義社會的本質，是發展生產力，解放生產力，消滅剝削，消除兩極分化，直至達到共同富裕。」[1]鄧小平的社會主義本質論包括兩大組成部分：共同富裕是社會主義的目的；發展生產力和解放生產力是實現共同富裕的途徑。換句話說，社會主義本質的實現要分兩步走，第一步，就必須「解放生產力，發展生產力」。第二步，就必須「消滅剝削，消除兩極分化，最終達到共同富裕」。黨在十七大報告中，深化了對社會主義本質的認識，提出要堅持以人為本，實現人的全面發展為首要目標，並不斷滿足人民群眾日益增長的物質文化需要，讓發展成果惠及全體人民[2]。2015年的規劃建議，黨中央提出「共享」理念，指出「共享是中國特色社會主義的本質要求。必須堅持發展為人民、發展依靠人民、發展成果由人民共享，做出更有效的制度安排，使全體人民在共建共享發展中有更多獲得感，增強發展動力，增進人民團結，朝著共同富裕方向穩步前進」[3]。這是中國共產黨總結中國社會主義建設長期歷史經驗后得出的基本結論，是我們黨對中國特色社會主義本質的新認識。

2. 中國特色社會主義基本經濟制度理論

根據中國生產力水平低，商品經濟不發達的實情，為尋求推動社會主義發展的新動力和新要素，使各種創造社會財富的源泉充分湧流，黨中央創新性地打破了社會主義所有制必須是單一公有制模式的教條主義，提出了「公有制為主體，多種所有制共同發展」的社會主義初級階段基本經濟制度。這個基本經濟制度有三層內涵：首先，公有制為主體，體現為國有經濟對經濟發展起主導作用，通過國有企業控制國民經濟。其次，公有制經濟的形式並不僅僅拘泥於國有經濟和集體經濟，其他一切反應社會化生產規律的經濟形式都在利用的範疇內；再次，公有制經濟和非公有制經濟都是社會主義市場經濟的重要組成部分，都是中國經濟社會發展的重要基礎，國家鼓勵、支持和引導非公有制經濟發展，並依法保護個體經濟、私營經濟、外資經濟的合法收入和財產。到了十八

屆三中全會，黨中央領導集體把這種基本經濟制度，進一步明確為中國特色社會主義制度的重要支柱、社會主義市場經濟體制的根基，並且明確國有資本、集體資本、非公有制資本等交叉持股、相互融合的混合所有制經濟也是基本經濟制度的重要實現形式。公有制與非公有制資本相互持股，從而使多種所有制經濟在同一個企業內部共同發展[4]。中國特色社會主義初級階段基本經濟制度理論，是一種繼承基礎上的創新。它既體現了對科學社會主義基本原則的堅持，又進行了切合中國實際的創新，極大地調動了發展社會主義生產力的各項要素、各種主體的積極性、能動性，使社會主義經濟發展充滿了活力，為實現中國特色社會主義的健康發展奠定可靠的經濟理論基礎。

3. 中國特色社會主義分配理論

改革開放以來，黨中央領導集體認真研究中國實際情況，形成了具有中國特色的社會主義分配理論，調動了人民的積極性、主動性和創造性。中國特色社會主義分配理論包含五個層次內容：一是堅持以按勞分配為主體、多種分配方式並存。二是勞動、資本、技術和管理等生產要素按貢獻參與分配。三是堅持效率與公平的統一，在經濟發展的基礎上更加關注社會公平，實現社會的共同富裕。四是初次分配和再分配都要處理好效率和公平的關係，再分配更加註重公平。五是形成合理有序的收入分配格局。所謂「合理」，就是規範收入分配秩序，完善收入分配調控體制機制和政策體系，建立個人收入和財產信息系統，通過保護合法收入、調節過高收入、清理規範隱性收入、取締非法收入、增加低收入者收入、擴大中等收入者比重來實現。「有序」，就是要努力縮小城鄉、區域、行業收入分配差距，逐步形成橄欖型分配格局[4]。

4. 中國特色社會主義發展理論

新中國成立以來，中國一直在朝著現代化的道路上前進著，發展著，也形成了系統的、科學的發展理論。鄧小平同志認為，發展是當代世界的主題思想，發展是硬道理。他提出「現在世界上真正大的問題，帶全球性的戰略問題，一個是和平問題，一個是經濟問題或者說是發展問題」[5]。

中國特色社會主義發展理論涵括了發展內涵、發展價值取向、發展路徑等。關於發展內涵，主要體現在鄧小平對「什麼是社會主義」這一根本主題的回答和胡錦濤總書記提出的科學發展觀上。鄧小平說：「經濟長期處於停滯狀態總不能叫社會主義。人民生活長期停滯在很低的水平總不能叫社會主義。」[5]這就是說社會主義國家不意味著貧窮，不是平均主義，不是兩極分化，社會主義發展不能搞僵化封閉，也不能搞「全盤西化」；社會主義發展是民主、法治同步的發展，是「以人為本，全面、協調、可持續」的發展[6]。

在發展價值取向上，我們黨幾代領導集體都堅持了人民利益的價值取向。人民是發展的動力源泉，人自身的發展水平直接決定經濟和社會的發展水平，發展需要以人為本。鄧小平1992年南方談話提出的判斷發展得失的「三個有利於」標準鮮明地體現了堅持人民利益的價值取向。江澤民的「三個代表」重要思想，同樣延續和體現了人民群眾利益至上的價值取向。胡錦濤提出的科學發展觀，更加註重「以人為本」，提出了「情為民所繫、權為民所用、利為民所謀」的執政理念。以習近平同志為總書記的新一代黨中央提出的「創新、協調、綠色、開放、共享」五大發展理念，更是著力踐行以

人民為中心的發展思想，把增進人民福祉、促進人的全面發展作為發展的出發點和落腳點，堅持發展為了人民、發展依靠人民、發展成果由人民共享。

總之，中國特色社會主義發展觀是以人為本的發展，包括人自身的發展，即人的全面發展。它涉及人的素質的全面提高，即身體素質、文化素質和道德素質的整體性提高。人的全面的發展，不僅依賴於經濟發展水平的提高，還依賴於社會發展水平和環境保護水平的提高。可以說，人的全面發展已成為中國特色社會主義政治經濟學研究的一個重要維度。

5. 中國特色社會主義生產力理論

政治經濟學如果忽略對生產力的研究，就難以指導中國的經濟發展。改革開放以後，幾代黨中央領導集體都對社會主義生產力進行了研究。鄧小平不斷地強調社會主義的根本任務是發展生產力。那麼生產力是什麼？鄧小平指出，科學技術是第一生產力；而習近平總書記則在中共中央政治局第六次集體學習時的講話中又提出，要「牢固樹立保護生態環境就是保護生產力、改善生態環境就是發展生產力的理念」[7]。也就是說，社會主義生產力，還指向生態環境，這極大地豐富了生產力的內涵。對於社會主義生產力的研究，鄧小平認為，要解放和發展生產力，習近平總書記提出保護生產力，這就為中國特色社會主義政治經濟學提出了新的研究維度，即如何解放、發展和保護生產力。沒有生產力的發展，社會物質財富就無法增加，社會主義的共同富裕也就無法實現。

6. 中國特色社會主義建設路徑理論

（1）發展社會主義市場經濟是建設中國特色社會主義的有力手段

斯大林在蘇聯建立了高度集中的計劃經濟，學習蘇聯老大哥的新中國，長期以來也認為社會主義的一個標誌性特徵就是計劃經濟，搞市場經濟就是搞資本主義。這幾乎已經成為對馬克思主義政治經濟學的正統認識。以毛澤東為代表的老一輩中央領導集體也在新中國成立後踐行著這個理論，在中國實行了高度集中的計劃經濟，一些萌芽的商品經濟被迅速扼殺。不得不承認，高度集中的計劃經濟，使我們集中力量應對了弱小的新中國面臨的各種封鎖和難題，在一窮二白的基礎上建立起了基本完整的工業體系，使中國經濟水平有了顯著提高。但中國要進一步發展，計劃經濟則成了阻礙，已經不適應經濟發展的形勢。在此基礎上，中央新一代領導集體，在改革開放以後對計劃經濟、市場經濟與社會主義和資本主義的關係取得了突破性的認識，中國特色社會主義建設實踐也逐步實現了從高度集中的計劃經濟向社會主義市場經濟的轉變。1992年鄧小平在南方談話中指出：「是計劃多一點，還是市場多一點，本質上不是社會主義與資本主義的區別，計劃經濟不等同於社會主義，資本主義也有計劃經濟；市場經濟不等同於資本主義，社會主義也有市場經濟，計劃和市場都是經濟手段。」[5] 鄧小平這一觀點，打破了將計劃經濟等同於社會主義、市場經濟等同於資本主義的傳統觀點，為建立社會主義市場經濟奠定了強有力的理論基礎。習近平總書記則提出使市場在資源配置中起決定性作用和更好地發揮政府作用，努力形成市場作用和政府作用有機統一、相互補充、相互協調、相互促進的體制機制和制度格局[4]。

（2）全面實施改革開放是建設中國特色社會主義的強大動力

改革是社會主義制度自我完善、推動社會主義市場經濟發展的強大動力。改革通過

對舊的生產關係、上層建築做局部或根本性的調整，以適應發展和變化了的經濟基礎，逐漸形成活力、成熟、科學、比較定型的經濟制度。十一屆三中全會做出了對內改革的決定，從此拉開了中國特色社會主義建設 30 多年的改革之路。唯有改革才能讓國家迸發活力，唯有改革才能完善社會主義，唯有改革才能發展社會主義。

實行對外開放，也是影響中國命運的內在抉擇，是全球化經濟態勢下發展的必然路徑。對外開放，為中國經濟融入世界經濟，尋找中國自身的比較優勢，借鑑國外先進經驗，吸收先進文化和技術建立了通道。中國特色社會主義建設，需要樹立世界眼光，站在國際、國內兩個相互聯繫的角度思考問題，利用好國際、國內兩種資源、兩個市場，順應市場發展大勢，積極構建開放、獨立、自主的對外體系，積極參與全球治理，為經濟發展注入新活力、增添新動力、拓展新空間。以習總書記為核心的新一代黨中央領導集體，更是拓展了對外開放的內涵，提出加快構建開放型經濟新體制，推進更高水平的對外開放，構建廣泛的利益共同體。

(3) 堅持「四化同步發展」是建設中國特色社會主義的寬廣道路

以經濟建設為中心是必須長期堅持的基本國策，是興國之要。為此，必須堅持走中國特色新型工業化、信息化、城鎮化、農業現代化道路，推動信息化和工業化深度融合、工業化和城鎮化良性互動、城鎮化和農業現代化相互協調，促進工業化、信息化、城鎮化、農業現代化同步發展。新型工業化是一條科技含量高、經濟效益好、資源消耗低、環境污染少、人力資源優勢得到充分發揮的路子，為中國經濟騰飛奠定堅實的物質基礎；信息化是現代社會發展的必然趨勢，是經濟增長質量和效益快速提高的有效路徑；新型城鎮化，是以城鄉統籌、城鄉一體、產業互動、節約集約、生態宜居、和諧發展為基本特徵的城鎮化，是以人為本、可持續發展的城鎮化，其目的和衡量指標是人口的城鎮化；農業現代化，是用現代發展理念、現代工業、現代科學技術和現代經濟管理方法武裝農業，使農業經營方式現代化，達到世界先進生產力水平。四化同步發展，為中國轉變經濟增長方式、走出發展困境、實現可持續發展提供了基本途徑，最終形成以工促農、以農帶鄉、工農互惠、城鄉一體的新型工農城鄉關係，使廣大農民能夠平等參與現代化進程，分享現代化成果。

三、中國特色社會主義政治經濟學的發展路徑

中國特色社會主義政治經濟學理論體系的構建是一個長期的過程，理論框架也是一個開放性的系統，其理論觀點會隨著中國特色社會主義建設進程不斷深化。那麼中國特色社會主義政治經濟學該如何發展呢？

(一) 中國特色社會主義政治經濟學要以馬克思主義政治經濟學為靈魂和主體

馬克思主義經歷了時間和實踐的檢驗，始終閃耀著真理的光芒。無論時間如何變遷，毋庸置疑的一點是，馬克思主義的原理、價值和方法依然是指導我們經濟建設的基礎。馬克思主義政治經濟學是馬克思主義的重要組成部分，也是我們堅持和發展馬克思

主義的必修課。習近平總書記明確指出，馬克思主義政治經濟學是我們堅持和發展馬克思主義的必修課，要立足中國國情和發展實踐，為馬克思主義政治經濟學創新發展貢獻中國智慧。馬克思主義政治經濟學所揭示的人類社會運動的一般規律在社會主義經濟建設中是完全適用的，這已經得到了時間的證明。長期以來，馬克思主義政治經濟學給予了中國社會主義經濟建設和改革發展多方面的指導，並在中國幾代中央領導集體創新性應用下，使中國走出了一條富有特色的發展道路。

馬克思主義政治經濟學在當代中國的發展就是中國特色社會主義政治經濟學。因此，中國特色社會主義政治經濟學依然要以馬克思主義政治經濟學為理論基礎，認真吸取馬克思主義政治經濟學的精髓，堅持馬克思主義基本原理，破除對馬克思主義的教條式理解和人為附加的錯誤認識，並結合當代中國實際加以豐富和發展，用馬克思主義基本觀點分析研究、歸納抽象中國社會主義經濟建設和運行的特殊規律。

（二）中國特色社會主義政治經濟學要實現馬克思主義政治經濟學同中國實踐的有機結合

改革開放以來，中國打破了對社會主義的僵化認識，建立了社會主義市場經濟體制，全面實施了改革開放，成功開闢了中國特色社會主義道路，實現了國民經濟的平穩快速發展和人民生活總體上由溫飽邁向小康的歷史性跨越。改革過程波瀾壯闊，成就舉世矚目，更是蘊藏著理論創造的巨大動力、活力、潛力。現在，如何將馬克思主義政治經濟學同中國特色社會主義建設實踐有機結合起來，開拓馬克思主義政治經濟學新境界，是理論學界面臨的歷史任務。為確保中國特色社會主義政治經濟學的科學性，並使其經受住歷史的檢驗，就必須在立足於中國國情和發展實踐的基礎上，用馬克思主義觀點深刻分析中國的特殊發展階段、特殊經濟結構、特殊經濟關係，提煉和總結中國經濟發展實踐的規律性成果，總結經濟建設的特殊經驗，把實踐經驗上升為系統化的經濟學說，不斷開拓當代中國馬克思主義政治經濟學新境界。

總之，中國特色社會主義政治經濟學還在發展過程中，還沒有形成一套系統的、規範的、完整的政治經濟學說，還有待學者們以「馬學為魂、西學為用、國學為根、世情為鑒、國情為據、綜合創新」的學術方針和總體創新原則，特別是對中國特色社會主義經濟建設中的成功經驗進行系統總結，從而形成科學的、體系化的學說，有力指導中國特色社會主義進一步的建設和發展。

參考文獻：

[1] 鄧小平. 鄧小平關於建設有中國特色社會主義的論述專題摘編 [M]. 北京：中央文獻出版社，1992.

[2] 新華社. 胡錦濤在中國共產黨第十七次全國代表大會上的報告 [EB/OL]. [2007-10-24]. http://news.xinhuanet.com/newscenter/2007-10/24/content_6938568.htm.

[3] 文件起草組. 中共中央關於制定國民經濟和社會發展第十三個五年規劃的建議 [M]. 北京：人民出版社，2015.

[4] 新華社. 中共中央關於全面深化改革若干重大問題的決定 [EB/OL]. [2013-11-15].

http://news.xinhuanet.com/2013-11/15/c.118164235.htm.

［5］鄧小平. 鄧小平文選：第3卷［M］. 北京：人民出版社，1993.

［6］新華網. 科學發展觀［EB/OL］.［2007-10-19］. http://news.xinhuanet.com.

［7］王敬文. 習近平詮釋環保與發展：綠水青山就是生產力［EB/OL］.［2014-08-15］. http://www.ce.cn/xwzx/gnsz/szyw/201408/151t20140815_3360500.shtml.

改革開放以來中國農地制度改革演變研究
——基於《資本論》地租理論視角

中共四川省委黨校　袁　威

摘　要：從 1978 年的聯產承包責任制開始，中國已經進行了 30 多年的農村土地改革，在討論到改革現狀及其未來發展時，很多學者都喜歡套用西方經濟學中的地租理論進行分析，並提出普適性建議。但是，這樣的研究未從本質上以經濟學經典著作的視角、運用科學研究方法進行研究，就不可避免地出現片面性和偏頗。本文從《資本論》中的地租理論出發，分析了地租的產生過程以及土地的價值形成過程，研討其當代價值。研究發現，從地租理論視角出發，改革開放以來農地制度的改革經歷了從「提產增效目的導向」「明晰基本規則導向」到「賦權擴能價值導向」的演進。本文基於《資本論》地租理論及以上三個層次的分析，提出了當代農地制度未來改革發展方向的思考。

關鍵詞：資本論；地租理論；農地改革

　　從 1978 年的聯產承包責任制開始，中國已經進行了 30 多年的農村土地改革，改革的形式和內容不斷發生著深刻的變化，在討論到改革現狀及其未來發展時，很多學者都喜歡套用國外土改的具體實踐，或是西方經濟學中的地租理論進行分析，並提出普適性建議。但是，這樣的研究未從本質上以經濟學經典著作的視角、運用科學研究方法進行研究，就不可避免地會在土地制度改革的政策建議層面出現片面性和偏頗。事實上，《資本論》中的地租理論分析了地租的產生過程以及土地的價值形成過程，認真研究地租理論，並用其分析中國的農村土地改革演變趨勢，有助於正確處理農地改革中的各種問題，並為農地改革未來發展趨勢提供合理的啟示及思考。

一、《資本論》關於地租理論的主要內容

　　馬克思在《資本論》第三卷中詳細地論述了地租理論，大致可以概括為以下幾個方面：

(一) 關於地租的產生

任何地租都是以土地所有權的存在為基礎和前提的。馬克思指出：「不論地租有什麼獨特的形式，它的一切類型有一個共同點：地租的佔有是土地所有權借以實現的經濟形式，而地租又是以土地所有權，以某些個人對某些地塊的所有權為前提。」[1]馬克思認為地租是土地的使用者為了獲得土地的使用權而給土地所有者的超過平均利潤的那部分剩餘價值。在資本主義農業中，「作為勞動條件的土地同土地所有權和土地所有者完全分離，土地對土地所有者來說只代表一定的貨幣稅，這是他憑他的壟斷權，從產業資本家即租地農場主那裡徵收來的」[2]。馬克思還指出：「作為租地農場主的資本家，為了得到在這個特殊生產場所使用自己資本的許可，要在一定期限內（例如每年）按契約規定支付給土地所有者即他所使用土地的所有者一個貨幣額（和貨幣資本的借入者要支付一定利息完全一樣）。這個貨幣額，不管是為耕地、建築地段、礦山、漁場、森林等等支付，統稱為地租。這個貨幣額，在土地所有者按契約把土地租借給租地農場主的整個時期內，都要支付給土地所有者。因此，在這裡地租是土地所有權在經濟上借以實現即增殖價值的形式。」[3]就是說，地租產生的前提是土地所有權與土地經營權的分離，地租就是土地所有權借以實現的經濟形式。

(二) 地租是超額利潤的轉化形式

地租是超額利潤的轉化形式，是租地資本家在獲得社會平均利潤之后給土地所有者的超額利潤，農業中之所以存在超額利潤，是由於利用了一種有限的、可以被壟斷的自然力，這種自然力一旦產生就具有比較穩定的性質，而且這種超額利潤不會由於競爭而平均化，「土地所有權依靠它對土地的壟斷權，也相應地越來越能攫取這個剩餘價值中一個不斷增大的部分」[4]。馬克思指出：「利用瀑布而產生的超額利潤，不是產生於資本，而是產生於資本對一種能夠被人壟斷並且已經被人壟斷的自然力的利用。在這種情況下，超額利潤就轉化為地租。」[5]也就是說，由於個別生產價格與社會生產價格之間的差額，產生了級差地租。馬克思同時也認為：「一個更普遍得多更重要得多的事實是，真正農業工人的工資被壓低到它的正常平均水平以下，以致工資的一部分由工人手中扣除下來，變為租金的一個組成部分，從而在地租的偽裝下流到土地所有者而不是工人的手中。」[6]

(三) 關於級差地租和絕對地租論

馬克思對於級差地租的分析是以蒸汽動力與瀑布動力的對比來展開的。通過對比分析，馬克思認為，資本主義農業中，租地農業資本家由於經營質量不同的土地而向土地所有者交納不同數量的地租，這就是所謂的級差地租。級差地租有兩種形式：級差地租 I 和級差地租 II。雇傭工人在較好的土地上創造的超額利潤轉化的地租表現為級差地租的第一種形式：級差地租 I。連續追加投資於同一塊土地形成的不同超額利潤而轉化的地租為級差地租的第二種形式：級差地租 II。級差地租 I 和級差地租 II 的區別是由於對土地的兩種不同投資方法引起的。級差地租 I 是以不同地塊的肥力和位置的差別為條

件；而級差地租Ⅱ，除了這種差別外，還以同一地塊上連續投資的生產率的差別為條件。絕對地租總是等於商品的價值在它本身的成本價格以上的餘額；級差地租則等於市場價值在它的個別價值以上的餘額。如果在絕對地租以外還有什麼地租，總地租就等於市場價值在個別價值以上的餘額，加個別價值在成本價格以上的餘額，或者說，等於市場價值在個別成本價格以上的餘額。」[7]

（四）土地的價格是地租資本化表現形式

土地不是勞動產品，因而它沒有價值，所以也不應該有價格。但是實際上，土地的價格是地租資本化的一種表現形式。「這個購買價格不是土地的購買價格，而是土地所有者提供的地租的購買價格。」[8] 農產品的生產價格必須由劣等地的生產條件來決定，只有這樣，才能保證租種劣等地的農業資本家獲得社會平均利潤，從而保證農產品的供給與需求基本平衡，「不提供地租的最壞土地的生產價格，總是起調節作用的市場價格」[9]。關於農產品價格的決定問題，馬克思認為「是在資本主義生產方式基礎上通過競爭而實現的市場價值所決定的」[10]。在供求平衡的情況下，如果農產品的社會生產價格由占大多數的中等地生產出的農產品的生產價格來決定的話，劣等地上的投資就不能獲得平均利潤，農業資本家就會退出對劣等地的經營。由於劣等地退出而好地又有限，農產品必然會供小於求、價格上漲。當價格漲到經營劣等地也能獲得平均利潤的時候，劣等地加入耕作，供求平衡，農產品價格上漲停止。因此，農產品的社會生產價格必須由劣等地的生產價格來決定。

當前的中國仍然存在《資本論》中的地租理論所提出的土地所有權、地租、級差地租、絕對地租，並且也具有產生級差地租的自然條件：土地肥沃程度的差別、土地距離市場位置的差別和土地集約化經營的差別。另外，由於農用地歸農村集體所有，因此還存在絕對地租。因此，地租理論在當前中國的農地流轉問題的分析中仍然具有可行性。而且，依據馬克思的理論分析，凡是存在土地產權關係的地方，就必然存在地租。作為土地產權關係特別是土地所有權在經濟上實現自我增值形式的地租，在中國同樣有其存在的合理性[11]。

基於以上分析，我們可以基於《資本論》地租理論視角，來分析改革開放以後中國農地制度改革的演變歷程。

二、第一階段：「提產增效目的導向」的農地改革

20世紀50年代，農地制度從「農民的所有制」轉向了「人民公社制」，這種所有權和經營權都高度統一的農村集體土地制度客觀上抑制了土地產出效率，造成了嚴重的糧食危機和農村貧困。在此情況下，20世紀70年代末，有效提高中國糧食供給總量就成了農村經濟發展的首要課題，也成了改革的直接目的。從當時的歷史現實來看，在技術條件不變的前提下，要實現這一目的的關鍵在於通過農村土地產權體制機制的改變來提高農業生產率。

(一)「提產增效目的導向」改革的政策實現過程

1978年12月,黨的十一屆三中全會通過了《中共中央關於加快農業發展若干問題的決定(草案)》和《農村人民公社工作條例(試行草案)》,這兩份文件首次提出要發展包括聯產計酬責任制在內的多種形式責任制,但是囿於認識的局限和思想觀念束縛,文件中規定不許「包產到戶」。1980年,以鄧小平公開表態支持和肯定小崗村「大包干」做法為標誌[12],農村土地制度改革勢在必行。1982年1月,黨的歷史上第一個關於農村工作的中央一號文件《全國農村工作會議紀要》正式頒布①,標誌著來源於農村基層創新的「聯產承包責任制」政策在全國逐步開始施行,實現了土地所有權與使用權的「兩權分離」,改革開放后的農村土地制度迎來第一次大變革。

(二)「提產增效目的導向」必須實現土地制度的「兩大調整」

在經濟社會發展處於較低層次階段,農地制度就必須服務於「合理的目的」,也即通過提高土地產出率來直接實現經濟效率。其中,涉及兩個問題的解決:第一,經濟效率的提高必須讓農戶獲得農地的自主經營決策權。為了解決這一問題,中央的農地制度改革認可了「聯產承包責任制」對國家政治權力與農村土地集體產權的分離,在政社合一的人民公社時期,農村集體土地的所有權按照規定,由人民公社、生產大隊、生產隊共同所有,當政治權力介入土地產權后,集體土地所有權的經濟、民事功能被淡化,土地的生產經營權受到政策的極大干預。改革后農戶能夠根據市場情況自主決定生產對象和生產數量,經濟的獨立性增強,農業經營的責任意識和主觀能動性被調動起來,實現了農村生產力的大解放。第二,農戶的農地收益應當與農地經營投入的生產要素緊密掛鉤,讓農民享有除固定額度稅租以外的完全剩餘。聯產承包責任制調整了國家、集體和農民的利益分配格局。承包制以前,農民與集體的關係是人民公社時期農民獲得「固定工資」,承包制以后農民除上繳「固定租金」外完全享有農業剩餘,這極大弱化了國家和集體在農業內部的經濟利益,農民個體利益得到了傾斜性的保障。

(三)「提產增效目的導向」改革的結果產生了正向經濟激勵

改革開放后確立的「聯產承包責任制」,從本質上來看就是要提高土地的產出效率,因此必然要求農地經營出現明顯的正向反饋結果。在這種「提產增效目的導向」的改革推動下,出現了三大正向經濟激勵:一是農業總產值大幅增長。從1978—1984年,農產品產值以不變價格計算增長了42.2%[13],在農業增長的要素貢獻中,土地制度的變革貢獻率高達46.9%,相當於同期土地投入、化肥、資本和勞動力的總效應(45.8%)[14]。二是有效提高了糧食供給。從1978—1984年,中國糧食產量由3.04億噸增加到了4.07億噸,年增長率高達4.9%;而人均糧也從316.6千克增加到390.3千

---

① 1982年中央一號文件《全國農村工作會議紀要》指出:「目前實行的各種責任制,包括小段包工定額計酬、專業承包聯產計酬、聯產到勞、包產到戶、到組、包干到戶、到組,等等,都是社會主義集體經濟的生產責任制。不論採取什麼形式,只要群眾不要求改變,就不要變動。」

克,提高了23.3%[15]。三是帶動了鄉鎮企業的發展。承包制促進了農業的分工,導致了農業剩餘勞動力轉向第二產業。從1978年到1989年,鄉鎮企業數量從152萬個劇增到1,868萬個,鄉鎮企業就業人數從2,827萬人增長到9,265萬人,占農村勞動力比重從9.5%提高到了22.1%[16]。鄉鎮企業容納了50%的農村剩餘勞動力,其異軍突起成為「完全沒有預料到的最大的收穫」[17]。

表1　　　　改革開放初期中國糧食產量增長變動（1978—1984年）

年份	1978	1979	1980	1981	1982	1983	1984
糧食增長	7.23%	8.23%	-3.61%	1.37%	8.32%	8.46%	4.92%
人口增長	1.33%	1.32%	1.18%	1.37%	1.56%	1.31%	1.29%
人均糧（kg）	316.6	340.5	324.8	324.8	348.7	376.0	390.3

資料來源：林毅夫,再論制度、技術與中國農業發展 [M].北京：北京大學出版社,2000.

三、第二階段:「明晰基本規則導向」的農地改革

　　通過推行聯產承包責任制,中國實現了農地生產率大幅提高。但與此同時,考慮到聯產承包責任制事實上仍屬於「頂層設計」,與完善的「制度規則」仍有較大的距離。總體來說,聯產承包責任制的初期制度框架缺乏三方面的「實踐規則」：第一,農民是否必須經營自己無償獲得的農地,且繳納一定租金,事實形成「農民」與「農地」的捆綁;第二,農地是否可以通過自願、有償的方式流轉,流轉給誰;第三,農地的屬性和面積如何確定等。對以上三個問題的討論以及對問題解決辦法的出抬過程,事實上就是對聯產承包責任制的制度的補充和完善,其本身形成了以明細基本規則為導向的農地改革。

(一)「農民」和「農地」松綁：農業稅取消的「規則」確立

　　長期以來,農民都有繳納「皇糧」的習慣和傳統,不論農業稅負高低,但不能忽視的是該稅種是附著於農地和農業的,農民在無償獲得農地的同時會認為繳納稅負是天經地義的,作為農民是一種「義務」,因而會產生被約束在農地的「捆縛感」,不能夠或者不願意離開農地。在聯產承包責任制框架下,「農民」與「農地」到底是什麼關係,就需要做出規則來確立。

　　20世紀90年代至21世紀初,農民農業稅負擔引發了社會的極大關注。2004年,中國政府開始實行減徵或免徵農業稅的惠農政策,到2005年已有近8億農民直接受益。2005年12月29日,第十屆全國人大常委會第19次會議經表決決定,《農業稅條例》自2006年1月1日起廢止。同日,前國家主席胡錦濤簽署第46號主席令,宣布全面取消農業稅,表決通過的這項惠農政策上升為國家法律。農業稅的取消,在「農地」和「農民」之間確立了一個規則：對於無償獲得使用權的農地,農民不再有被約束的捆縛

感，從而可以更為自由地外出務工。因此，取消農業稅不僅是一項重要的稅制改革，也是農地制度改革中起到里程碑意義的一項「規則確立」。

（二）農地如何物盡其用：農地流轉的合法性的「規則」確立

農地作為中國糧食安全的載體和保障，對其充分利用顯得非常重要。然而，在推進聯產承包責任制過程中，有兩大問題制約了農地的物盡其用：第一，家庭經營的土地規模過小，難以形成規模經濟收益。20世紀80年代中期，中國戶均土地面積為5,600平方米，而到90年代中期則下降到4,000平方米，且戶均承包土地高達9~10塊，全國30%左右的省份人均耕地不足667平方米，戶均耕地總量也只有1,333平方米左右[18]。細小且分散的田地結構，使得農民耕作經營十分不便，農戶也無法進行大規模的投入，農業機械化和農業技術進步的實現非常困難。第二，農民從事小農生產的機會成本太大。在城鄉被嚴格分割、勞動力在農業與二、三產業之間流動受到束縛的改革開放初期，聯產承包責任制將土地的經營權和農業剩餘的索取權授權給了農戶，這種激勵機制在很大程度上降低了人民公社時期勞動要素投入的道德風險，從而提高了農業生產效率。然而，伴隨著改革開放的深入，農村剩餘勞動力能夠向工業、服務業部門自由流動時，農業生產的機會成本則較為顯著地呈現開來，並極大影響了農民的就業決策①。基於以上緣由，在市場經濟條件下，農民為了追求自身勞動利益最大化，在能力允許的範圍內更傾向於非農就業，因而導致農地粗放經營甚至撂荒。因此，為了使農地物盡其用，有必要從頂層設計上確立「農村土地承包經營權流轉」的合法性。

1998年10月，黨的十五屆三中全會在通過的《中共中央關於農業和農村工作若干重大問題的決定》文件中第一次出現了「土地流轉」和「適度規模經營」的說法②。這一提法，既說明了農田細碎不利於農業的機械化和降低勞動、資本要素的邊際投入成本，也強調了「適度」的重要性，土地規模要能夠充分發揮勞動和其他生產要素的作用，避免生產要素的浪費和短缺。2002年8月29日，第九屆全國人民代表大會常務委員會第二十九次會議通過的《中華人民共和國農村土地承包法》，第一次從法律層面明確了農民承包的土地在不改變農業用途的情況下可以流轉③。2004年8月28日，第十屆全國人民代表大會第十一次會議第二次修改並通過了《中華人民共和國土地管理

---

① 本文調研發現，湖北、廣西等樣本地區水稻種植戶均2~3畝，畝均產量475千克，大米單價以3元計算，畝產值為1425元，加上國家給予的良種補貼、農資綜合補貼等105元，每畝總收入1,530元，除去種子、化肥、農藥等顯性種植成本900元，則農戶水稻種植年淨收入在2,400元左右，農戶總抱怨「一畝田地，種糧食年收入幾百元、種菸、油等經濟作物年收入幾千元，種花卉年收入幾萬元，不是想到自己種的糧食吃著放心是絕對不種的，耗時耗力還不掙錢」；與此相對應的是，如果農民到城市打工，從事泥木水電等工作，日均收入都在250元左右，年收入不會低於4萬元，因此農民從事小農生產的機會成本太大，農業生產動力和激勵機制嚴重不足。（1畝≈666平方米）

② 《中共中央關於農業和農村工作若干重大問題的決定》提出「土地使用權的合理流轉，要堅持自願、有償的原則依法進行，不得以任何理由強制農戶轉讓。少數確實具備條件的地方，可以在提高農業集約化程度和群眾自願的基礎上，發展多種形式的土地適度規模經營」。

③ 《中華人民共和國農村土地承包法》第十條規定：「國家保護承包方依法、自願、有償地進行土地承包經營權流轉。」第三十二條規定：「通過家庭承包取得的土地承包經營權可以依法採取轉包、出租、互換、轉讓或者其他方式流轉」，「耕地的承包期為30年，草地的承包期為30~50年，林地的承包期為30~70年。」

法》，明確了農民承包的土地在不改變用途的情況下可以流轉[①]。

農地流轉合法性的「規則」確立以後，農地流轉速度加快，規模加大。2007年全國家庭承包耕地流轉面積約為424.8億平方米，僅占家庭承包耕地總面積的5.2%[19]，而到2015年底，全國家庭承包耕地流轉面積達到2,980億平方米，占家庭承包經營耕地總面積的33.3%，年均新增流轉面積320億平方米，涉及數以百萬計的承包農戶[20]。研究發現，抑制農地流轉最主要的因素是農地承包的「有限期限」問題，《中華人民共和國農村土地承包法》第二十條規定「耕地的承包期為30年」，即土地流轉權的設定從法律上來說不得超過30年的上限，隨著二輪承包期限的到期，無論是土地流入方還是流出方主觀上繼續流轉的意願都會越來越弱。汪輝、陶然（2013）[21]對6省119個村超過2,200個農戶的調研發現，在1998年第一輪土地承包期以前，村集體對土地進行過調整的比例高達72.3%，而第二輪土地承包後，該比例下降到了42%。

表2　　　　　　　　二輪承包前後村莊土地調整情況　　　　　　　　單位:%

省份		江蘇	四川	陝西	吉林	河北	福建	平均
未調整	1998年前	25	28	25	19	30	40	27.73
	1998年後	80	44.44	45	33.33	65	80	57.98

資料來源：汪輝、陶然．中國土地制度改革：難點、突破與政策組合[M]．北京：商務印書館，2013：92-93．

本文使用中國社會科學院RenErGo課題組對山東、湖北、廣西、甘肅4省10縣/市36村1,305個農戶進行實地調查的數據和資料。為了兼顧經濟發達地區與欠發達地區，較為全面地說明中國農村的一般情況，課題組選擇了東部的山東省、中部的湖北省和西部的甘肅、廣西壯族自治區的10縣/市36村進行調研，4個省在一定程度上也區分了長江以南與長江以北地區間的農地與農戶的自然經濟特徵，具有一定的代表性。10個縣/市分別為山東省的臨邑縣、臨朐縣、青州市、德州市德城區、湖北的恩施市、建始縣、甘肅的榆中縣、涇川縣、廣西壯族自治區的馬山縣、合浦縣。

按照平均每個縣/市調研2~6個行政村，每個村隨機抽取大約40個農戶進行問卷調查的方式，課題組一共獲得了36個村的1,305份有效調查問卷，調查了農戶2009年的生產生活狀況。

表3　　　　　　　水澆地、旱地出現租賃現象的農戶比重

省份	農戶數（戶）	農地租入（%）		農地租出（%）		既有農地租入也有農地租出（%）		無農地租賃（%）		總數（%）	
		水澆地	旱地	水澆地	旱地	水澆地	旱地	水澆地	旱地	水澆地	旱地
山東	392	13.78	0.00	2.55	0.00	0.77	0.00	77.81	100.00	100.00	100.00
湖北	298	6.38	26.85	3.02	5.37	0.00	0.00	90.60	67.79	100.00	100.00

---

① 《中華人民共和國土地管理法》第十五條規定：「農民集體所有的土地，可以由本集體經濟組織以外的單位或個人承包經營，從事種植業、林業、畜牧業、漁業生產」。

表3(續)

省份	農戶數(戶)	農地租入(%) 水澆地	農地租入(%) 旱地	農地租出(%) 水澆地	農地租出(%) 旱地	既有農地租入也有農地租出(%) 水澆地	既有農地租入也有農地租出(%) 旱地	無農地租賃(%) 水澆地	無農地租賃(%) 旱地	總數(%) 水澆地	總數(%) 旱地
甘肅	307	4.23	14.66	7.82	8.14	0.00	0.00	87.95	77.20	100.00	100.00
廣西	308	8.12	12.34	7.14	3.25	1.30	0.00	83.44	84.42	100.00	100.00
平均比重(總數)	(1305)	8.51	12.49	4.98	3.91	0.54	0.00	84.44	53.56	100.00	100.0

從表3可看出，除在山東調研的農戶並未出現旱地的租賃以外，其他3個省都存在水澆地和旱地租賃現象，其中湖北省租入旱地的農戶比重高達27%。為了在下文中更好地對農地租賃現象進行分析，我們將各農戶水澆地和旱地的租賃數量進行加總，加總後農地租賃的地租按照水澆地和旱地地租進行加權平均計算。加總后各省農地租賃的情況如表4所示。

表4中，4個省農地租賃的表現形式中，農地租入涉及農戶的比重較大，其21.76%的比重顯著高於農地租出的7.82%。從理論上來看，發生農地租出的農戶數應該等於發生農地租入的農戶數，出現表中兩個比重較大差異的原因可能有：①每個村的農戶為隨機抽樣，且抽樣數小於全村農戶總數，因此可能在抽樣中遺漏了較多有農地租出的農戶；②在調研過程中，有租出土地的農戶認為自己的農地使用權屬於無償轉移給他人，因為所收取的年地租非常少，可忽略不計，例如0.04元/平方米，但該土地的租入者則認為該土地並非為無償使用，而是以租金（儘管較少）或實物進行了支付。

表4　　　　　　　農戶、農地租賃的數量和比重表

省份	農戶數(戶)	農地租入 數量(戶)	農地租入 比重(%)	農地租出 數量(戶)	農地租出 比重(%)	既有農地租入也有農地租出 數量(戶)	既有農地租入也有農地租出 比重(%)	無農地租賃 數量(戶)	無農地租賃 比重(%)	比重(%)
山東	392	54	13.78	10	2.55	3	0.77	325	82.91	100
湖北	298	84	28.19	19	6.38	1	0.34	194	65.10	100
甘肅	307	58	18.89	48	15.64	1	0.33	200	65.15	100
廣西	308	88	28.57	25	8.12	7	2.27	188	61.04	100
平均比重(總數)	(1,305)	(284)	21.76	(102)	7.82	(12)	0.92	(907)	69.50	100

在全部1,305個農戶中，只有極少數農戶同時存在農地既轉入又轉出的情形，發生的比例很低，共計只有不到1個百分點。土地既租入又租出可能是由於農戶的土地集中（通過同時租入租出農地以方便耕種，甚至實現規模化經營），以及租入優質土地並租出劣質土地等原因造成的。

在全部農戶中，出現了農地租賃的農戶數為 398 戶，平均年地租為 0.29 元/平方米，最低為 0.04 元/平方米，最高為 1.08 元/平方米。其中東部地區（以山東代表）的平均值為 0.38 元/平方米，高於中部（以湖北代表）的 0.26 元/平方米以及西部（以甘肅、廣西代表）的 0.29 元/平方米。

(三) 農地的屬性和面積如何確定：農地確權的「規則」確立

農地改革必須建立在農地屬性、面積清楚的前提之上，因此推進農村土地承包經營權確權登記頒證以明晰土地產權作為對農地最基礎性的「規則確立」，是農地制度進一步改革能否順利實施的前提。

2008 年，十七屆三中全會明確提出「要賦予農民更加充分而有保障的土地承包經營權，穩定並保持現有土地承包關係長久不變」。對於如何認定「長久不變」及實現「長久不變」，由於政策上並沒有明確的界定，導致學術界展開了長時間激烈的辯論，而確權賦能的方式能夠有效夯實土地承包關係的「長久不變」，在穩定農村基本經營制度上具有重要創新意義。2013 年，中央一號[22]文件對完成農村土地承包經營權確權提出了 5 年時間的要求①。2014 年，中央一號[23]文件提出確權可採用「確權確地」和「確權確股不確地」兩種方式②。2014 年 11 月，中辦和國辦印發的《關於引導農村土地經營權有序流轉發展農業適度規模經營的意見》對兩種確權方式進行了強調③。2015 年，中央一號文件[24]要求「對土地等資源性資產，重點是抓緊抓實土地承包經營權確權登記頒證工作」，「擴大整省推進試點範圍，總體上要確地到戶，從嚴掌握確權確股不確地的範圍」。為了貫徹落實 2015 年中央一號文件，2015 年 2 月六部委聯合下發《關於認真做好農村土地承包經營權確權登記頒證工作的意見》[25]，明確在 2009 年 1,998 個試點縣的基礎上，「繼續擴大試點範圍」，強調「土地承包經營權確權登記的核心是確權，重點在登記，關鍵在權屬登記」。2016 年，中央一號文件[26]要求，「到 2020 年基本完成土地等農村集體資源性資產確權登記頒證，繼續擴大農村承包地確權登記頒證整省推進試點」。

確權登記工作的穩步推進，有效穩定了農業經營制度。截至 2016 年 3 月，全國範圍內已有 2,423 個縣、2.4 萬個鄉鎮、38.5 萬個村開展了農村土地承包經營權確權登記頒證試點工作，實測承包耕地面積近 4,667 億平方米。中央按照 0.015 元/平方米的標準，安排了 181.4 億元專項補助[27]。中央給出的時間表是 5 年時間內結束確權登記頒證工作，但研究發現，確權進展與基層政府意願密切掛勾。農地確權及統一登記發證無

---

① 2013 年中央「一號文件」明確：「全面開展農村土地確權登記頒證工作，用 5 年時間基本完成農村土地承包經營權確權登記頒證工作，抓緊研究完善相關法律制度從而實現現有土地承包關係穩定和長久不變的具體實現形式」。

② 2014 年中央「一號文件」明確：「抓緊落實農村土地承包經營權確權登記頒證工作，依靠農民群眾自主協商的方式解決確權工作中遇到的困難和問題，可採取確權確地和確權確股不確地的兩種方式」。

③ 中共中央辦公廳、國務院辦公廳關於引導農村土地經營權有序流轉發展農業適度規模經營的意見. 2014 年 11 月 20 日。其中再次要求：「建立健全承包合同取得權利、登記記載權利、證書證明權利的土地承包經營權等級制度。確權登記原則上要求確權到戶到地，在尊重農民意願的前提下，也可以確權確股不確地。」

疑會給農民帶來更好的產權保障，但是可能給地方政府工作尤其是徵地方面的工作造成影響。實際上，農地確權以前，農民幾乎是被排斥在農地增值收益分配之外的，農民很難對農地徵收產生影響，也談不上平等談判徵地補償；但是，農地確權以後可以在很大程度上防止之前的亂徵地現象，也能夠較好保護農民權益。但是，若是基層政府難以適應這種變化，則確權的推動就會產生消極阻礙[28]。

四、第三階段：「賦權擴能價值導向」的農地改革

如果說「提產增效目的導向」的農地改革是在改革開放初期，根據當時城鄉經濟社會發展特徵做出的必要探索，以滿足農地經營效率提高的客觀要求；「明晰基本規則導向」的農地改革是在聯產承包責任制框架下對基礎性規則的制定和補充，是在深化農業農村改革進程中對農地制度的主動完善。那麼，在「提產增效目的導向」「明晰基本規則導向」的農地改革已經完成或正在完成的同時，理應轉向制度具有「理念」「情感」的主動革新期，以使得農地制度更合理、更科學，讓農地政策的預期在更符合農業發展客觀規律的同時，更加體現「增進農民福祉」的動機和價值取向。

（一）以「賦權擴能」為價值導向的農地改革，其本質是增進農民福祉

2014 年中央「一號文件」即《關於全面深化農村改革 加快推進農業現代化的若干意見》對今後農業農村工作開展提出了「總要求」，即「力爭在體制機制創新上取得新突破，在現代農業發展上取得新成就，在社會主義新農村建設上取得新進展，為保持經濟社會持續健康發展提供有力支撐」。在這句話中前三句是深化農村改革的三項具體內容，而最後一句是深化農村改革的結果。在這份「一號文件」中並未明確說明農村改革的出發點和落腳點，也即未明確說明農村改革的價值取向問題，容易讓政策實施者根據自身理解而將改革側重進行不同解讀。但是，到 2016 年「一號文件」即《關於落實發展新理念加快農業現代化實現全面小康目標的若干意見》的引言部分明確提出「把堅持農民主體地位、增進農民福祉作為農村一切工作的出發點和落腳點」，這就從價值判斷上明確了今後農村工作的價值取向一定是「人」，當然也為農地改革的深化提出了評價的基本標準。

（二）以「賦權擴能」為價值導向的農地改革，通過「三權分置」擴展了「佔有權」和「使用權」

在很長時間內，「農村承包經營權」都作為「土地使用權」的表徵而被整體使用，然而從 1998 年開始日益加快的「流轉」的真正對象是「承包土地的經營權」，而非「承包權」，因此將「承包權」「經營權」分開並與「所有權」並列，不僅有助於從法律上明晰土地利益對象，也有助於從實踐層面推進土地經營權有序流轉，真正「落實集體所有權、穩定農戶承包權、放活土地經營權」。

十八屆三中全會《中共中央關於全面深化改革若干重大問題的決定》（以下簡稱

《決定》) 從「物權」角度明確「賦予農民對承包地佔有、使用、收益、流轉及承包經營權抵押、擔保權能,允許農民以承包經營權入股發展農業產業化經營」,這是中國農地制度第一次明確了農戶承包土地的完整產權權能,但與此同時,也給傳統的「承包經營權」的統稱帶來了挑戰。因此,當農地完整產權權能提出來以後,業界及學者就農地的「佔有」「使用」是否有必要分開進行了辯論。2014年中央「一號文件」正式提出「三權分置」,「穩定農村土地承包關係並保持長久不變,賦予農民對承包地佔有、使用、收益、流轉及承包經營權抵押、擔保權能。穩定農戶承包權、放活土地經營權,允許承包土地的經營權向金融機構抵押融資」,表明農地承包經營權進一步區分為了「承包權」和「使用權」,農民擁有農地的承包權,即佔有權;而流轉農地的經營權,即使用權;所有權、承包權、經營權「三權分置」。「三權分置」的實施,凸顯了農地制度改革符合客觀規律及充分尊重、維護了承包者的權益、地位,打通了現代農業發展的關鍵桎梏。「三權分置」后,農民專業合作社等新型農業經營主體放心流轉農地經營權,而向擁有「佔有權」的農民支付流轉費。以本文在成都崇州的調研為例,當地水稻專合社每年每平方米付給農民等價於375克黃谷的租金,專合社因「使用權」獲得每年0.75元/平方米的適度規模補貼;農民因「承包權」獲得每年0.54元/平方米的耕保基金和93.4元的糧食直補①。

2016年8月30日,中央全面深化改革領導小組第二十七次會議審議通過了《關於完善農村土地所有權承包權經營權分置辦法的意見》,會議指出,「深化農村土地制度改革,實行所有權、承包權、經營權『三權分置』,是繼家庭承包制后農村改革的又一大制度創新,是農村基本經營制度的自我完善」「農村土地農民集體所有必須牢牢堅持。要嚴格保護農戶承包權,任何組織和個人都不能取代農民家庭的土地承包地位,都不能非法剝奪和限制農戶的土地承包權。要放活土地經營權,在依法保護集體所有權和農戶承包權的前提下,平等保護經營主體依流轉合同取得的土地經營權,保障其有穩定的經營預期。」[29]

(三) 以「賦權擴能」為價值導向的農地改革,主線是鼓勵農民獲取長期穩定財產性收益

除了擴展農戶承包經營土地的「佔有權」和「使用權」以外,以「價值」為導向的農地改革還從兩個層次鼓勵農民參與土地收益二次分配,以獲取長期穩定財產性收益:

第一,擴展農戶對本集體所有土地增值收益分配的「收益權」。2013年「一號文件」提出「依法保障農民集體收益分配權」「確保徵地農民生活水平有提高、長遠生計有保障」。黨的十八屆三中全會《決定》規定「建立兼顧國家、集體、個人的土地增值收益分配機制,還必須合理提高個人收益」。2014年「一號文件」細化要求,「除補償農民被徵收的集體土地外,還必須對農民的住房、社保、就業培訓給予合理保障」。農民除了擁有承包經營土地的經營性收益權外,作為集體成員,還擁有參與集體土地增值

---

① 根據2016年8月29日在成都崇州市濟協鄉的調研資料。

收益分配、保障公平享有基本公共福利的權利。

第二，搭建了農地經營權抵押平臺，擴展了農民土地財產性直接收益或農民合作社二次分配的渠道。十八屆三中全會《決定》對農民承包土地經營權相關權能進行了規定，實現了國家對承包土地經營權抵押、擔保權能等相關限制的突破。2015年8月10日，國務院印發《關於開展農村承包土地的經營權和農民住房財產權抵押貸款試點的指導意見》，決定由中國人民銀行會同中央農辦等11個部門，組織開展農村承包土地的經營權和農民住房財產權（「兩權」）抵押貸款試點，主要包括賦予「兩權」抵押融資功能、推進農村金融產品和服務方式創新、建立抵押物處置機制、完善配套措施、加大扶持和協調配合力度五項試點任務。2016年3月25日，「兩個辦法」從貸款對象、貸款管理、風險補償、配套支持措施、試點監測評估等方面，對金融機構、試點地區和相關部門推進落實「兩權」抵押貸款試點明確了政策要求；對於「兩權」抵押的業務在貸款用途、抵押物認定以及風險防控方面有著明確的底線，這些明確的底線要求將有利於「兩權」試點的進一步推進。農民不管是作為農地經營者還是以地入社的專合社成員，其農地財產權權能都得到了加強。

五、基於地租理論對農地改革未來發展的思考

本文基於《資本論》地租理論的分析，結合改革開放以來農地制度改革演進過程，研究發現中國農地制度改革可以分為三個由低到高的層次，分別是「提產增效目的導向」的改革、「明晰基本規則導向」的改革和「賦權擴能價值導向」的改革：①「提產增效目的導向」的農地改革主要是通過農地產權體制機制的改變來提高農業生產率，基於對「聯產承包責任制」的確立和正名，讓農民獲得了農地的自主經營決策權以及除固定額度稅租以外的完全剩餘，產生了積極的正向經濟激勵；②「明晰基本規則導向」的農地改革是對聯產承包責任制制度框架的完善，通過取消農業稅實現了「農民」和「農地」的松綁，通過確立農地流轉的合法性引導農地按照市場規律在農業生產的範圍內自發、有償流轉，通過確權確定了農地的屬性和面積來奠定農地更高層次改革的基礎；③「賦權擴能價值導向」的農地改革賦予了農戶更加完整的農地產權權能，通過「三權分置」擴展了農地「佔有權」和「使用權」；通過擴展農戶對本集體所有土地增值收益分配的「收益權」及搭建農地經營權抵押平臺，來實現農民長期穩定財產性收益的獲取。

農地改革的三個層次是基於不同的歷史條件及經濟社會發展背景下，對農地制度本身主動探索的結果。從這個角度出發，未來農地改革的發展將在「賦權擴能價值導向」層次上進一步細化，可能的方向有兩條：

第一，目前農地改革重視賦予農民「實體性權利」，未來在保障農民的權利基礎上將進一步完善農民的「實體性責任」。在農民「佔有權」方面，如「徵收農村土地」中，目前改革成果是賦予了農民「知情、參與、監督、訴訟」等權利，但是沒有對農民在一定範圍內須承擔的責任或義務做明確的規定。這些「實體性責任」的缺失，使

得農民權利和義務不配套，因此基層政府在相關公共服務的提供過程中可能屈從農民的「部門正義」而不願作為、不敢作為。

第二，目前農地改革重視制度的「實體性」，未來將規範制度的「程序性」。農地「佔有權」方面，如農地徵收中賦予農民有「知情權、參與權、申訴權、監督權」，卻沒有為地方和基層政府設立諸如「公布徵地信息」「徵求並商議合理補償標準」「糾紛調解」等環節性內容的程序規定。農民「收益權」方面，賦予農民「公平分享土地增值收益」權利，承諾「合理提高個人收益的標準」的同時，卻沒有對地方的土地增值收益分配標準和合理的個人收益標準的形成程序做必要的規定，這些都將可能導致農民用各式各樣乃至偏激的做法來維權，可能動搖制度的本身方向，對農地改革也造成負面影響。

參考文獻：

[1] 馬克思. 資本論：第3卷 [M]. 北京：人民出版社，1975：714.
[2] 馬克思. 資本論：第3卷 [M]. 北京：人民出版社，1975：697.
[3] 馬克思. 資本論：第3卷 [M]. 北京：人民出版社，1975：698.
[4] 馬克思. 資本論：第3卷 [M]. 北京：人民出版社，1975：719.
[5] 馬克思. 資本論：第3卷 [M]. 北京：人民出版社，1975：727.
[6] 馬克思. 資本論：第3卷 [M]. 北京：人民出版社，1975：707.
[7] 馬克思. 剩餘價值學說史：第2卷 [M]. 北京：人民出版社，1978：301-302.
[8] 馬克思. 資本論：第3卷 [M]. 北京：人民出版社，1975：703.
[9] 馬克思. 資本論：第3卷 [M]. 北京：人民出版社，1975：742.
[10] 馬克思. 資本論：第3卷 [M]. 北京：人民出版社，1975：744-745.
[11] 馮繼康. 馬克思地租理論的邏輯內涵及現代價值 [J]. 濟南大學學報，2003（4）：71.
[12] 鄧小平. 鄧小平文選：第2卷 [M]. 成都：四川民族出版社，1998：315.
[13] 國家統計局. 中國統計年鑑1983 [G]. 北京：中國統計出版社，1984.
[14] 林毅夫. 再論制度、技術與中國農業發展 [M]. 北京：北京大學出版社，2000：84.
[15] 馬克思. 資本論：第3卷 [M]. 北京：人民出版社，1975：719.
[16] 林紹珍. 改革開放以來農村勞動力非農就業的變遷及啟示 [J]. 成都大學學報：教育科學版，2007，21（1）：11-12.
[17] 鄧小平. 鄧小平文選：第3卷 [M]. 北京：人民出版社，1993：252.
[18] 石傳剛. 中國農業產業化經營與家庭聯產承包責任制 [J]. 中共貴州省委黨校學報，2007（2）：39-41.
[19] 中國社會科學院金融研究所、特華博士后科研工作站. 中國農村土地市場發展報告（2015—2016）[M]. 北京：社會科學文獻出版社.
[20] 張紅宇. 解讀：農村土地經營權流轉 [EB/OL]. [2016-07-13]. http://country.cnr.cn/gun-dong/20160713/t20160713_522670266.shtml.
[21] 汪輝，陶然. 中國土地制度改革：難點、突破與政策組合 [M]. 北京：商務印書館，2013：92-93.
[22] 中共中央、國務院. 關於加快發展現代農業進一步增強農村發展活力的若干意見 [R/OL]. 2012-12-31. http://www.mofcom.gov.cn/article/b/d/201302/20130200035785.shtml.

[23] 中共中央, 國務院. 關於全面深化農村改革加快推進農業現代化的若幹意見 [N]. 人民日報, 2014-01-19.

[24] 中共中央, 國務院. 關於加大改革創新力度加快農業現代化建設的若幹意見 [N]. 人民日報, 2015-02-01.

[25] 農業部、中央農村工作領導小組辦公室、財政部、國土部、國務院法制辦、國家檔案局. 關於認真做好農村土地承包經營權確權登記頒證工作的意見 [R/OL]. [2015-01-27]. http://www.snkx.org/article/news/201504/2393.html.

[26] 中共中央國務院. 關於落實發展新理念加快農業現代化實現全面小康目標的若幹意見 [N]. 人民日報, 2015-12-31.

[27] 陳曉華. 農業部副部長在全國農村經營管理暨土地承包經營權確權工作會議上的講話 [EB/OL]. [2016-02-25]. http://www.gov.cn/xinwen/2016-03/04/content_5048948.htm.

[28] 郝帥. 專家: 農村土地確權登記面臨多重困難 [N]. 中國青年報, 2015-02-05 (6).

[29] 新華社. 關於完善農村土地所有權承包權經營權分置辦法的意見 [EB/OL]. [2016-11-02]. http://news.xinhuanet.com/food/2016-11/02/c_1119833089.htm.

從馬克思主義政治經濟學角度看供給側結構性改革

中共四川省委黨校政治經濟學研究生　李　勝

摘　要：在世界經濟增長態勢的下滑，中國經濟形勢在短期良好的表象下，由於外需縮小、產業結構失衡、人口老齡化和要素成本上升等經濟問題的凸顯，卻也面臨著經濟增速下滑、金融風險增加以及經濟持續性的平穩增長缺乏動力的情況。針對這樣複雜的局勢，黨中央以馬克思主義政治經濟學為指導提出了供給側結構性改革。本文分析了供給側結構性改革的馬克思主義政治經濟學理論基礎，為從馬克思主義政治經濟學角度認識供給側結構性改革提供思路。

關鍵詞：供給側結構性改革；馬克思主義政治經濟學

當前，中國經濟增長態勢良好，但世界經濟萎靡不振導致中國對外需求萎縮，人口老齡化、人口紅利逐步消失，勞動力等生產要素的成本上升，傳統的高投入、高消耗、高污染、低產出的經濟增長方式未得到有效轉變等一系列的結構性矛盾致使中國經濟增長面臨極大的下行壓力，經濟發展面臨極大的不確定性。經濟增長短期趨好的表象下卻面臨后續的持續性的動力不足。針對中國經濟面臨的這一系列盤根錯節的問題，黨中央提出，對總需求進行適度擴大的同時，深化供給側結構性改革，著力提高供給體系質量和效率，為經濟的持續增長注入源源不斷的動力。[1] 從供需兩側齊發力，確保經濟在短期的平穩增長中實現供給側結構性改革。供給側結構性改革是不同於西方新自由主義的供給改革，是全面的、深層次的改革，涉及要素、產業、體制、創新等方方面面，是在馬克思主義政治經濟學指導下的又一重大理論創新成果，豐富了馬克思主義政治經濟學的內容。同時，供給側結構的深入改革還必須堅定不移地以馬克思主義為指導。

一、馬克思主義政治經濟學研究的出發點為供給側結構性改革指明了方向

需求和供給，究竟是需求創造供給還是供給創造需求似乎是雞生蛋還是蛋生雞的循

環問題。但是從人誕生之初，人需要食物才能生存的最基本需求，產生了滿足人類生存的最基本的供給。人類社會為什麼還沒達到共產主義社會，不僅僅是生產力水平低和物質財富的不足，更重要的是人的精神境界還處於低層次水平。整個人類社會總體而言還處於物質慾望的上升期（如圖1），正是由於「物欲」的存在和不斷增加，促使需求增加，需求層次提升，進一步導致供給增加，供給層次提升。於是導致了如下循環：需求→供給→需求層次上升→供給層次上升→需求層次再上升→供給層次再上升……（如圖2）。人類進入商品經濟社會後，這個循環的內部結構以及內部結構的關係和運行機理變得更加複雜。國民經濟的運行可以說就是需求—供給循環的往復進行，國民經濟的正常運行離不開需求—供給正常的往復循環，任何一環運行的不暢都會導致國民經濟運行受阻，所以針對經濟的需求管理和供給管理都是正確的，特定時間、特定狀況側重點不同而已。馬克思通過研究物質資料的生產過程，運用馬克思主義哲學基本原理，對需求—供給循環進行了全面的分析，對物質資料生產的全環節——生產、分配、交換、消費進行了深入的分析，提出的生產與需求的均衡等理論對國民經濟的管理及當前的供給側結構性改革都具有重要指導作用。

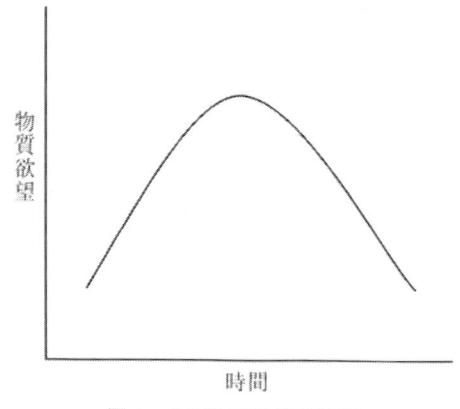

圖1　人類物質慾望變遷圖

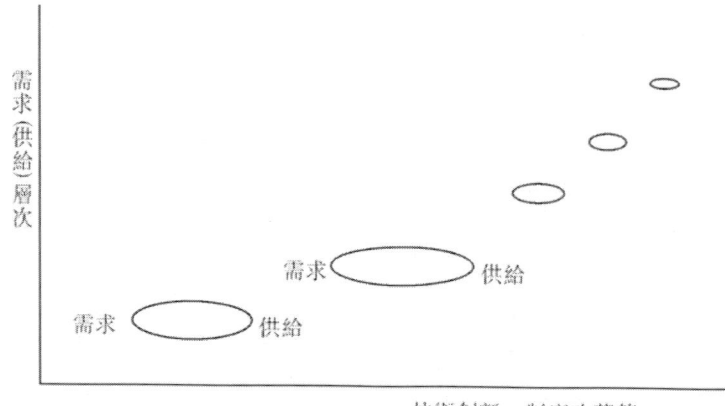

圖2　需求–供給循環圖

(一) 物質資料的生產是馬克思主義政治經濟學研究的起點，也是供給側結構性改革認識的起點

物質資料的生產是人類生存和社會發展的基礎和條件，是不以社會形態的變化為轉移的。物資資料的生產是人類存在於世的永恆主題。馬克思主義政治經濟學認為，物質資料生產的總過程是由生產、分配、交換、消費四個環節組成的有機整體。[2] 生產是起點，消費是終點，分配和交換則是連接生產與消費的中間環節。生產、分配、交換、消費互相制約、互相依賴，構成生產總過程的矛盾運動。生產、分配、交換、消費是對需求—供給的進一步分解。其中，生產決定了分配、交換、消費三個環節。[3]

(1) 生產與消費

生產是指人們直接利用和改造自然創造物質財富的總過程，消費分為投資性消費（生產消費）和個人消費。生產決定消費：表現生產為消費提供對象，如果沒有生產創造出來的各種物質資料，就不會有人們對勞動產品的各種消費；生產決定了消費的方式。生產出什麼樣的消費工具，就會形成什麼樣的消費方式；生產的性質決定了消費的性質，資本主義生產不同於社會主義生產，因而資本主義消費也不同於社會主義消費。消費也會反作用於生產，使生產得到最終實現，只有當產品進入消費，生產行為才算最終完成；消費為生產提供目的和動力，如果沒有了消費，生產也就失去了動力。[4]

(2) 生產與分配

分配包括生產資料份額分配和消費品的分配。生產決定分配，被分配的產品只是生產的成果。所以生產發展的水平決定了可分配產品的數量；生產的社會性質決定了分配的社會形式，比如資本主義生產就決定了有利於資本家階級的分配方式。分配對生產也有反作用：與生產相適應的分配製度會推動生產的發展；反之會阻礙生產的發展。[5]

(3) 生產與交換

交換是指在等價基礎上進行的商品交換。生產決定交換，是指在生產過程中，社會勞動分工的程度決定了交換的範圍和規模。交換對生產也有反作用。交換的發展又會推動社會勞動分工的發展。

凱恩斯的宏觀需求管理側重生產、分配、交換、消費四環節中的消費環節，從消費環節注入動力拉動經濟增長。需求管理政策為中國經濟的穩定增長提供了有力保障，但是在當前外需萎縮、內需放緩、綜合成本上漲、投資效能下降等多重因素疊加作用下，單一的需求管理模式僅註重總量的平衡，忽略經濟結構的優化；僅對經濟現象進行分析，而不對生產關係的實質和制度根源進行深入剖析。[6] 因此只能是短期有效，而無長期效應，治標不治本，不能從根本上解決問題。供給側結構性改革從生產、分配、交換、消費的全環節，從物質資料生產的全過程入手，不僅重視總量的平衡，更重視經濟結構的優化和平衡；不僅僅是對經濟現象的分析，更是對生產關係和制度根源的深度剖析。因此供給側結構性改革是長短期兼顧，標本兼治，是從根本上解決問題。

(二) 生產力和生產關係的辯證統一構成了物質資料生產的方式，是供給側結構性改革為經濟增長提供持續動力的理論源泉

生產力是指運用生產資料創造社會財富的能力，是推動社會發展的決定因素，生產

力發展水平的高低,直接與勞動者的勞動經驗和勞動技能的狀況、生產工具的完善程度以及自然物質的優劣有關。因此生產力包括勞動資料、勞動對象以及勞動者三要素。[7] 生產關係是人們在生產過程中結成的各種經濟關係,是人們最基本的社會關係。生產關係包括三方面:生產資料的所有制形式,人們在直接生產過程中所處的地位和關係,及產品的分配關係。其中生產資料的所有制是整個生產關係的基礎,決定著生產關係的其他方面。生產力是生產方式的物質內容,生產關係是生產力的社會形式。它們既矛盾又統一,構成了人類社會生產方式的不斷運動。在生產力和生產關係的矛盾統一體中,生產力是矛盾的主要方面。生產力是最革命、最活躍的因素,社會生產的發展總是先從生產力的發展變化開始的。[8] 生產的發展,使舊的生產關係與它不相適應,要求建立新的生產關係,引起生產關係的相應變化。但生產關係對生產力的變化具有能動的反作用,同生產力適應的生產關係會促進其發展,反之會阻礙其發展。[9] 所謂的供給側是相對於需求側而言的,它主要是指社會生產方面。根據馬克思主義政治經濟學關於生產力與生產關係辯證統一的基本原理,必須從生產力、生產關係以及生產力和生產關係的辯證統一性三方面進行供給側結構性改革。供給側結構性改革是全面的改革,不僅僅是供給側的改革,也涉及需求側的改革。分析當前中國經濟存在的問題時,不能停留在生產力層面,還必須結合生產關係這個層面,應該從中國的現實問題、從物質資料生產的全過程和人類社會生產方式的運動規律出發去理解供給側結構性改革。

二、馬克思主義再生產理論是供給側結構性改革必須堅持的原則

自人類邁入商品經濟時代以來,對於物資資料的生產與消費,一直是推動經濟社會發展的一對基本矛盾。與西方經濟供求平衡理論只註重量的平衡相比,馬克思的再生產理論在重視總量之間動態平衡的同時更註重結構和比例之間的動態平衡,要求社會生產各部門要按照客觀比例實現再生產,這是市場經濟的普遍規律,也是供給側結構性改革必須堅持的原則。

(一)相對生產過剩理論是推動供給側結構性改革化解供求矛盾的理論支撐

馬克思主義政治經濟學認為,生產資料公有制是社會主義的本質特徵和制度基礎。以社會化大生產為基礎的生產資料公有制更加符合經濟發展的客觀規律,更能為社會生產力的發展提供廣闊空間。[10] 建立在生產資料私有制基礎上的資本主義經濟制度為社會生產力的發展提供的空間相對較小,一旦生產力發展到臨界點,以生產資料私有制為基礎的生產關係就將反作用於生產力,以週期性經濟危機的形式和社會資源的巨大浪費為代價,逼迫生產力回到原有的生產關係框架中去,進而化解經濟危機時尖銳的供求矛盾。生產社會化和資本主義私人佔有形式之間的矛盾作為資本主義一切矛盾的總根源,使得標準的資本主義經濟模型無法實現經濟的持續性快速發展。

從微觀角度而言,逐利的資本家本性追求的不是物質財富的增加,而是追求剩餘價

值，追求過程中勢必要進行資本累積。資本累積就是把剩餘價值再轉化為資本，或者說剩餘價值的資本化。剩餘價值到資本的轉化過程就是資本的累積過程。剩餘價值是資本累積的源泉，資本累積又是擴大再生產的源泉。因而資本累積的實質是剩餘價值是由工人創造的，因此資本家進行資本累積和規模擴大的再生產，就是用從工人身上榨取的剩餘價值作為進一步榨取工人剩餘價值的條件，工人總是用他們的剩餘價值創造著資本家雇傭追加勞動力的資本。因此資本累積的實質是資本家不斷地使用無償佔有的剩餘價值增加資本，用以榨取更多的剩餘價值，擴大生產規模，擴大對工人的剝削。[11] 隨著資本累積的不斷推進，資本家為了追求更多的剩餘價值並在競爭中處於優勢地位，必然努力使用先進科學技術成果，努力採用先進技術裝備，這樣用於購買生產資料的不變資本佔總資本的比例比必然提高。同時先進科學技術成果的利用、先進技術裝備的採用必然大大提高勞動生產率，使同樣的勞動力推動更多的生產資料。這樣總資本中用於購買勞動力的可變資本比例便必然下降。所以在資本主義生產的歷史發展進程中，資本有機構成變化的總趨勢是不斷提高的。[12] 現代信用制度的發展促進資本集中，進而促進資本積聚，兩種資本累積方式的相互促進加劇了資本有機構成不斷提升的趨勢。在資本主義累積過程中，隨著資本累積的增進和資本有機構成的不斷提高，總資本中不變資本部分日益增加，而可變資本部分則相對減少。然而資本對勞動的需求不是由總資本的大小決定的，而是由總資本中的可變資本決定的。隨著資本有機構成的提高，資本對勞動力的需求會相對減少。[13] 這種趨勢下，人民大眾有支付能力的需求就會萎縮，當供求矛盾達到極致時，經濟危機爆發。危機期間，信用鏈條斷裂，現金短缺；商品流通停滯；生產迅速下降，失業人數激增，工人收入下降，生產力遭到極大破壞，經濟進入蕭條期。但同時這種蕭條又為經濟的復甦和下一次危機的到來提供了物質基礎。蕭條期間，資本家會想方設法提高勞動生產率，降低生產成本，盡快使自己的生產恢復和發展起來。其中進行固定資本的更新是很重要的措施，而蕭條期較低的利息率、較低的價格水平和較低的工資水平為固定資本的更新提供了良好的客觀條件。[14] 於是週期性的經濟危機循環往復，造成生產力循環往復被破壞。

　　由於社會主義初級階段，實行按勞分配為主體、多種分配並存的方式，資金、要素等按貢獻參與分配，每個人的勞動質量仍存在差異，導致社會上存在一定程度的貧富差距，部分群體收入偏低，加之中國社會主義市場體制還存在一些問題，使中國的貧富差距有拉大的趨勢，這也導致了中國內需乏力，引發社會主義條件下的相對生產過剩。供給側結構性改革從要素端發力，在勞動力供給上採取的政策是積極的就業政策，創造更多就業崗位，著力解決結構性就業矛盾，鼓勵以創業帶就業，實現比較充分和高質量的就業。就業是中國發展的一條底線，中國是人口大國，就業不穩定勢必影響社會穩定。中國是社會主義國家，又採取市場經濟體制，如果就業不充分、不穩定，兩極分化程度可能加大，也違背社會主義國家宗旨。另外，從需求角度看，就業充分穩定，低收入群體或中產階級群體收入可能增加，促使整個社會的邊際消費傾向增加，促進內需擴大，有利於去產能，促進經濟結構性調整，促使中國國民經濟運行良性循環。就業是民生之本，就業穩定，發展才可持續。近期，國家加大扶貧力度，開展精準扶貧，預期到2020年全面消除絕對貧困現象，這是從根本上提高低收入特別是貧困地區群眾消費能

力，化解當前部分行業產品積壓、生產能力過剩的治本之策。

(二) 資本的循環與週轉理論是促進供給側結構性改革提升經濟運行效率的理論基礎

國民經濟要實現良好的運行，必須實現需求到供給、供給再到需求渠道的暢通，也就是產業資本要實現不斷的循環。馬克思主義政治經濟學認為，產業資本要實現不斷的循環必須同時具備兩個條件：①產業資本三種職能形式在空間上的並存性，即產業資本家必須按一定比例將他的資本分成三部分，使其同時並存於貨幣資本、生產資本和商品資本三種職能形式上。②產業資本三種循環態在時間上的繼起性。即產業資本要連續的進行，不僅要使一筆資本按一定比例分成三部分，使其並存於三種職能形式上，而且每一種資本形式還必須同時順次通過資本循環的三個階段，依次改變它們的形式，最後回到原來的形式上。上述兩個條件互為條件、互相制約、缺一不可，並存性是繼起性的前提，繼起性是並存性的保證。[15]

供給側結構性改革，就是從提高供給質量出發，用改革的辦法推進結構調整，矯正要素配置扭曲，擴大有效供給，提高供給結構對需求變化的適應性和靈活性，提高全要素生產率，更好地滿足廣大人民群眾的需要，促進經濟社會持續健康發展。同時供給側結構性改革不僅僅是供給側的改革，也是需求側的改革，通過構建雙側調控體系，共同作用在提高供給質量的同時，促進過剩產能的消費，暢通資本運行渠道，提升國民經濟的運行效率。

(三) 社會總資本再生產理論為供給側結構性改革設定了理想目標

社會總資本按比例分配是社會再生產理論的核心，也是調整供給結構、優化供給質量的重要指導。馬克思在《資本論》中雖未就總供給和總需求給出明確概念，但是在社會總資本再生產理論部分，既分析了供給與需求的總量平衡，又分析了社會生產兩部類的比例關係，即兩大部類生產與消費的平衡關係，事實上就是社會總供給和總需求的總量平衡和比例平衡關係。馬克思認為，研究社會總資本的再生產起點是社會總產品。從社會總產品出發的運動，就是社會總商品資本的運動形式，即：

$$W'-\begin{cases} G-W \cdots P \cdots W' \\ g-w \end{cases}$$

在公式中，G-W 的過程代表貨幣資本向生產資本轉化的過程，而 g-w 則代表資本家進行個人消費的過程社會再生產，既包括生產消費也包括個人消費，所以社會總產品 W'是研究社會總資本再生產的出發點。核心問題是社會總產品的物質補償和價值補償問題，也就是社會總產品的實現問題，是考察社會總資本再生產的核心問題。在考察個別資本的再生產時，集中考察的是個別企業的資本價值增值運動，也就是價值補償問題，並沒有涉及企業之間發生的實物補償問題。實物補償問題都被假定能在市場上順利解決，被當成外生變量，但是當把個別資本的總和當作運動整體考察時，再生產過程所需要的生產資料和消費資料，只能在社會總產品中得到補償。所以這時除了考察社會總

產品的價值補償外，更重要的是研究生產社會總產品時所消耗的生產資料和消費資料能否從社會總產品中得到相應的補償。[14] 於是馬克思通過將生產部門分為兩大部類 I 和 II，將資本分成三部分 c（不變資本）、v（可變資本）和 m（剩餘價值），分析得出社會總資本簡單再生產實現要滿足的條件：

$$I(v+m) = IIc \tag{1}$$
$$II(c+v+m) = I(v+m) + II(v+m) \tag{2}$$
$$I(c+v+m) = Ic + IIc \tag{3}$$

公式（1）表明要實現簡單再生產，第 I 部類新創造的產品價值必須全部用於補償第 II 部類消耗掉的生產資料；第 II 部類產品中相當於不變資本部分必須能夠維持第 I 部類工人和資本家原有生活的需要。公式（2）表明第 II 部類生產的全部生產價值應該等於兩大部類可變資本和剩餘價值的和；第 II 部類生產的全部消費資料必須滿足兩大部類資本家和工人生活的需要。公式（3）表明第 I 部類生產的生產資料必須全部用於補償兩大部類消耗掉的生產資料。在簡單再生產條件下，沒有經濟的增長，一切只是在原有的狀態下往復循環，沒有需求層次和供給層次的提升。簡單再生產更近乎推演的需要。[14] 經濟要增長，必然需要資本的擴張。社會總資本擴大再生產的實現滿足以下條件：

$$I(v+\Delta v+m) = II(c+\Delta c) \tag{4}$$
$$II(c+v+m) = I(v+\Delta v+m/x) + II(v+\Delta v+m/x) \tag{5}$$
$$I(c+v+m) = I(c+\Delta c) + II(c+\Delta c) \tag{6}$$

公式（4）表明在社會總資本擴大再生產條件下，社會總產品的構成在兩大部類之間應當保持一定的比例關係，即第 I 部類原有的可變資本，加上追加的可變資本，再加上第 I 部類資本家用於個人消費的剩餘價值三者的總和應該滿足第 II 部類擴大再生產對生產資料的需要。公式（5）表明要進行擴大再生產，第 II 部類全部生產物價值，除了補償兩大部類原有工人和兩大部類資本家所需要的生活資料外，還必須滿足兩大部類新追加的工人所需要的生活資料。公式（6）表明第 I 部類的全部生產物價值，除了補償兩大部類已消耗掉的生產資料外，還必須滿足兩大部類進行累積時需要追加的生產資料，即第 I 部類的全部產品必須滿足兩大部類進行規模擴大的再生產時對生產資料的全部需要。擴大再生產要順利實現，生產與消費必須互相適應，各部門發展必須按比例進行。它和簡單再生產一樣，根本問題仍然是按比例發展問題。這個一般規律提示：兩大部類的累積是相輔相成的，任何一方都不能孤立地擴大與發展。[14]

馬克思的社會再生產理論既包含總量間平衡關係又包含結構和比例間的平衡關係，國民經濟要實現平穩持續增長，國民經濟的各部門就必須按照客觀比例實現再生產。當前中國經濟出現的產能過剩等問題，很大程度上是由於社會再生產結構性失衡問題引發的，生產與消費比例失衡，生產各部門資本配比失衡，導致社會總供給的生產結構與消費需求結構的失衡。一方面，由於近年來各地政績觀不夠端正，加上前期經濟刺激政策效應，一些地方為追求發展速度，盲目發展低端產業，出現了大面積產能過剩現象。另一方面，群眾的需求層次上去了而供給層次卻沒跟上。供給側結構性改革以再生產理論為指導，提出從提高供給質量出發，用改革的辦法推進結構調整，矯正要素配置扭曲，

擴大有效供給，提高供給結構對需求變化的適應性和靈活性，提高全要素生產率，更好地滿足廣大人民群眾的需要，促進經濟社會持續健康發展。[16]因此必須要深化體制改革，改革行政管理體制，實現由政府管制到市場機制的轉變；深入推進財稅改革，形成政府與公民、中央與地方之間穩定的經濟關係以及規範的政府財政管理制度；調整完善人口政策；夯實供給基礎，推進土地制度改革；釋放供給活力，加快金融體制改革；解除金融抑制，實施創新驅動戰略；開闢供給空間，深化簡政放權改革；促進供給質量提升，構建社會服務體系；推進配套改革。

參考文獻：

［1］吳波. 習近平改革成本論的政治深意［J］. 人民論壇，2013（38）：36-37.
［2］衛志民. 改革理論在新的條件下的重要發展［J］. 思想理論教育導刊，2014（7）：54-58.
［3］李真. 國內生產關係範疇的研究綜述［J］. 學理論，2013（28）：101-102.
［4］韓學麗. 刺激消費需求的財政政策研究［J］. 特區經濟，2012（8）：95-97.
［5］武平平. 分配關係和生產關係的關聯性問題研究——基於馬克思主義政治經濟學視角［J］. 黑龍江社會科學，2012（2）：70-72.
［6］尤緒超. 馬克思主義政治經濟學地位的再認識［J］. 學習月刊，2012（20）：76.
［7］王金平. 生產力要素問題論析［J］. 遼寧行政學院學報，2014（6）：70-72，79.
［8］王炳德. 對生產力與生產關係矛盾運動的再認識［J］. 求索，2004（4）：167-169.
［9］尹輝. 生產力發展的根本動力問題研究評析［J］. 經濟縱橫，2013（1）：118-121.
［10］劉耀森. 馬克思主義政治經濟學教學改革的探索與實踐［J］. 經濟研究導刊，2013（6）：262-263.
［11］劉曉清. 資本累積理論與企業競爭力［J］. 中外企業家，2013（9）：259-260.
［12］陳智. 馬克思的資本有機構成理論與當代中國的經濟發展［J］. 學術探索，2011（2）：54-59.
［13］宋增偉. 資本主義發展的辯證邏輯和歷史趨勢［J］. 理論探討，2004（2）：9-11.
［14］劉詩白. 馬克思主義政治經濟學［M］. 2版. 成都：西南財經大學出版社，2010.
［15］孫孝富. 對馬克思產業資本循環總公式的繼承性推論［J］. 馬克思主義與現實，2007（4）：159-161.
［16］胡鞍鋼，周紹杰，任皓. 供給側結構性改革——適應和引領中國經濟新常態［J］. 清華大學學報：哲學社會科學版，2016（2）：17-22，195.

試論財政資金沉澱的癥結及應對路徑分析

四川行政學院經濟學部　黃紹軍

摘　要：在當前中國財政收入大幅下滑，財政支出剛性增長的趨勢背景下，財政資金的沉澱問題顯得尤為嚴重。找出財政資金沉澱的癥結，並採取對應的措施，是目前應對中國經濟下滑壓力，發揮財政政策積極效果的關鍵之一。本文在分析目前中國財政資金沉澱的癥結基礎上，重點分析了化解財政資金沉澱困境的應對路徑。

關鍵詞：財政資金；資金沉澱；癥結；路徑分析

2016年6月29日，審計署審計長劉家義代表國務院向全國人大常委會做了2016年審計工作報告。這份審計工作報告揭示了中國財政資金仍有大量沉澱閒置、統籌使用效率低等問題，引起了社會廣泛關注。不僅如此，2016年5月17日上午，國家審計署財政審計司司長郝書辰表示，審計過程中還發現有些沉澱的專項財政資金統籌後仍然沒有得到有效利用，形成了「二次沉澱」，導致盤活沉澱資金成了形式。眾所周知，財政是國家發展穩定的基石和核心支柱，財政資金是發揮財政政策效用的根本保障，在貫徹精準脫貧政策和推進供給側結構性改革中發揮著「四兩撥千斤」的引導性作用。沉澱的財政資金，猶如枯水、死水，不能發揮其效益，只有週轉運用，流動起來，才能如灌溉之水滋潤萬物。因此，厘清財政資金沉澱的特點，找出沉澱的癥結，才能採取解決問題的恰當措施。

一、財政資金沉澱的特點分析

財政資金沉澱，通常是指在財政資金收入支出過程中，由於尚未安排預算，或者已經安排預算，部分財政資金本應按照預算支出使用但沒有使用或沒有完全使用，從而未能形成實際支出，仍然閒置在帳戶裡的現象，這部分閒置資金就好像河裡的泥沙，被沉澱下來留在了河底。從現實的情況看，目前中國財政資金沉澱有以下幾個特點：

（一）沉澱資金的存在形式多樣

目前中國財政沉澱資金主要包括結轉結餘資金、預算週轉金、預算穩定調節基金、

償債準備金等。留存必要的預算週轉金、預算穩定調節基金和償債準備金是應當的,但是,留存大量的結轉結餘資金,必然造成資金效益損失,是不合適的。

(二) 沉澱資金積澱多處

從有關數據可以看出,中國目前的財政沉澱資金主要積澱在三個地方:一是積澱在國庫。主要是專項轉移支付結餘和預算指標結餘,還包括一些間歇性庫款。二是積澱在財政專戶。主要是過去沒有按進度使用的專項資金款項,也包括一些過去的專項資金結餘,一些專戶核算事項已經結束多年,但專戶仍然保留,部分結餘資金依然在專戶帳上。此外,社會保險基金、教育收費資金、糧食風險基金、國際金融組織和外國政府貸款贈款等也在財政專戶餘額裡。三是積澱在預算單位。主要是項目資金結餘和預算單位的自有收入。

(三) 沉澱資金的金額較大

2014年底以來,針對各類閒置沉澱的財政資金,國務院推出了一系列舉措。如對結餘資金和連續兩年未用完的結轉資金,一律收回統籌使用。對不足兩年的結轉資金,需按原用途使用的,要求加快預算執行;不需按原用途使用的,允許按規定統籌用於經濟社會發展急需資金支持的領域。儘管如此,從公開數據分析,截至目前中國層層沉澱下來的財政資金仍然是很大的。根據審計署2015年6月發布的《國務院關於2014年度中央預算執行和其他財政收支的審計工作報告》顯示,至2014年底,抽查的22個中央部門有沉澱資金1,495.08億元,18個省本級財政有沉澱資金1.19萬億元。又從近期國務院大督察情況來看,截至2015年11月底,中央財政收回沉澱資金155億元,地方各級財政收回沉澱資金3,503億元。從2015年中央財政決算報告來看,2015年全國財政收回沉澱資金3,880億元,其中,中央財政收回179億元,地方各級財政收回3,701億元。比較沉澱資金的總額和已收回額,不難看出還有大量的財政沉澱資金。2016年5月,國家審計署發布了2016年第一季度的國家重大政策措施貫徹落實跟蹤審計公告。公告顯示,由於缺乏統籌盤活,總計有97億元的財政資金長期「趴在帳上睡大覺」,其中,有94.28億元專項資金未及時安排使用發揮效益,1.41億元專項資金統籌後仍未及時使用,形成「二次沉澱」。

一般來說,為了保證下一年度的年初或某一時期必需的預算支出,留存適量財政資金,是必要的。但如果沉澱積存的財政資金過多,那就不符合經濟發展、國家治理的需要了,尤其是在當前中國財政收入大幅下滑,財政支出呈現剛性增長趨勢的背景下。根據財政部日前公布的數據,2015年,全國一般公共財政收入增長8.4%,而扣除11項政府性基金轉列一般公共預算影響,全國財政收入同口徑增長僅為5.8%,增速為1988年來新低。財政收入捉襟見肘,找出財政資金沉澱的癥結,採取恰當的應對措施成為發揮財政策積極效應的一大關鍵。

二、造成財政資金沉澱的癥結分析

　　大量沉澱、閒置的財政資金是多年累積形成的，其癥結複雜多樣，主要有財政預算管理制度的不健全、財政體制機制的不完善、國庫集中支付改革的不徹底、有關人員懶政怠政及資金統籌存在制度障礙等原因。

（一）財政預算管理制度不健全、約束力不強

　　首先預算編製缺乏準確性、科學性和長期性。一是預算編製不夠科學和細化，年初到位率偏低。部分預算支出項目編製較為粗放，沒有編製到具體項目或具體執行單位，導致預算執行調整頻頻，可執行差。有的重點支出項目掛勾較多，所需配套資金較多，造成部分項目預算當年難以執行，便成了資金沉澱。二是預算編製缺乏長遠考慮，只編製年度預算，沒有編製中期財政規劃，導致項目預算缺乏可預見性，影響了項目的及時實施，容易導致財政資金的沉澱。其次，預算批覆和下達不夠及時。從預算批覆到下達預算大多要三四月份，在預算批覆之前，只給單位撥付人員經費和必要的辦公經費，而項目支出和專項支出都要在預算批覆後方能執行，而且一些項目資金申報審批的鏈條長、時間長、環節多，從而影響了支出的進度，長久累積之後便形成一定規模的財政資金沉澱。最後，預算制度及相關的審計制度約束力不強。有的部門或預算單位預算法制理念淡薄，要錢積極，但用錢不守約束。雖然審計年年審，但是資金沉澱問題年年如是，「牛皮癬」問題沒有得到真正整改。

（二）各級政府間事權劃分不清晰、事權與財權不匹配

　　分稅制改革以來中國各級政府的財權事權不匹配現象一直存在。這種不匹配，具體體現為中央政府財權大大多於事權，地方政府卻往往事權多於財權。這樣，體現在財政資金管理上，中央政府及中央各部門必然沉澱累積大量的財政資金，而地方政府為了完成事權或為了應對可能的應急事項，必然渴望更多的財政資金（儘管有中央財政的轉移性支付，但多數為專項轉移性支付），尤其是可以自由支配的資金，這樣往往會選擇多報預算，造成財政資金的不合理配置，形成了某些地方財政資金沉澱過多。另外，政府各部門職能與預算分配權的界定也不夠清晰，使財政資金分配中出現多頭管理、交叉重複等問題，影響了預算分配的統一性和完整性，而分配缺乏統一性和完整性也造成部分部門沉澱了過多的財政資金，影響了財政政策的效果。

（三）國庫集中支付改革不徹底、不完善

　　國庫集中收付改革的實質是財政資金集中到國庫單一帳戶，實現收入資金全部歸集到國庫單一帳戶，支出全部從國庫單一帳戶直達收款人帳戶。中國自2001年實施改革以來，稅款收入已經實現了稅款直達入庫，但支出卻偏離了改革的根本要求，表現在：一是財政部門或者預算單位直接向集中支付的代理銀行下達支付指令，代理銀行先行支

付，再向國庫部門進行清算。這種由代理銀行集中支付的方式，憑證傳遞環節增多，資金清算時間加長，降低了國庫支付效率，容易造成資金沉澱。二是不符合單一帳戶制度。財政部門既在人民銀行開立帳戶，又在商業銀行開立帳戶，違背了單一帳戶制度的初衷，多個帳戶不可避免會造成資金沉澱。三是部分非部門預算單位的財政專項資金支出，尚未納入國庫集中支付管理，因而，容易脫離監管，形成資金沉澱。

（四）部分領導幹部懶政怠政、不作為、慢作為

懶政怠政、不作為、慢作為現象，致使該做的民生工程、扶貧項目等沒有實施或進度拖延，必然造成財政資金沉澱，影響國家政策的實施。從近期國務院全國大督察第二批核查問責工作結果看，發現了部分幹部懶政怠政不作為，造成了財政資金沉澱等方面的典型問題。為此，2015年6月，海南省依法依規對陸豐市兩名幹部進行了問責，給予誡勉談話處理。

（五）歷史財政沉澱資金的統籌存在利益障礙和制度障礙

盤活各領域「沉睡」的財政資金，推進財政資金統籌使用，避免財政資金使用「碎片化」，把「零錢」化為「整錢」，統籌用於發展急需的重點領域和優先保障民生支出，增加資金有效供給，是創新宏觀調控方式的重要內容，也是用足、用活積極財政政策的關鍵舉措，對於穩增長、惠民生具有重要意義。但是，統籌「沉睡」的財政資金存在以下兩方面的障礙：一是利益障礙。由於財政資金分配、管理和使用中普遍存在小、散、亂問題，如某農林水專項，這個專項在分配時中央層級就有9個部門在管，而在這9個部門又分散到下屬的50個司局，這50個司局又分散到下屬的114個處，從分配渠道看非常分散。統籌時勢必影響各個部門或司局或各處室的利益，自然增大了統籌的難度。二是制度障礙。以扶貧資金為例，涉及扶貧資金分配使用的具體制度規定未及時修改完善，特別是相關部門「專款專用」「打醬油的錢不能買醋」等規定依然在執行，地方政府很難突破這些規定進行有效整合，使得部分專項資金未能及時統籌或即使統籌后仍未及時使用。

三、財政資金沉澱問題的應對路徑

既要採取措施盤活歷史沉澱的財政資金，又要防範財政資金新的沉澱，才能最大限度地發揮財政資金「四兩撥千斤」的作用。既要治標，更要採取策略治本。為此，針對前文所述財政資金沉澱的特點和癥結，筆者以為應該從以下幾個方面進行應對，化解沉澱困境。

（一）進一步完善預算管理制度，提高預算約束力度

應當重塑預算編製程序，確保預算明細性、科學性和長期性。要求每筆支出預算必須明確表述目的和用途；在進一步細化年度預算編製基礎上，逐步編製三年滾動預算，

確保預算安排與中期規劃、年度計劃相銜接;進一步優化預算的批覆和下達流程,尤其是要優化項目審批流程,清理整合審批事項,明確審批辦結時限,提高審批效率,減少時滯;提高預算單位的預算法制意識,建立預算執行的獎懲約束機制,將財政資金績效評審與預算編製掛鈎,作為考核地方政府與部門財政管理水平的重要內容,實行獎勵與問責制度;嚴格執行審計問責制度,杜絕「牛皮癬」問題。

(二) 深化財政體制改革,逐步建立財權與事權相匹配的財政體制

理順中央與地方的事和權財權關係,切實推行政府權力清單、責任清單制度,啓動事權和支出責任劃分改革。事權決定財權的大小,只有在事權劃分的基礎上,才能夠確定合意的各級政府財權,也才能在確定各級政府財權框架的基礎上,根據財力獲取效率確定各級政府的自有財力和轉移支付規模。這樣,政府間財政關係才能夠理順,才能夠減少中央財政及中央各部門財政資金沉澱過多,才能夠減少部分地方政府財政資金沉澱過多而部分地方政府財力入不敷出的矛盾;此外,還需要明確界定政府各部門的職能與預算分配權,消除預算分配中的多頭管理和重複管理;還需要進一步完善轉移支付制度,進一步清理、整合、規範中央專項轉移支付,化解專項資金沉澱過多的問題。

(三) 繼續深化和完善國庫集中收付制度

切實加強制度建設,建立真正意義的國庫集中收付制度。國庫集中收付制度應當明確以國庫單一帳戶為核心,所有財政性收入直接繳入國庫單一帳戶,所有財政性支出均由國庫單一帳戶直接支付到最終收款人。按照「橫向到邊,縱向到底」的要求:一是規範國庫集中支付制度,收回通過商業銀行完成集中支付模式,支出由人民銀行國庫單一帳戶直接支付給商品、勞務供應商或收款人帳戶,最大限度減少資金沉澱;二是嚴控財政部門在商業銀行開立帳戶,建立真正意義的單一帳戶制度,在當前電子技術發達的前提下,技術上已經可行;三是加快實現財政非部門預算管理單位的國庫集中支付步伐,在將所有預算單位納入國庫集中支付管理的同時,將非部門預算單位的財政專項資金支出,也納入國庫集中支付管理。

(四) 嚴格執行問責機制,嚴肅處理部分領導幹部懶政怠政、不作為、慢作為行為

2015年9月,針對財政資金沉澱、項目拖延、土地閒置、棚戶區改造遲緩等方面的懶政、怠政、不作為等典型問題,24個省(區、市)依法依規對249人進行了問責,給予黨紀政紀處分。其中地廳級41人、縣處級139人。2016年7月,黨中央印發了《中國共產黨問責條例》,這是黨中央堅持黨要管黨、從嚴治黨,深入推進黨風廉政建設和反腐敗鬥爭的又一重要舉措,是全面從嚴治黨的重要制度。要發揮這一重要舉措、重要制度的作用,關鍵在於認真遵照執行。筆者相信,只要嚴格執行問責條例,加大懲處力度,必然會減少懶政怠政、不作為、慢作為行為,從而減少財政資金沉澱。

(五) 修訂資金管理制度並獎懲結合,破除沉澱資金統籌障礙

2015年6月國務院印發了《推進財政資金統籌使用方案的通知》。通知要求繼續盤

活財政沉澱資金，加強財政專戶資金管理，健全完善管理制度，切實堵塞管理漏洞，形成科學規範的財政資金管理機制。對於沉澱資金的統籌整合，建議從政策上權威、規劃上銜接、制度上修訂、整合上規範、獎懲上分明、審計上跟進等方面做好落實工作，堅決查處以「打醬油的錢不能買醋」等為借口拒絕資金統籌整合等行為，破除沉澱資金統籌的利益障礙和制度障礙。

「問渠那得清如水，為有源頭活水來。」財政資金一如清澈的渠水，只有流動週轉起來，才能滋潤萬物，才能促進積極財政政策目標的實現，促進經濟持續發展。

參考文獻：

[1] 陳少強. 中央對地方轉移支付制度的規範化 [J]. 中國發展觀察，2015（2）.

[2] 李俊生，喬寶雲，劉樂崢，等. 明晰政府間事權劃分構建現代政府治理體系 [J]. 中央財經大學學報，2014（3）.

[3] 福建專員辦. 探究財政資金沉澱的成因 [N]. 中國財經報，2015-05-05.

資本價格波動背景下的地方政府
融資模式轉型研究

四川省委黨校區域經濟教研部　蒲麗娟

摘　要：在現代信用制度下，商業資本流通 G-W-G′ 區別於產業資本流通 W1-G-W2，將具備一定的內部依賴性和外部獨立性，其所體現的資本價格與經濟利潤和市場週期均有一定的關係。中國在步入經濟「新常態」後，資本價格與市場風險在不斷匹配與調整的基礎上，必將產生一定的波動。文章立足於政府融資視角，通過梳理地方政府性債務資金來源，分析了目前地方政府資金來源的主要類型；隨後就主要融資途徑及資金成本等相關問題及成因進行了闡述；進而提出「新常態」下地方政府融資模式轉型的路徑，並結合資產價格波動原理及觀點，展望未來政府融資的可持續性發展之路。

關鍵詞：資本價格；政府融資；模式轉型

2013 年諾貝爾經濟學獎得主美國經濟學家尤金‧法馬、拉爾斯‧彼得‧漢森和羅伯特‧席勒依據他們對資產價格的實證分析，指出資產價格一方面依賴波動風險和風險態度，另一方面也與行為偏差和市場摩擦相關，該項成果奠定了人們目前對資產價格理解的基礎。他們通過統計的方法，研究出資產定價長期合理性的判斷方法，同時，指出資產價格是決定儲蓄、房產和國家經濟政策的關鍵因素。

資本價格波動廣於資產定價。目前中國經濟呈現出「新常態」的發展態勢，正處於增長速度換檔期、結構調整陣痛期以及前期刺激政策消化期三期疊加的戰略轉型關節點。在財政收入增速放緩而財政支出剛性增長的壓力下，以往「以地生財、以財養地」的傳統投融資模式已無法適應日益增長的財政資金需求。面對經濟「新常態」以及償債壓力的增加，前期較高的資本金價格如何實現合理調整，如何釋放市場活力、降低融資成本，如何拓展政府融資途徑、鼓勵社會資本參與、提高投資效應已成為各地政府的當務之急。本文將結合近年來資本價格波動及市場行情分析，探尋地方政府融資模式的轉型之路。

一、目前中國地方政府融資的主要途徑

在分稅制和分權制的影響下，各級地方政府根據治理目標和發展需求積極拓展融資渠道，採取多種融資方式進行融資。目前，地方政府主要採取以下方式進行融資：

1. 土地使用權出讓收入

作為地方政府財政收入的重要依賴指標及政府性基金的重要組成部分，土地使用權出讓收入是各地政府維持財政收入的重要抓手。但近年來，隨著土地財政的不可持續性，此項來源出現了大幅下降。據財政部公布的數據顯示，2015 年地方政府的「土地出讓金」收入約 3.2547 萬億元，同比下降 21.4%。

2. 政府性債務融資

根據審計署可考察的最近公布數據顯示，截至 2013 年 6 月底，中央政府負有償還責任的債務 9.8 萬億元，負有擔保責任的債務 0.28 萬億元，可能承擔一定救助責任的債務 2.3 萬億元，合計約 12.38 萬億元。地方政府負有償還責任的債務 10.89 萬億元，負有擔保責任的債務 2.67 萬億元，可能承擔一定救助責任的債務 4.34 萬億元，合計約 17.9 萬億元。經過整理計算，地方政府舉債主要類型的占比圖，見圖 1。

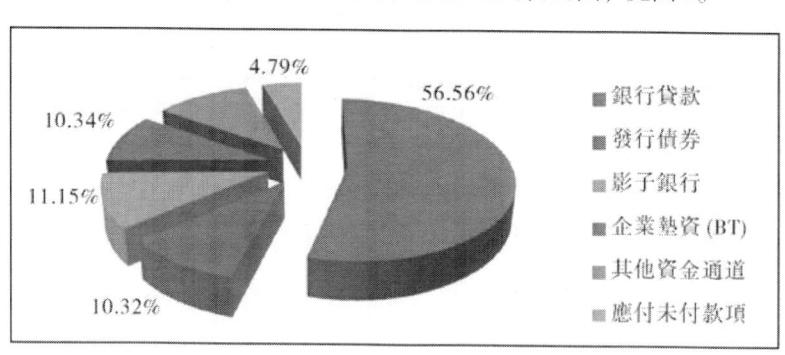

圖 1　地方政府舉債主要類型的占比圖（2013 年）

據圖 1 數據顯示，政府大規模融資方式主要來源途徑分析如下：

（1）銀行貸款。主要包括商業銀行貸款和政策性銀行貸款。其中，商業銀行貸款模式主要是通過劃撥一定數量的國有資產建立投融資平臺公司，然後由平臺公司作為項目業主向銀行貸款或進行上市融資，最終由財政進行貼息並實施擔保。政策性銀行貸款是定向投往基礎設施、基礎產業、支柱產業及戰略性新興產業等領域，由政策性銀行向政府開展的一項中長期信貸業務。這兩類資金的價格成本都相對較低，一般在 5%~7%。

（2）發行債券。「直接融資」將成為未來政府融資模式轉型的趨勢，地方政府通過發行債券的方式解決地方發展中資金不足的問題將會成為一種常態，風險評估將成為重要的參考指標。發行債券的融資成本相對較低，一般在 3.5%~4.5%。

（3）影子銀行。影子銀行是指具備商業銀行功能但監管較少的非銀行金融機構。一般包括信託公司、券商及保險業的資產管理計劃、融資租賃、類城投私募債等，目前這部分融資成本較銀行貸款要高，一般在8%～10%。

（4）企業墊資。即政府通過特定的融資項目，利用其控制的各種特定資源，通過企業墊資通道來開展項目建設等經營活動，具體方式有BT/BOT等方式，目前正推行PPP模式。由於企業需要墊資成本以應對未來的風險，所以導致BT/BOT融資的實際成本較高，一般在10%左右。43號文后推廣的PPP模式將大大降低此項社會資本投資的資金成本。

（5）其他資金通道。包括政府集資、其他單位和個人借款以及國債、外債財政轉貸等。其中，「債轉貸」是指用於支持地方性基礎設施和公共工程的建設，中央從國債或外債發行額中拿出向地方轉貸（地方政府負責還本付息）的那部分份額。

（6）未付款項。主要是指應支付而未付的政府融資項目，這部分資金將會透支下一期的財政預算。

二、目前中國地方政府融資存在的主要問題及原因

地方政府對資金的剛性需求和外部融資環境的改變暴露出現行融資模式的弊端，不同融資渠道的融資成本不同也直接影響著各地政府的融資效益，由於缺乏統一的規範化管理，地方政府融資基本處於自發尋求融資渠道的狀況，為促進經濟增長而不計融資成本，存在許多亟須解決的問題。

1. 土地出讓金收入的不可持續性

地方政府為了擴大土地財政的收入收益，近年來不斷增加土地供應量，加大基礎設施建設力度，從而支撐地方政府日益增長的財力需求。然而，這項資源收入並不具備可持續性，自2013年土地使用權出讓收入創財政收入59.8%的占比新高以來，2014年此項占比略有下降，約為56.2%；到2015年，國有土地使用權占地方財政收入比重降為32%。土地使用權出讓收入占比的下降預示著土地財政已迎來拐點，固定資產投資增速放緩，土地市場泡沫顯現，地方融資平臺「綁架」土地財政，土地財政又「綁架」高房價的現象將發生改變，這項有悖於代際公平、有損於土地效益的融資行為也將面臨轉型。

2. 地方政府融資平臺的非市場性

政府融資平臺實際是地方政府融資的「殼」，行政色彩濃厚；而信貸資金是這個「殼」最主要的資金來源，地方政府通過融資平臺將基本建設投資和其他政府活動產生的債務「信貸化」。國發〔2014〕43號文以後，地方政府融資平臺業務受限，地方政府將不承擔抵押融資兜底責任。融資平臺公司即將面臨「市場化」與「公司化」經營模式的變革，監管部門也試圖在金融層面上理清政府與市場間的融資關係，有效控制政府融資風險。

3. 地方政府性債務融資需求與外部融資供給的不匹配性

政府融資不同於企業融資，主要為基礎設施和公共產品提供資金投資，低息、長期的資金將促進政府更好地承擔地方經濟社會發展的責任。供需的不匹配主要體現在以下方面：

（1）作為直接融資的主要方式，地方政府發債的資金成本最低，但受《預算法》及相關管理條例的限制，中國地方政府債券市場的發行規模遠不能解決地方資金需求的缺口。據統計，無論是由財政代發還是各地自發自還，2009—2014年地方政府債發行總規模分別為2,000億元、2,000億元、2,000億元、2,500億元、3,500億元和4,000億元，相對於龐大的建設資金需求而言，依舊是杯水車薪。

（2）政策性銀行和商業銀行貸款資金價格相對比較便宜，期限較長，但貸款不足。由於商業銀行出於對風險控制的考慮和經營效益的追求，削減了對長期性基礎設施貸款的規模；同時，政策性銀行的貸款受到額度限制，這樣也會削減對地方政府融資的支持力度。

（3）影子銀行等高成本融資渠道的擴張，增加了地方政府的償債壓力。以信託為例，信託和資管計劃資金成本高，還款期較短，而地方政府的資金使用效率較低，導致二者的供需矛盾，即便如此，很多地方政府依然趨之若鶩，導致償債成本增加。

4. 國家風險防範對地方政府融資通道的約束性

出於對地方政府過度融資帶來金融風險和信用風險的考慮，國家出抬了一系列政策措施控制地方政府的債務風險，進一步壓縮了地方政府的融資渠道。其中，融資平臺被要求不得新增政府債務、城投債被控制發行、商業銀行對地方政府貸款的風險偏好也趨於謹慎，加之經濟「新常態」下地方政府用於抵押的優良資產大幅縮減，使得政府現有的融資渠道飽受制約。但中國的經濟發展及城鎮化進程中，地方政府又承擔了大部分基礎設施建設的投融資任務，如果不尋求政府融資渠道的轉型路徑，投資者對地方政府債務風險更加警覺，所要求的風險溢價會進一步提高，從而提升政府融資成本，進而可能使政府面臨債務危機。

三、地方政府融資模式轉型路徑

當前融資成本過高，資本價格亟須調整，經濟形勢不容樂觀的現狀，將極大影響產業資本的循環 W1-G-W2 和實體經濟的運行，所以有必要對商業資本融資路徑 G-W-G′ 進行分解，即 G-W；W-G′，並探尋有效的市場模式及監管路徑。政府要在可持續發展思路的指導下，建立健全市場機制、開放投融資領域、爭取社會資金參與地方建設、嚴控地方政府融資風險，找到適應經濟「新常態」的財政「新常態」之路。具體路徑如下：

1. 轉型路徑之一——推進民間資本參與社會投資建設（G-W）

根據目前中央的政策和地方政府的現狀，引導民間資本參與政府融資是近年來的重

要工作。近年來相關部門已相應頒布了若干條例，正逐步放開民間資本准入門檻，加快推進 PPP 項目（Public-Private-Partnership 公私合作模式）的開展，這已成為當下最有效的融資轉型措施之一。

2. 轉型路徑之二——通過直接融資發債降低融資成本（G-W）

在國發〔2014〕43 號文的影響下，政府依靠平臺舉債的能力受限；在土地財政下滑明顯的背景下，地方政府償債來源不足。因此，允許地方政府更多運用市場化的方式來進行直接融資，如發行市政債務，將大大降低融資成本。2014 年修正後的《預算法》規定地方政府可直接發債，但發債機制、信息披露等機制都有待健全；2015 年，財政部、央行和銀監會三部委還同時下發《2015 年採取定向承銷方式發行地方政府債券操作流程》，除了招標之外，允許地方債定向發行，這些政策都將利好政府融資。

3. 轉型路徑之三——健全和完善多層次的資本市場（G-W）

金融市場特別是資本市場的健全和完善將大大促進融資成本的降低，政府應該盡快突破傳統金融體制的約束，推進包括財政、銀行、債券、信託、民營資本在內的多層次資本市場的建設，擴大社會資本參與政府項目的建設，並給予合理的回報。具體而言：政府項目中投向公益性的準公共物品，可以以直接融資為主；而對「使用者付費」和「使用者付費+財政補貼」以及「特許經營權」的項目，可考慮從多元化的資本市場主體中進行融資。

4. 轉型路徑之四——拓展地方政府自身的融資渠道（G-W）

（1）出售部分國有資產。政府可以把部分有效國有資產的股權、股份和經營權，經過評估後實行資產重組或市場化經營，向社會資本出讓，降低地方政府持有資產的股份。另外，還可以通過轉讓股份和出讓股權的方式，收回投資並取得相應的投資收益，從而降低政府的償債壓力。

（2）大力發展產業基金。產業基金是由政府發起、由政府平臺引導投資的基金，如養老業投資基金、軌道交通業投資基金、教育業投資基金等經營性領域產業化基金；通過向社會發行基金股份，吸引閒散社會資本，採用產融結合的方式發展投資基金，發揮政府資金的槓桿效應，拓寬政府自身的融資渠道。

5. 轉型路徑之五——增強企業與政府的自我風險管理意識（W-G′）

（1）加強預算體系的管理

完善政府債務舉借機制，控制新增債券，加強預算管理。逐步將現行的地方債務的收付實現制轉變為權責發生制，以此對會計主體所承擔的債務風險進行合理的確認和計量，防範和化解償債風險。

（2）建立地方債務風險預警體系

通過測量短期償債能力和長期償債能力兩項風險指標，妥善制訂化解債務風險方案、處理存量債務、嚴格防範債務風險、控制新增債務。長期償債能力指標包括：赤字率、債務依存度、債務負擔率、資產負債率等。短期償債能力指標包括：剛性支出收入比、財政收入償債率、財政支出補償系數等。

參考文獻：

[1] 楊龍光，楊兆彬. 中國地方政府債務風險的量化分析 [J]. 統計與決策，2016 (4).

[2] 劉錫良，李秋蟬. 金融發展水平對地方政府債務適度規模的影響研究 [J]. 經濟問題，2015 (5).

[3] 蔡書凱，倪鵬飛. 經濟新常態觸發的地方政府融資轉型與匹配 [J]. 經濟體制改革，2015 (2).

[4] 顧海兵，丁孫亞. 政府債務可持續性研究：綜述分析與前瞻 [J]. 經濟發展與改革，2015 (2).

[5] 蔡書凱，倪鵬飛. 地方政府債務融資成本：現狀與對策 [J]. 中央財經大學學報，2014 (11).

[6] 巴曙松，王勁松，李琦. 從城鎮化角度考察地方債務與融資模式 [J]. 中國金融 2011 (19).

[7] 劉家義. 國務院關於 2013 年度中央預算執行和其他財政收支的審計工作報告 [R/OL]. [2014-06-24]. http://politics.people.com.cn/n/2014/0624/ch001-25194385.html.

《資本論》視角下對發展中國特色社會主義政治經濟學的思考

中共達州市委黨校　丁登林

摘　要：《資本論》是馬克思主義政治經濟學的集中體現，當代中國特色社會主義政治經濟學傳承了《資本論》的精髓和基本原理。十八大以來，圍繞發展中國特色社會主義經濟提出了一系列新的重大戰略思想和重要理論觀點，進一步豐富和發展了中國特色社會主義政治經濟學，不斷開拓了當代中國馬克思主義政治經濟學新境界。我們要學好、用好政治經濟學，自覺認識和更好遵循經濟發展規律，為指導中國社會主義市場經濟發展提供理論武裝。

關鍵詞：《資本論》；中國特色社會主義政治經濟學；傳承；開創；新境界；實踐運用

《資本論》是馬克思的宏偉巨著，是馬克思主義政治經濟學的集中體現。馬克思主義政治經濟學是中國特色社會主義理論的一個重要基礎，掌握了馬克思主義政治經濟學，就為發展中國特色社會主義政治經濟學奠定了堅實的基礎。在當代中國社會主義市場經濟條件下，《資本論》對進一步深化、豐富和發展中國特色社會主義政治經濟學仍然有著重大的理論指導和推動作用。為此，本文就《資本論》視角下對發展中國特色社會主義政治經濟學提出個人的認識思考。

一、當代中國特色社會主義政治經濟學是對《資本論》的傳承

《資本論》自從出版以來，至今已經過去一百多年，在這期間現代資本主義經濟中出現了許多新情況和新問題，但《資本論》所揭示的基本原理並沒有過時。馬克思的《資本論》深刻地分析了資本主義經濟制度發展的客觀規律，《資本論》第一卷分析資本的生產過程，第二卷分析資本的流通過程，第三卷分析資本主義生產的總過程。《資本論》從資本主義生產方式的細胞中所包含的矛盾分析開始，揭示出資本主義經濟制度

内部的錯綜複雜的矛盾體系，科學地說明了資本主義生產方式中生產力和生產關係之間、經濟基礎和上層建築之間矛盾的相互作用。馬克思的《資本論》在深入剖析資本主義經濟制度的同時，還揭示了作為人類社會經濟發展形式的商品經濟的基本規律、特殊規律和一般規律。它在說明資本主義對生產力的巨大發展和對歷史進步的巨大貢獻的同時，也科學地揭示出了資本主義固有矛盾的發展並對未來的社會主義社會基本經濟特徵進行了科學的預測。習近平總書記指出：「《資本論》作為最重要的馬克思主義經典著作之一，經受了時間和實踐的檢驗，始終閃耀著真理的光芒。」[1]中國特色的社會主義政治經濟學的理論與實踐與《資本論》的基本原理一脈相承，是馬克思主義在當代的最新發展成果。當代中國特色社會主義政治經濟學傳承了《資本論》的精髓和基本原理，內容很豐富。基於篇幅所限，現著重闡述以下幾點認識：

1. 遵循所有制基本理論，堅定不移地堅持中國經濟的社會主義性質和發展方向。所有制理論是馬克思《資本論》的重要組成部分，是以生產力與生產關係發展為基礎，隨著馬克思主義理論與實踐的不斷深化而深化的動態理論。馬克思關於所有權與佔有權的統一、所有權與經營權的分離、所有制的兩種不同形態等理論為我們理解中國現階段公有制的性質和內涵提供了理論基礎。中國現階段社會主義基本經濟制度的確立，堅持和發展了馬克思關於所有權與佔有權相統一的原理。所有制是社會主義基本經濟制度的核心和基礎，並決定其性質。中國是社會主義國家，必須堅持公有制的主體地位。公有制經濟是中國社會主義現代化建設的支柱和國家進行宏觀調控的主要物質基礎，是社會主義經濟性質的根本體現。堅持公有制的主體地位，對於發揮社會主義制度的優越性具有關鍵性作用。中國對所有制結構的改革，是以堅持公有制的主體地位為前提的，發展多種所有制經濟也是以確保公有制的主體地位為條件的。毫不動搖地鞏固和發展公有制經濟，是堅持和完善社會主義初級階段基本經濟制度必須遵循的一條基本原則。這是在馬克思主義中國化進程中對馬克思所有制理論與中國特色社會主義經濟發展實際結合所做的新的實踐和重要的理論創新。

2. 遵循價值規律基本原理，以充分發揮市場在資源配置中的決定性作用。價值規律理論是馬克思的《資本論》對市場經濟內在基本經濟規律內容所做的機制描述和理論論述。價值規律支配商品生產與流通的全過程，是商品經濟中最基本的經濟規律。價值規律可以通過供求機制、競爭機制和價格機制作用，調節勞動資源和生產資料在各個生產部門的分配，從而引導資源在各產業部門間由效益低的向效益好的部門流動，由供給過剩的向供給不足的部門流動，從而達到資源利用的節約和適應社會需求的變化，使資源配置優化。價值規律能刺激生產者改進技術，改善管理，提高勞動生產率，促進社會經濟的發展。價值規律還通過價格槓桿和競爭機制，給生產者以壓力和動力，實現優勝劣汰，推動經濟的發展。價值規律及其作用在中國社會主義建設的實踐中始終存在，並發揮著越來越重要的作用。我們要搞好經濟建設，要建設好有中國特色的社會主義，就必須重視對價值規律的認識和運用。

3. 遵循按勞分配理論，以充分調動勞動者的勞動積極性。馬克思在《資本論》中提出了科學的按勞分配理論，以按勞分配作為社會主義個人消費品分配的基本原則。按勞分配是社會主義經濟制度的重要特徵之一。雖然中國現階段還根本不具備馬克思設想

的按勞分配實現前提條件,如在全社會實行生產資料公有制和高度集中的計劃經濟體制,商品貨幣關係已經消亡,個別勞動直接成為全部社會勞動的一部分,在全社會範圍內而不是在單個企業範圍內實行按勞分配,消除因單個企業不同而帶來的收入差別。而且,《資本論》揭示的社會主義社會是建立在發達資本主義國家高度發達的社會生產力和雄厚物質基礎之上。但我們在不斷探索還正處在社會主義初級階段的中國即「在生產力發展水平不高、商品經濟不發達條件下建設社會主義必然要經歷的特定歷史階段」如何堅持按勞分配的基本原理,充分體現按勞分配的主體地位。新中國成立以來,黨的歷代領導人都認真貫徹按勞分配原則。改革開放初期,鄧小平大力提倡按勞分配,打破了長期以來流行的分配平均主義,充分激發了勞動者的積極性和創造力,對解放和發展生產力起到了重要作用。

4. 遵循社會再生產理論,以促進經濟社會按比例協調發展。社會再生產理論是馬克思在《資本論》中著重研究一個重要內容,貨幣資本累積是市場經濟再生產的起點,在市場經濟條件下,社會再生產的起點是先完成貨幣資本累積,然后運用這些資本去購買相應的經濟資源,使之變成生產要素,進而組織生產。《資本論》揭示了完成貨幣資本的累積還需要貨幣資本的大量集中,並運用於購買再生產所必需的生產要素,這才會使貨幣成為再生產的起點。同時,又要合理安排貨幣資本的結構,否則就是對貨幣資本累積的浪費。《資本論》對社會資本再生產理論與累積、消費的比例問題做了深入研究。馬克思的社會再生產理論包含了結構均衡和總量均衡的分析,在社會再生產條件下,市場經濟中的各個經濟部門都是相互制約、相互促進的,因此必須按照比例協調發展。過分地強調累積就會影響到人民生活水平和質量的提高,然而過分強調消費,就會使經濟發展缺乏后勁,投入生產的貨幣資本缺乏。所以,應當給累積和消費一個合理的比例,使經濟能夠又快又好地發展。《資本論》社會再生產理論在理論上將社會生產劃分為生產資料和消費資料兩大部類。在現實經濟生活中,則是按照第一產業(農業)、第二產業(工業)、第三產業(服務業)來劃分和組織生產的。由於第一和第三產業其最終產品主要是提供消費資料,而工業主要是提供生產資料,因此三次產業的比例關係基本上反應了社會生產兩大部類之間的比例關係。所以,要使經濟運行平穩高效就應協調好三大部門產業結構,然而結構性問題也正是處於轉軌時期的中國經濟面臨的重要問題,也是當前中國加快供給側結構性改革面臨的重大問題。

二、把握《資本論》精髓,開創中國特色社會主義政治經濟學新境界

中國特色社會主義政治經濟學要以馬克思的《資本論》的基本原理為基礎,立足中國現代化進程的現實情況和發展實踐,揭示新特點新規律,提煉和總結中國經濟發展實踐的規律性成果。黨的十八大以來,以習近平同志為總書記的黨中央根據時代和實踐的要求,圍繞發展中國特色社會主義經濟提出了一系列新的重大戰略思想和重要理論觀點,把實踐經驗上升為系統化的經濟學說,進一步豐富、發展了中國特色社會主義政治

經濟學，開拓了當代中國馬克思主義政治經濟學新境界。我們必須高度重視我們黨在長期實踐中提出的一系列富有創造性的政治經濟學理論觀點，這些觀點構成了當代中國特色社會主義政治經濟學的基本內容，其理論觀點和戰略思想非常豐富。基於篇幅和個人認識水平有限，我這裡重點闡釋以下幾點認識：

1. 兩個百年的新願景。面向未來，黨的十八大確定了「兩個一百年」的奮鬥目標：一是到2020年，即中國共產黨成立100年時，國內生產總值和城鄉居民人均收入在2010年的基礎上翻一番，全面建成小康社會；二是到21世紀中葉，即中華人民共和國成立100年時，建成富強、民主、文明、和諧的社會主義現代化國家。「兩個一百年」奮鬥目標，繪製了全面建成小康社會、加快推進社會主義現代化的宏偉藍圖，這既是全黨和全國各族人民的百年期盼，實際上也描繪了實現中華民族偉大復興「中國夢」的光明前景。同時，實現「兩個一百年」奮鬥目標也意味著中國的發展水平將登上兩個新臺階。中國走過了從「翻一番實現溫飽」到「翻一番達到小康」的中國特色社會主義道路，實現了「溫飽夢」「總體小康夢」，現在正在努力實現從「21世紀中葉達到中等發達國家水平」到「21世紀中葉建成社會主義現代化國家」的「全面小康夢」和「現代化夢」的新願景。我們必須以主人翁的姿態，匯集13億中國人民無堅不摧的磅礴之力，凝聚強大正能量，不斷努力，縮小同新願景的距離。

2. 發展理念的新拓展。黨的十八屆五中全會提出的「創新、協調、綠色、開放、共享」五大發展新理念[2]，是以習近平同志為總書記的黨中央在總結中國30多年改革發展經驗、科學分析國內外經濟社會發展規律基礎上提出的面向未來的發展理念，是對中國及世界發展規律的新認識。牢固樹立並切實貫徹這「五大發展理念」，是關係中國發展全局的一場深刻變革，攸關「十三五」乃至更長時期中國發展思路、發展方式和發展著力點，是我們黨認識、把握發展規律的再深化和新飛躍，豐富、發展了中國特色社會主義理論寶庫，成為全面建成小康社會的行動指南、實現「兩個一百年」奮鬥目標的思想指引。

3. 政府和市場關係的新總結。十八屆三中全會指出：「經濟體制改革是全面深化改革的重點，核心問題是處理好政府和市場的關係，使市場在資源配置中起決定性作用和更好發揮政府作用。」[3]

這是十八屆三中全會《決定》中提出的一個重大理論創新。在市場作用和政府作用的問題上，要講辯證法、兩點論。使市場在資源配置中起決定性作用和更好發揮政府作用，二者是有機統一的，不是相互對立和否定的。要正確認識市場和政府在資源配置中的不同作用，將市場決定性作用和更好發揮政府作用看作一個有機的整體，善於用市場調節的優良功能抑制「政府調節失靈」，善於用政府調節的優良功能糾正「市場調節失靈」，加強事先、事中和事後的全過程監管。

4. 經濟新常態的新判斷。習近平總書記指出：「中國發展仍處於重要戰略機遇期，我們要增強信心，從當前中國經濟發展的階段性特徵出發，適應新常態，保持戰略上的平常心態。」[4]從高速增長轉為中高速增長，經濟結構不斷優化升級，從要素驅動、投資驅動轉向創新驅動是經濟新常態表現的主要特徵。經濟新常態是調結構、穩增長的經濟，而不是總量經濟；著眼於經濟結構的對稱態及在對稱態基礎上的可持續發展，而不

僅僅是 GDP、人均 GDP 增長與經濟規模最大化。以新常態來判斷當前中國經濟的特徵,並將之上升到戰略高度,表明中央對當前中國經濟增長階段變化規律的認識更加深刻,正在對宏觀政策的選擇、行業企業的轉型升級產生方向性、決定性的重大影響。

5. 供給側結構性改革的新戰略。習近平總書記強調:「在適度擴大總需求的同時,著力加強供給側結構性改革,著力提高供給體系質量和效率,增強經濟持續增長動力,推動中國社會生產力水平實現整體躍升。」[5] 推進供給側結構性改革,是以習近平同志為總書記的黨中央在深刻分析國際國內經濟新形勢、科學判斷中國經濟發展新走向基礎上做出的重大戰略部署,既是適應引領經濟發展新常態的重大創新和必然要求,也是對中國特色社會主義政治經濟學的重大創新和豐富發展。推動供給側結構性改革,能夠更好地適應經濟發展新常態下速度調整、結構優化和動力轉換等方面迫切要求,提升供給體系的質量和效益,滿足人民多樣化的、高層次的需求,並通過發展生產創造出更多新的需求,增強經濟持續增長動力。因此,在適度擴大總需求的同時,要著力加強供給側結構性改革,通過優化經濟結構使要素實現最優配置,通過激發創新創業活力創造新供給,推動中國社會生產力水平實現整體躍升。

三、中國特色社會主義政治經濟學的實踐運用

當代中國特色社會主義政治經濟學傳承《資本論》的精髓和基本原理,開創中國特色社會主義政治經濟學新境界是為了更好地指導中國社會主義市場經濟的發展。習近平總書記強調:「各級黨委和政府要學好用好政治經濟學,自覺認識和更好遵循經濟發展規律,不斷提高推進改革開放、領導經濟社會發展、提高經濟社會發展質量和效益的能力和水平。」[6] 我們既要學好馬克思主義政治經濟學,更要學好用好當代中國特色社會主義政治經濟學。在新的歷史條件下發展社會主義市場經濟,就要堅持中國特色社會主義政治經濟學的重大原則,學好用好中國特色社會主義政治經濟學。

1. 學好中國特色社會主義政治經濟學,為指導中國社會主要市場經濟發展提供理論武裝。首要是堅持馬克思主義政治經濟學的立場。馬克思主義政治經濟學的根本立場是勞動人民的立場。因此,必須始終堅持以人民為中心的發展思路,部署經濟工作、制定經濟政策、推動經濟發展都要堅持把人民的利益放在第一位,把增進人民福祉、促進人的全面發展、朝著共同富裕方向穩步前進作為經濟發展的出發點和落腳點,要以人民滿意不滿意、幸福不幸福作為檢驗工作的根本標準。其次,掌握和運用馬克思主義政治經濟學的科學分析方法,重點是學習掌握唯物辯證法,以及由此派生的矛盾分析法、兩點論、研究方法和敘述方法、邏輯與歷史相統一的分析方法等。馬克思主義政治經濟學之所以具有偉大的生命力,根本並不只是在於具體理論或結論的正確性,而在於分析問題和研究問題的科學方法。

2. 運用好中國特色社會主義政治經濟學,為解決中國經濟當前面臨的問題開出良方。重點是要堅持中國特色社會主義政治經濟學的重大原則,把握和遵循經濟規律。要堅持解放和發展社會生產力原則,堅持把發展生產力作為一切工作的出發點;要堅持社

會主義市場經濟基本經濟制度，堅持公有制主體地位不動搖，國有經濟主導作用不動搖；要堅持和完善社會主義基本分配製度，持續增加城鄉居民收入，不斷縮小收入差距，消除貧困、改善民生、實現共同富裕；要堅持社會主義市場經濟的改革方向，更好地實現社會主義基本制度與市場經濟的有機結合；要堅持對外開放基本國策，利用好國際國內兩個市場、兩種資源。我們要敬畏客觀規律，把握和遵循經濟規律，既要把握和遵循人類社會發展的一般經濟規律，更要把握和遵循社會主義市場經濟發展的特有規律。

總之，馬克思的《資本論》集中體現了馬克思主義政治經濟學基本原理和方法論。我們要從根本上把握馬克思主義政治經濟學的立場、觀點和方法，以《資本論》為視覺，從源頭上加深對當代中國特色社會主義政治經濟學的理解，並在當代中國特色社會主義政治經濟學的實踐中不斷創新和發展。

參考文獻：

[1] 習近平. 習近平同志在中國人民大學考察重要講話 [N]. 人民日報, 2012-06-19.

[2] 文件起草組. 中共中央關於制定國民經濟和社會發展第十三個五年規劃的建議 [M]. 北京：人民出版社, 2015.

[3] 文件起草組. 中共中央關於全面深化改革若幹重大問題的決定 [M]. 北京：人民出版社, 2013.

[4] 崔小雯, 姚奕. 習近平在河南考察時強調：深化改革發揮優勢創新思路統籌兼顧 確保經濟持續健康發展社會和諧穩定 [N]. 人民日報, 2014-05-10.

[5] 新華社. 習近平主持召開中央財經領導小組第十一次會議 [R/OL]. [2015-11-10]. http://news.xinhuanet.com/fortune/2015-11/10/c_1117099915.htm.

馬克思虛擬資本理論視角下完善農戶融資體系研究

中共達州市委黨校　周海兵

摘　要：伴隨經濟金融全球化的發展，馬克思虛擬資本理論對指導當前宏觀經濟和金融領域發展具有重要的理論和現實意義。本文以《資本論》第三卷中虛擬資本理論為依據，通過對馬克思虛擬資本進行分析，以虛擬資本對實體經濟的促進作用為基礎，提出完善農戶融資體系的對策措施。

關鍵詞：馬克思；虛擬資本；農戶融資

「三農」問題是中國政府長期關注的問題，農村經濟的發展與整個國民經濟關係巨大。金融是經濟發展的核心，馬克思的虛擬資本理論涵蓋了整個金融領域。在金融快速發展的今天，中國農村金融卻一直處於抑制狀態。本文在馬克思虛擬資本理論的視角下研究當前農戶融資，運用虛擬資本理論指導農村經濟發展，使農村金融在虛擬資本理論的指導下進一步枝繁葉茂；以及虛擬資本的自身缺陷如何影響農村金融的發展？這有利於合理發展虛擬經濟，駕馭好虛擬資本，對中國農村金融、農戶融資制定政策，發展中國農村經濟具有重大意義。

一、馬克思虛擬資本的意義

馬克思在《資本論》中第一次提出虛擬資本的概念，並對虛擬資本進行了詳細的研究與深刻的剖析，從而提出虛擬資本理論。經過100多年的發展，在世界經濟發展的過程中虛擬資本理論更加豐富與完善，並出現許多新事物（包括期貨、期權、金融衍生物等），更是發展到當前經濟金融全球化。2008年美國金融危機，對世界經濟造成了嚴重影響。我們要從此次金融危機的原因、危害等方面進行分析，利用馬克思虛擬資本理論對中國特色社會主義市場經濟建設進行合理指導，這對中國金融體制、金融監管和金融創新等方面具有重要意義。當前虛擬資本提供一種新的儲蓄–投資的轉化機制。[1] 虛擬資本為企業提供全新的、有效的融資渠道，有效緩解企業長期資金需求，從而極大地

促進了整個社會經濟發展。資本家以追求利潤最大化為目的,虛擬資本的流動性特點迎合了資本家追求利潤最大化的目的。虛擬資本根據對利潤率變化的比較來選擇資本流動選擇的方向,能夠合理配置資源使其最優化,將潛在的生產力轉變為現實的生產力。因此,研究虛擬資本理論對於合理配置資源、優化生產和有效規避風險具有重要的意義。[2]

二、馬克思虛擬資本理論視角下農戶融資的困境分析

農戶融資能有效促進農業經濟增長、提高農民收入、改善農村經濟狀況,但在現實中農戶融資卻異常困難,這也制約了中國農村經濟的發展。為什麼會出現這一狀況?筆者運用馬克思虛擬資本理論從以下5個方面分析農戶融資困境。

(一)農村信用體系不完善

中國農村信用體系建設滯后、農民誠信意識差等因素嚴重制約了農村金融發展。農村信用體系不完善主要體現在以下幾個方面:第一,農村信用體系法律政策建設不完善。農村信用體系中信用等級評估過程、信息採集等方面沒有相關法律條款依靠、加工和處理沒有統一規範,關於信息的徵集、評估和失信懲治無法可依。第二,農戶信息採集困難,數據真實性無法保證。由於農村地區分佈廣闊,農戶居住分散以及農戶搬遷和外出務工人員的增多,給農戶信息的採集造成極大困難;大部分農戶對涉及自身隱私(如家庭財產、收支等狀況)的指標較為敏感;一些無貸款需求的農戶不願意透露自己的相關信息;信息採集人員個人素質存在差異,信息採集容易出現偏差。第三,農村信用意識淡薄。大多數農戶小農思想根深蒂固,極易貪小便宜,逃避債務、合同違約等失信現象屢見不鮮,甚至一些人不願參與信用徵集、評級等業務,提供虛假信息。第四,缺乏誠信教育制度和信用觀念培養機制,農戶主動參與徵信的意識薄弱。廣大農村已有的誠信教育和信用觀念主要來源於淳樸的民風,農村誠信教育體系極不完善。

(二)農村資本流通緩慢

資金流通速度、頻率顯著影響經濟增長,中國大部分農民受傳統思想的影響,無論是在家務農還是在外務工,掙到的錢都積攢起來,一部分將資金存放在銀行,更有一部分農民將資金存放在家中,極其延緩資金流通。農戶往往厭惡風險,也沒有承受風險的能力。所以對單個家庭而言其資金週轉和流通的速度相當慢,導致農村家庭經濟缺乏活力。同時,中國由於郵政儲蓄轉存央行利率高於其他金融機構的支持傾斜,造成農村資金通過農村郵政儲蓄大量外流,另外大部分農村地區缺乏常規的金融商品交易。[3]致使農村資金稀缺、流通緩慢,從而嚴重制約了農戶融資的發展。

(三)農村金融工具單一

中國現在處於並將長期處於社會主義初級階段,市場經濟進程中過多資源投放在城

市，導致農村的發展相對滯后，農村金融發展也在一定程度上受到社會主義市場經濟的制約。農村整體市場化程度低、經濟基礎薄弱，很大程度上限制了金融工具在農村的推廣和創新。農村金融工具單一主要由以下幾個方面造成：第一，金融工具的應用和推廣涉及金融、數學、計算機、法律等多方面的知識和技能，這種複合型人才一般不願意待在農村，這導致農村金融領域從業人員的素質偏低。第二，由於農業生產的特殊性，產品定價關注於「支農性」和「扶貧性」，容易忽視「商業性」和「風險性」，導致農村正規金融工具創新「裹足不前」。第三，農村金融基礎設施建設落后，制約農村金融工具創新的發育和推廣工作。[4]

(四) 農村金融服務體系不完善

目前農村主要的金融機構是農村信用合作社，其主要任務是籌集農村閒散資金，為農業和農村經濟發展提供金融服務。農村信用社扎根於農村，以服務「三農」為宗旨，為農村經濟發展提供諸多便利。然而，農村信用合作社的服務體系由於諸多因素還不完善。第一，由於農村信用合作社在農村的壟斷地位，經常由於過多考慮風險而拒貸，由於缺少競爭導致服務質量不是很高。第二，目前農村信用社為提高員工整體素質，大量引進高校畢業生，然而，這些剛畢業的大學生很大一部分來自城市，他們與農村有著天然的隔閡，因此，在為農民服務的過程中缺少真誠的熱情。第三，由於農村人口眾多，農村信用合作社面臨著服務對象多、資金額度小的特點，資金額度小，導致信用社員工在服務質量上大打折扣。總的來說，農村金融服務體系不完善導致農戶與農村金融機構的距離拉大，不利於農戶融資的發展。

(五) 農村金融淺化發展

城市金融經過多年的發展已經形成完整的金融結構體系。城市金融機構種類齊全、數量多。人民銀行、銀監會、證監會、保監會等金融監管機構在省會城市設立了管理總部。在各市、區、縣有商業銀行、政策性銀行、保險公司、證券公司、信託機構、城市商業銀行和農村信用合作聯社的金融機構。金融深化已經能夠正面顯著促進城市經濟的發展。而農村金融發展與城市金融相比，廣大農村金融市場的交易手段落后、品種單一，在大部分農村鄉鎮，只有農村信用社的存貸機構，農村居民能夠參與的金融商品僅限於存貸款業務。在廣大農村，常規的金融商品的交易機會都不存在。同時，郵政儲蓄轉存央行利率高於其他金融機構的政策傾斜，是造成農村資金通過農村郵政儲蓄大量外流的直接誘因。[3]因此，農村金融「淺化」嚴重影響農戶融資的發展。

三、馬克思虛擬資本理論視角下完善農戶融資體系的建議

(一) 大力發展農村小額信貸

小額信貸是當前農村正規金融機構發行貸款的主要方式，根據農戶的資金需求，科學確定小額貸款的利率、額度和還款期限。在農村金融機構法規和政策允許範圍內，根

據貸款利率授權，綜合考慮借款人信用等級、貸款金額、貸款期限、資金及管理成本、風險水平、資本回報要求以及當地市場利率水平等因素，在浮動區間內自主確定貸款利率。[5]然而，由於小額信貸交易次數多，利率水平偏低，農村金融機構為有效規避風險，常常控制小額信貸。金融機構根據當地農村經濟發展水平、經營能力、收入水平和信用狀況，確定適宜的農村小額貸款額度具有十分重要的意義。還應該根據當地主要經濟作物生產的季節特點、貸款項目生產週期、農民銷售農副產品的時間和綜合還款能力等，實行靈活的還款期限。科學地引導農戶增加貸款、理性貸款、平滑消費，引導農戶積極地從事生產性投資活動。[5]

（二）政府引導農戶對中長期、大額借貸資金的需求

在農村，農戶往往缺乏有效抵押資產，並且農戶借貸一般期限短、額度小，在相對滯后的農村經濟及其小農經濟模式下容易孕育出一個弱化的、缺乏活力的農村金融市場。農村經濟對自己需求的細小化、多樣化和小農經濟自身所蘊含的風險性與現代金融機構經營目標——利潤最大化、資金營運規模化和安全化相違背。導致農戶缺乏有效資金擴大再生產，只能從事簡單的農業生產來規避較大規模帶來的風險。如果農戶沒有擴大再生產的慾望，農村經濟就缺乏相應的活力，只能淪為初級原材料供給市場，從而制約農村經濟發展，不利於城鄉一體化的進程。政府提出優惠政策，引進優質項目，鼓勵農戶從事農產品加工、規模農業等項目，擴大農戶對中長期、大額借貸資金的需求，促進農戶的生產性投資活動。

（三）建立完善的信用管理體系

所謂「人無信不立、業無信難興、政無信必頹」，信用是市場經濟的基礎，市場經濟也需要信用體系來促進。信用體系的建立與完善不可能一步到位。目前很多農村地區在構建農村金融信用體系過程中，往往只是簡單地依託地方基層政府進行個人信息採集、資產狀況及信用的評估。俗話說沒有規矩不成方圓，農村信用體系的健全首先要規範運作，加快徵信服務和徵信行業的立法，並建立信用體系的懲罰機制，最好以家庭為連帶的考核參數，讓有不良記錄的農戶在整個農村金融市場無法生存。其次，農村不同於城市，有其自身的特點，我們要建立適合農村、農戶的信用評估指標和方法，這有利於農戶融資活動。最后，要加強對信用服務機構從業人員的培訓，提高從業人員素質。只有多方面建立完善農村信用管理體系，才能使農村金融又好又快地發展，從而促進「三農」發展。

（四）加強農村金融產品創新

馬克思虛擬資本大體分為兩類：一是各種有價證券，包括股份公司的股票、國家和企業發行的各類債券。二是由信用制度產生的各種信用票據：如商業匯票、銀行匯票和銀行券等。[6]目前農村金融機構只有簡單的存取業務，金融產品單一，造成農村金融機構利潤低。完善農村信用體系的同時，加強農村金融產品創新尤為迫切。農村金融機構應該借鑑城市金融產品、國外農村金融產品，但又要結合本區域特點進行有效的改進和

創新。隨著城鄉經濟社會一體化的快速發展，農村基礎建設、現代農業、加工業以及其他產業都在興起。農村金融機構要努力提高自身的創新能力和服務質量，大力推進農村金融產品和服務創新，設計多元化、多層次、合適的信貸工具繁榮農村金融市場。根據不同農戶的特徵確定相應的貸款額度、貸款利率。採取行之有效的方式制定農戶貸款手續，按照農業生產週期制定合理的還款期限，為農戶提供方便、有效的融資服務。利用成熟的計算機網路技術和農村徵信體系，對農戶的資信情況做出及時有效的更新，不斷提高農村金融機構對農戶貸款的風險監測。

參考文獻：

[1] 楊鳳娟. 馬克思的虛擬資本理論與現代虛擬資本的特徵 [J]. 當代經濟研究, 2006 (5).

[2] 王宇. 馬克思信用與虛擬資本理論及其時代價值研究 [D]. 蘭州：蘭州大學, 2010.

[3] 彭茂林, 徐鴻. 關於發展鄱陽湖生態經濟區農村金融的理性思考 [J]. 金融經濟, 2012 (7).

[4] 酈勇. 農村金融工具創新滯后的原因分析與政策建議 [J]. 武漢金融, 2007 (2).

[5] 盧亞娟. 中國農村金融發展研究——基於農村微觀主體行為的實證分析 [D]. 南京：南京農業大學, 2009.

[6] 宋豐杰. 馬克思虛擬資本理論視角下對當前金融危機的分析 [D]. 曲阜：曲阜師範大學, 2011.

《資本論》的當代價值研究

中共內江市委黨校　陳小平　姜博朧

摘　要：時代變遷，社會發展，國家日益進步，科學理論研究蓬勃向上。為了適應當代社會的需要，人們在原有的理論基礎上不斷開拓創新。但是曾經的經典也不能就此沉寂，我們學者應當不斷研究，使其在不同時期散發出不同的光彩。被我黨奉為經典的馬克思系列著作，經過漫長時間的演變，早已同中國實際情況相結合，為中國建設社會主義現代化國家指出一條合適的道路。其中的《資本輪》作為極為重要的政治經濟學著作，一直為中國專家學者研究探索，以求從《資本論》中不斷發現能夠指導中國政治經濟發展的當代價值。鄧小平曾說：「馬克思主義理論從來不是教條，而是行動的指南。它要求人們根據它的基本原則和基本方法，不斷結合變化著的實際，探索解決新問題的答案，從而也發展馬克思主義理論本身。」本文主要分為兩個部分，第一部分闡述對《資本論》研究的重要性，第二部分主要探討馬克思《資本論》中拜物教、勞資地位不同論以及地租地價理論與中國現實政治經濟生活中的相應問題，並針對問題提出建議。

關鍵詞：《資本論》；當代價值

一、《資本論》研究的重要性

《資本論》對我黨來說很重要，並不僅僅只是因為作者是卡爾·馬克思，或者是因為這本政治經濟學巨著給后世帶來巨大的影響。這種重要性體現在我黨執政多年以來，在政治經濟領域的問題總是可以從《資本論》中找到解決的方案。《資本論》是馬克思用畢生精力完成的一部政治經濟學經典著作，自1867年出版以來一直在世界廣為流傳，並被稱作「工人階級的聖經」。當人類社會進入第二個千年之交的時候，主要由於《資本論》和《共產黨宣言》的影響，馬克思被西方世界評為千年思想家。2008年國際金融危機爆發以來，《資本論》作為分析危機產生原因的重要著作，在西方世界又被搶購一空。2011年春習近平同志在中央黨校提出全國黨政幹部要學「經典」，他列出的18本書中有3本直接與《資本論》有關。

毛澤東思想和中國特色社會主義理論體系的提出源於馬克思主義與中國實際相結合，歸根究柢還是馬克思主義經典理論的引導作用。「《資本論》作為最重要的馬克思主義經典著作之一，經受了時間和實踐的檢驗，始終閃耀著真理的光芒⋯⋯要學以致用，切實發揮理論的現實指導作用，進一步深化、豐富和發展中國特色社會主義理論體系。」①「各級黨委和政府要學好用好政治經濟學，自覺認識和更好遵循經濟發展規律，不斷提高推進改革開放、領導經濟社會發展、提高經濟社會發展質量和效益的能力和水平。」②

　　《資本論》是人類第二個千年優秀的文化遺產，是人類文明星空中最耀眼的那一顆。《資本論》是中國特色社會主義理論體系的重要思想來源。《資本論》闡明的一系列基本原理和方法是認識當代世界經濟社會運動規律的強大思想武器。研究探討《資本論》，能堅定理想信念、認識經濟規律，為社會主義市場經濟建設鋪墊出堅實基礎。

二、《資本論》的當代價值

(一) 拜物教思想與人的全面發展問題

　　商品社會是人的關係通過物的關係來反應的特殊社會，商品拜物教是在此基礎上產生的商品生產者把商品當作神來崇拜的一種扭曲心理。馬克思指出，「勞動產品一旦作為商品來生產，就帶上拜物教性質。因此，拜物教是同商品生產分不開的。」[1] 19世紀60年代之後，在《資本論》這部政治經濟學著作中，馬克思完成了對拜物教思想的體系性建構，從商品到貨幣再到資本，呈現出一種遞進的形態，說明了拜物教理論包含了三個不斷遞進的邏輯層次。

　　在《資本論》第一卷和第三卷中，馬克思對拜物教有著不同的解決方法。一種是採取魯濱孫在孤島上創造財富的勞動、中世紀農民的徭役勞動以及現代社會農村的家長制生產等三種生產方式，前兩種生產方式是人們從事產品生產，關注的是使用價值，沒有商品生產和價值範疇，更加不存在商品拜物教觀念。但是，這種解決方法卻並不能適應現代社會發展的需要，因為以馬克思的思想觀念來看，魯濱孫式的生產和中世紀農民的勞動，作為相對低級的生產方式和曾經的歷史發展階段，如果再次重演就意味著歷史的倒退，違背歷史唯物主義的原則。而農村的家長制生產雖然在現代社會中還有遺存，但因為無法構成人們全部生產生活的常態，也不能成為逃避拜物教觀念的理想之選。既然這種方法行不通，那麼就只有採用人們唯一能夠認可並將為之奮鬥的「自由人聯合體」，即人們用「公共的生產資料進行勞動，並且自覺地把他們許多個人勞動力當作一個社會勞動力使用」的一種社會形態。[2]

　　結合現階段國情，拜物教思想依然泛濫。如以推崇自由化、市場化、私有化著稱的新自由主義改革，到處宣揚市場無所不在、無限美好、無所不知、無所不能[3]的市場拜

---

① 2012年6月19日習近平總書記考察中國人民大學時的講話
② 習近平在2014年7月8日經濟形勢座談會上的講話

物教觀點，把政府的作用貶得一無是處，不僅違背基本的經濟學常識，而且否定了資本主義起源尤其是發達國家崛起的歷史真相。再如近些年來，中國公務員報考人數一直居高不下，不僅本科畢業生對公務員考試趨之若鶩，甚至一部分研究生包括經歷多年專業學術訓練、具有相當科研特長的博士畢業生也首選公務員崗位，造成了國家高等教育資源的嚴重浪費。「公務員熱」在某種程度上是權力拜物教的直觀反應。另外，已曝光的跑官要官、買官賣官、權權交易、權錢交易、權色交易等腐敗墮落案件的背後，都是權力拜物教作祟的結果。又如，城鎮化進程中逐漸暴露的諸如隨意中止土地承包合同，任意變更土地的性質和用途，野蠻佔有或暴力拆遷居民住宅、林地、耕地等現象，罪魁禍首來自於土地拜物教，是「資本先生和土地太太在興妖作怪」[4]。

拜物教思想的根源還是在於商品社會的產生、商品經濟的發展。現在中國無法跳過這個社會階段，真正的解決手段是共產主義社會的到來，但是目前我們依然可以從信仰、素質和文化等方面入手，畢竟人的全面發展是衡量社會進步和健康發展的重要尺度，而教育和基本社會保障是人的全面發展的重要前提條件。我們必須堅定不移地實施科教興國戰略，不斷完善現代國民教育體系和終身教育體系，切實保證教育公平，促進義務教育均衡發展，讓人人都具備受教育的機會和享受文化成果的充分權利，全面提高全民族的思想道德素質和科學文化素質。必須註重產業與教育、高校和企業的合作，打造集團化辦學的模式，加速建立現代化的職業教育系統。保障高等教育質量，聯合創新加快生產、學習、研發的發展。大力發展社會辦學，從政策幫扶社會辦學，鼓勵和引導社會辦學的發展。

（二）勞資地位不同論與民生問題

在資本主義社會，資本家是資本的所有者，勞動者對自己的勞動力擁有所有權。在勞動力市場上，資本所有者與勞動力所有者都是自由的人，一個願意買、一個願意賣，雙方都按等價原則進行交易。馬克思告訴我們：在資本主義自由平等的現象背後，勞動者與資本家的地位是截然不同的，資本家能夠憑藉對生產資料的佔有而佔有勞動者的勞動成果。產品是資本家的所有物，而不是直接生產者工人的所有物。[5]市場化改革以來，一方面中國成長起數以千萬計的個體、私營企業，另一方面出現了大量的城市下崗職工與農村剩餘勞動力，這些下崗職工和農村剩餘勞動力大多受僱於私營企業。社會主義市場經濟中的私營企業裡的勞資關係，在政府管控不到位、工會力量又有限的情況下，呈現出「勞弱資強」的格局，資方擁有話語權與決定權，勞方只能被動接受。[6]即使在國有企業中，由於對國有資本代理人的監督與管理不到位，國有企業中一些管理者錯位成「資方」，而普通職工則成了國有企業中的「勞方」，兩者收入差距較大。「利潤侵蝕工資」①使中國勞動報酬在初次分配中占 GDP 的比重偏低，從 2000—2007 年，這一比重從 51.4%降到 39.7%，而其他國家與地區這一比重普遍維持在 54% ~65% 之間。[7]

構建和諧勞資關係的關鍵是讓勞動者擁有實質上的自由平等權與建立勞資雙方平等

---

① 「利潤侵蝕工資」現象主要表現在非國有企業員工收入長期低於經濟增長的速度，以及國有企業大量使用臨時工等「編製外」員工，以降低用人成本。

博弈、利益共享的機制。在當今中國，勞資關係已經成為重要的經濟關係，勞資關係的好壞，直接影響到經濟是否良性運行和社會是否和諧發展。中國的社會主義性質要求政府，在相對資本而言勞動者是天生的弱勢群體的情況下，應重點保護勞動者的生存權與勞動權，讓勞動者擁有與企業同等的話語權和自由簽約權，尤其要從法律制度和體制上保障勞動者擁有自己的獨立組織、利益表達機制和渠道，使之在簽訂集體合同、維護勞工的合法權益等方面與資本進行平等博弈。

(三) 地租地價理論與中國房地產發展問題

對肥沃的土地和位置較好的土地收取較多的地租是級差地租Ⅰ。而對同一塊土地連續追加投資所產生的超額利潤轉化來的級差地租Ⅱ，在租約期內歸土地租種者，在租約期滿后收回土地再出租時，提高的地租歸地主所有。根據馬克思的級差地租理論，在中國，級差地租Ⅰ主要應用在經營城市上；級差地租Ⅱ主要應用在土地的家庭承包期的長短上。馬克思認為，被土地所有者憑藉土地所有權而強行「攫取、攔截和扣留」的「剩餘價值超過平均利潤的餘額」就是絕對地租。地租是土地所有權的經濟實現形式。[8] 土地價格是資本化的地租。土地價格相當於這樣一筆貨幣資本，把這筆貨幣資本存入銀行所得的利息，等於購買這塊土地後將其出租所得的地租。地價由兩個因素決定：一是地租的高低，二是利息率的高低，它與前者成正比，與後者成反比。

馬克思高度關注人的生存和發展問題，他認為充分住有居所是維持人的生存和尊嚴的基本保障。不解決住房問題，勞動者就無法生活，更談不上實現個人的尊嚴和自我價值。馬克思在《資本論》中指出，隨著資本主義工業化和城市化進程的加快，工人的住房問題非常突出。每一個保持公正客觀眼光的人都能夠發現，生產資料的大量集中將會帶來工人相應的聚集。因此，工人們的居住狀況將會隨著資本主義的累積而不斷走向悲慘。

目前中國的房地產發展存在著一些問題。中國的經濟市場化包括土地在內的資源商品化和資本化。在中國土地市場化和人口的城市化過程中，土地日益稀缺，房地產投資必將伴隨著巨大的土地與房產增值。為了爭奪這筆巨大財富將會引發一系列矛盾與衝突，房地產問題必然是中國今后 10 年最為重大的經濟問題。就房地產業本身而言，有著產業鏈長、牽扯面廣、敏感性強的特點。中國的房地產業已然變成了支柱產業，根據各國發展房地產業的經驗，凡是將房市作為消費市場的、作為實體經濟的支柱產業來發展的，一國經濟週期波動就比較小。凡是將房市作為投資市場來發展的，一國經濟週期波動就比較大。

影響房屋價格主要因素有四點：首先，土地價格，這是最基本的；其次，房屋的建築成本，包括房屋面積、建築用料以及在建設過程中所耗費的人力；再次，區位或地點與環境，簡單來說房屋所在地的不同會影響房屋的價格，例如北京、上海、廣州等一線城市的房價就會比其他二、三線城市的高，而城市的房價又會比城鎮的房價高，房屋所在地周邊環境優美、風景秀麗，房價自然也會比一般房屋價格高；最后，房地產所在城市基礎設施和公共服務。一個城市的基礎設施和公共服務越是完備，人們生活自然越是便利，滿意度提高必然帶來房價的攀升。相應地，房地產增值有三個主要來源，私人投

資、政府投資及城市化。私人投資可以簡單地理解為房地產商通過加大投入打造高檔居民小區，政府在基礎設施和公共服務方面的投資通過資本化提高房地產的價值；而城市化帶來住房需求的增加，會進一步提高當地房地產價值。

當前，對房地產「泡沫化」的擔憂與日俱增，投資、投機大於消費，房地產泡沫的破裂會導致整個經濟混亂。要解決房地產泡沫化危機，政府可以採用三種方法：第一，切實增加保障性住房，支持居民自住和改善性住房建設；第二，運用稅收、金融等手段，抑制投機性住房盲目擴張；第三，徵收房產稅，通過房產稅可以調控房地產發展、調節財產和收入差距、構建地方稅體系。

三、結語

中國在現實發展中，並不只是會遇到房屋、勞資等問題，但是所有問題都指向為人們為實現全面發展而努力的過程。為滿足人們的生活保障與發展需要，實現社會的公平和正義，這就需要我們不斷努力地去研究馬克思的《資本論》，尋找其與當代現實生活中的交匯處，以此獲得挑戰無論意識形態領域還是具體實踐範疇中所產生的各種政治經濟問題的動力，最終得以達成全面而自由發展的最終目的。

參考文獻：

[1] 馬克思. 資本論：第1卷 [M]. 北京：人民出版社，2004：89.
[2] 邰麗華.《資本論》中拜物教思想的理論邏輯與時代價值 [J]. 河北經貿大學學報，2015，1 (1).
[3] 李建平. 新自由主義市場拜物教批判——馬克思《資本論》的當代啟示 [J]. 當代經濟研究，2012 (9).
[4] 馬克思. 資本論：第3卷 [M]. 北京：人民出版社，2004：937.
[5] 馬克思. 資本論：第1卷 [M]. 北京：人民出版社，2004：216.
[6] 劉樂山. 居民收入差距至因：《資本論》的解讀 [J]. 河北經貿大學學報，2015，3 (2).
[7] 李曉寧，馬啓民. 中國勞資收入分配差距與失衡關係研究 [J]. 馬克思主義研究，2012 (6).
[8] 馬克思. 剩餘價值理論 II [M]. 北京：人民出版社，1973：30.

馬克思主義政治經濟學中國化的新成果
——論五大發展理念的理論和實踐意義

中共自貢市委黨校　曾會利

摘　要：黨的十八屆五中全會明確提出了創新、協調、綠色、開放、共享的發展理念。五大發展理念是對馬克思主義關於人類經濟社會的辯證發展觀的繼承和發展，是對中國現階段和今後較長時期發展思路、發展方向、發展著力點的明確要求，具有十分重要的理論意義和長遠的實踐意義。

關鍵詞：五大發展理念；創新；實踐

當前，中國已進入全面建成小康社會決勝階段，黨的十八屆五中全會明確提出了「創新、協調、綠色、開放、共享」五大發展理念。理念是行動的先導，一定的發展實踐都是由一定的發展理念來引領的。正確理解並揭示五大發展理念的理論意義和實踐意義，對於牢固樹立和貫徹落實五大發展理念具有十分重要的指導作用。

一、五大發展理念的理論來源

馬克思主義創始人，雖然沒有專門篇章論述社會主義政治經濟學的原理和規律，但為了與資本主義對比和從發展規律中揭示未來社會發展趨勢，也在許多論著中論述了人類社會（包括社會主義）經濟發展的一般原理和規律。概括起來主要有以下方面。

第一，馬克思在《資本論》第一卷第一版序言中指出，社會是「能夠變化並且經常處於變化之中的有機體」「社會經濟形態的發展是一種自然歷史過程」[1]。其中，生產力和生產關係、經濟基礎和上層建築是社會發展的主要矛盾，兩者之間的對立統一推動社會的發展。在此過程中，生產力是最活躍的因素，起著決定作用。這就要求在發展中，要不斷調整生產關係，從而達到促進生產力發展的目的。

第二，社會發展受其內在一般規律支配，具有客觀性和必然性。同時，人的主觀能動性也在其中起著十分重要的作用。人既是社會存在和發展的前提，也是社會存在和發展的目的。「代替那存在著階級和階級對立的資產階級舊社會的，將是這樣一個聯合體，

在那裡，每個人的自由發展是一切人的自由發展的條件。」[2]

第三，馬克思、恩格斯在考察西方發達資本主義基礎上，提出「兩個必然」和「兩個決不會」的思想，在《共產黨宣言》中明確提出：無產階級取得政權，把生產資料掌握在國家手中，即建立國有經濟，「盡可能快地增加生產力的總量」[3]，不斷提高勞動人民的生活水平。

第四，馬克思主義政治經濟學在重視生產力發展的同時，還十分重視生態平衡和人與自然的和諧。馬克思在《資本論》中指出：社會生產力的提高，可利用的自然資源會相應減少，要重視森林、礦藏等資源的枯竭；要「社會地控制自然力，從而節約地利用自然力」[4]。恩格斯在《自然辯證法》中指出：「我們不要過分陶醉於我們對自然界的勝利，對於每一次這樣的勝利，自然界都報復了我們。」[5] 並舉例說：希臘等地區的居民，為了想得到更多的耕地，把森林都砍光了，結果遭到自然界的報復。這些地方竟然因此成為荒蕪的不毛之地。

第五，馬克思晚年在考察東方社會及其發展道路的基礎上，基於東方社會存在的土地公有制特點，提出比如俄國：「它可以不通過資本主義制度的卡夫丁峽谷，而汲取資本主義制度所取得的一切肯定成果。」[6]

綜上，五大發展理念繼承了馬克思主義關於人類經濟社會的辯證發展觀，從事物普遍聯繫和永恆發展的觀點，考察社會有機整體的發展變化，把社會發展的客觀規律性和人的自覺活動辯證統一起來，並以人的解放和全面發展作為社會發展的最終目標，在總結社會主義建設歷史經驗和教訓的基礎上，面對當前國內國際複雜形勢，對馬克思主義關於人類經濟社會辯證發展觀創造性運用和發展，開闢了馬克思主義關於人類經濟社會辯證發展觀的新境界，具有十分重要的理論意義。

二、五大發展理念的實踐意義

馬克思主義具有鮮明的實踐品格，不僅致力於科學解釋世界，而且致力於改造世界。理論的生命力在於實踐和創新。五大發展理念對中國發展思路、發展方向、發展著力點等重大問題進行了明確回答，必將對中國全面建成小康社會乃至於實現「兩個一百年」奮鬥目標的偉大實踐產生根本性、全局性的重大影響，具有十分重要的實踐意義。習近平在黨的十八屆五中全會上強調指出，「堅持創新發展、協調發展、綠色發展、開放發展、共享發展，是關係中國發展全局的一場深刻變革。五大發展理念相互貫通、相互促進，是具有內在聯繫的集合體，要統一貫徹，不能顧此失彼，也不能相互替代」。

第一，創新是引領發展的第一動力。在發展動力上，五大發展理念突出了創新是引領發展的第一動力。創新發展，是針對當前中國創新能力不強提出來的。實現創新發展，就必須把創新擺在國家發展全局的核心位置，深入實施創新驅動發展戰略，不斷推進理論創新、制度創新、科技創新、文化創新等各方面創新，讓創新貫穿黨和國家一切工作，讓創新在全社會蔚然成風。實現創新發展，在近期必須啟動一批新的國家重大科技項目，建設一批高水平的國家科學中心和技術創新中心，培育、壯大一批有國際競爭

力的創新型領軍企業，建設一批全面創新改革試驗區，持續推動大眾創業、萬眾創新，大力促進大數據、雲計算、物聯網廣泛應用，加快建設質量強國、製造強國、知識產權強國。總之要把發展基點放在創新上，形成促進創新的體制架構，塑造更多依靠創新驅動、更多發揮先發優勢的引領型發展。

第二，協調是持續健康發展的內在要求。在發展思路上，五大發展理念強調協調是持續健康發展的內在要求。協調發展，是針對當前中國發展不平衡、不協調問題提出來的。實現協調發展，就必須牢牢把握中國特色社會主義事業的總體佈局，正確處理發展中的重大關係，重點促進城鄉區域協調發展，促進經濟社會協調發展，促進新型工業化、信息化、城鎮化、農業現代化同步發展，在增強國家硬實力的同時註重提升國家軟實力，不斷增強發展整體性；必須堅持區域協同、城鄉一體、物質文明精神文明並重、經濟建設國防建設融合，在協調發展中拓寬發展空間，在加強薄弱領域中增強發展后勁。就目前形勢看，大力推進新型城鎮化和農業現代化，促進城鄉區域協調發展是當務之急，縮小城鄉區域差距，既是調整經濟結構的重點，也是釋放發展潛力的關鍵。為此，要深入推進以人為核心的新型城鎮化，加快實現農業轉移人口和其他常住人口在城鎮落戶。要實施一批水利、農機、現代種業等工程，推動農業適度規模經營和區域化佈局、標準化生產、社會化服務。要以區域發展總體戰略為基礎，以「三大戰略」為引領，形成沿海、沿江、沿線經濟帶為主的縱向、橫向經濟軸帶，培育一批輻射帶動力強的城市群和增長極。

第三，綠色是永續發展的必要條件。在發展條件上，五大發展理念明確了綠色是永續發展的必要前提。綠色發展，是針對當前中國發展中出現的資源浪費、污染嚴重、不可持續等問題提出的。綠色不僅是經濟社會永續發展的必要條件，更是人民群眾對美好生活追求的重要體現。實現綠色發展，就必須堅持節約資源和保護環境的基本國策，堅持可持續發展，堅定走生產發展、生活富裕、生態良好的文明發展道路，加快建設資源節約型、環境友好型社會，形成人與自然和諧發展的綠色生產生活方式；加快改善生態環境，堅持在發展中保護，在保護中發展，持續推進生態文明建設，逐步形成現代化建設新格局；深入實施大氣、水、土壤污染防治行動計劃，劃定生態空間保護紅線，推進山水林田湖生態工程，加強生態保護和修復。持之以恒推進美麗中國建設，為全球生態安全做出新貢獻。

第四，開放是國家繁榮發展的必由之路。在發展道路上，五大發展理念堅持開放是國家繁榮發展的必由之路。開放發展，是針對當前中國和平發展與世界和平發展高度融合的大趨勢提出來的。發展根本上要靠改革開放。實現開放發展，必須全面深化改革，堅持和完善中國社會主義基本經濟制度，建立現代產權制度，建成法治政府，使市場在資源配置中起決定性作用和更好發揮政府作用，加快形成引領經濟發展新常態的體制機制和發展方式；實現開放發展，必須順應中國經濟深度融入世界經濟的大勢，奉行互利共贏的開放戰略，堅持內外需協調、進出口平衡、引進來走出去並重、引資引技引智並舉，發展更高層次的開放型經濟，積極參與全球經濟治理和公共產品供給，提高中國在全球經濟治理中的制度性話語權，構建廣泛的利益共同體。就近階段，要大力推進「一帶一路」建設和國際產能合作，對外貿易向優進優出轉變，提升服務貿易比重，從貿易

大國邁向貿易強國,全面實行准入前國民待遇加負面清單管理制度,逐步構建高標準自由貿易區網路,基本形成開放型經濟新體制新格局。

　　第五,共享是中國特色社會主義的本質要求。在發展目標上,五大發展理念揭示了共享是中國特色社會主義的本質要求。共享發展,是針對當前中國基本公共服務供給不足、收入差距較大、人口老齡化加快、消除貧困任務艱鉅等問題提出來的。實現共享發展,就必須堅持以人民為中心的發展思想,努力補齊基本民生保障的短板,朝著共同富裕方向穩步前進;要根據發展為了人民、發展依靠人民、發展成果由人民共享的發展理念,做出更加有效的制度安排,使全體人民在共建共享發展中有更多獲得感,增強發展動力,增進人民團結;要按照人人參與、人人盡力、人人享有的要求,堅守底線、突出重點、完善制度、引導預期、註重機會公平,保障基本民生,實現全體人民共同邁入全面小康社會。在現階段,要堅持普惠性、保基本、均等化、可持續方向,從解決人民最關心、最直接、最現實的利益問題入手,增強政府職責,提高公共服務共建能力和共享水平;要實施更加積極的就業政策,創造更多就業崗位,著力解決結構性就業矛盾,鼓勵以創業帶就業,實現較充分和高質量就業;要正確處理公平和效益的關係,堅持居民收入增長和經濟增長同步、勞動報酬提高和勞動生產率提高同步,持續增加城鄉居民收入,規範初次分配,加大再分配調節力度,調整優化國民收入分配格局,努力縮小全社會收入差距;要堅持全民覆蓋、保障適度、權責清晰、運行高效的社會保障思路,穩步提高社會保障統籌層次和水平,建立健全更加公平、更可持續的社會保障制度;要開展應對人口老齡化行動,加強頂層設計,構建以人口戰略、生育政策、就業制度、養老服務、社保體系、健康保障、人才培養、環境支持、社會參與等為支撐的人口老齡化應對體系;要堅持男女平等基本國策和兒童優先,切實加強婦女、未成年人、殘疾人等社會群體的權益保護,讓他們公平參與並更多分享發展成果。

　　總之,創新、協調、綠色、開放、共享五大發展理念,蘊涵了馬克思主義政治經濟學的深刻思想內涵,有很強的現實針對性和長遠的指導性,是對全面建成小康社會實踐的認識昇華,它必將有力指導我們奪取全面建成小康社會決勝階段的偉大勝利,開創中華民族偉大復興的光明前景。

參考文獻:

[1] 馬克思,恩格斯. 馬克思恩格斯選集:第2卷(上)[M]. 北京:人民出版社,1972:208.
[2] 馬克思,恩格斯. 馬克思恩格斯選集:第1卷(上)[M]. 北京:人民出版社,1972:273.
[3] 馬克思,恩格斯. 馬克思恩格斯選集:第1卷(上)[M]. 北京:人民出版社,1972:272.
[4] 馬克思,恩格斯. 馬克思恩格斯選集:第2卷(上)[M]. 北京:人民出版社,1972:267.
[5] 馬克思,恩格斯. 馬克思恩格斯選集:第3卷(下)[M]. 北京:人民出版社,1972:517.
[6] 馬克思,恩格斯. 馬克思恩格斯全集:第19卷[M]. 北京:人民出版社,1963:450-451.

試論馬克思主義政治經濟學在中國的豐富和發展

中共南充市委黨校　邱亞明　趙傳敏

摘　要：《資本論》是馬克思主義政治經濟學的奠基之作，為中國社會主義建設和改革開放提供了堅實的理論基礎。同樣，中國經濟社會發展取得的巨大成就及發展經驗也不斷豐富和發展了馬克思主義政治經濟學，中國特色的政治經濟學開始逐步形成。中國改革開放的實踐必將更加豐富和發展馬克思主義政治經濟學。

關鍵詞：《資本論》；馬克思主義政治經濟學；中國特色社會主義政治經濟學

《資本論》是一部偉大的馬克思主義政治經濟學著作，其運用辯證唯物主義和歷史唯物主義揭示了一系列規律，為中國特色社會主義政治經濟學的發展提供了理論基礎。中國特色社會主義政治經濟學，是我們黨在新的實踐基礎上對馬克思主義政治經濟學的豐富和發展，是當代中國的馬克思主義政治經濟學。

一、馬克思主義政治經濟學的形成及指導意義

《資本論》的副標題為《政治經濟學批判》，表明了它在批判資產階級政治經濟學方面的重大貢獻。《資本論》是馬克思對前人勞動成果的辯證揚棄，實現了政治經濟學徹底的革命性變革。《資本論》制定出馬克思研究經濟學要得到的理論原理，達到了馬克思研究政治經濟學是為批判資產階級經濟學、闡明資本主義經濟發展規律、提出相應經濟理論等目的。因此，《資本論》標誌著馬克思主義政治經濟學成熟形態的誕生，是中國社會主義建設和改革開放實踐的理論基礎，對中國特色社會主義政治經濟學發展具有重要的指導意義。

《資本論》共分四卷，其中前三卷主要是理論闡述，最后一卷主要是經濟理論史考察。《資本論》第一卷研究了資本的生產過程。在整卷分析和論證中，馬克思對古典政治經濟學的價值理論、利潤理論和資本累積理論長期批判性研究的理論成果，對科學的價值理論、商品理論和貨幣理論、狹義剩餘價值理論、資本理論和工資理論，資本累積

理論等做了科學表述。《資本論》第二卷研究了資本的流通過程。在這一卷的分析和論證中，馬克思批判、改造了資產階級經濟學家的資本流通和再生產理論，包括批判他們只考察某種資本形式運動的片面性、關於固定資本和流動資本的錯誤觀點。在批判「斯密的教條」的基礎上，第一次研究了產業資本運動的三個階段和三種職能形式，考察了產業資本循環的三種形式即貨幣資本的循環、生產資本的循環、商品資本的循環和保證其循環連續性的條件；第一次分析了資本週轉對剩餘價值生產的影響，第一次分析了社會資本再生產的實現條件等，系統闡述了資本形態變化及其循環的理論、資本週轉的理論、社會資本再生產和流通的理論。《資本論》第三卷研究了資本主義生產的總過程。在這一卷中，馬克思深入批判了資產階級經濟學家的利潤理論、費用價格理論和地租理論，在此基礎上，對平均利潤和生產價格理論、商業資本和生息資本理論、地租理論做了科學敘述。展開來說，馬克思糾正了古典政治經濟學混淆剩餘價值與其特殊形式——利潤和平均利潤、混淆價值和由商品的成本價格加平均利潤構成的生產價格的錯誤，糾正了資產階級經濟學家混淆商業資本和產業資本、生息資本的錯誤觀念。在批判地研究資產階級經濟學家關於地租理論的基礎上，馬克思糾正了李嘉圖否定絕對地租存在和級差地租問題上的錯誤。與上述批判研究相適應，馬克思科學分析了剩餘價值轉化為利潤和平均利潤、價值轉化為生產價格的過程，以價值規律為基礎闡明了平均利潤率的形成，解決了古典政治經濟學體系中平均利潤率和價值規律的矛盾，深刻揭示了資本主義生產方式內部的種種對抗性矛盾；分析了商業資本的特性以及最複雜的生息資本和信用問題；運用平均利潤和生產價格理論，正確分析了絕對地租和級差地租產生的原因和條件。

《資本論》對資本主義矛盾的分析，從簡單到複雜，從抽象到具體的相互推演的邏輯過程，在基本線索上再現了資本主義經濟關係真實的歷史過程，揭示了資本主義經濟特殊規律的理論，同時科學地揭示了人類社會普遍適用的經濟規律、社會大生產的共同規律、商品生產的一般規律，還科學地預見了社會主義經濟必須遵循的某些經濟規律，建立起了完整的政治經濟學理論體系。資本主義經濟的實質是社會化大生產和私有制條件下的市場經濟，只要撇開資本主義經濟的特殊性質，《資本論》中關於社會化大生產和市場經濟一般規律的理論，對於發展和完善社會主義市場經濟是完全適用的。因此，馬克思的《資本論》是我們創新和健全社會主義市場經濟的理論基礎，對中國特色社會主義政治經濟學發展具有重要的指導意義。

二、中國特色社會主義政治經濟學的發展

社會主義社會作為20世紀新誕生的事物，具有《資本論》創作時無法預見的情況和問題，我們必須以《資本論》的基本原理為指導，從實際出發，發展政治經濟學社會主義部分。黨的十一屆三中全會以來，中國共產黨把馬克思主義政治經濟學基本原理同改革開放新的實踐結合起來，不斷豐富和發展馬克思主義政治經濟學，創立了中國特色社會主義政治經濟學，主要內容包括：關於社會主義本質的理論，關於社會主義初級

階段基本經濟制度的理論，關於樹立和落實創新、協調、綠色、開放、共享的發展理念的理論，關於發展社會主義市場經濟、使市場在資源配置中起決定性作用和更好發揮政府作用的理論，關於中國經濟發展進入新常態的理論，關於推動新型工業化、信息化、城鎮化、農業現代化相互協調的理論，關於用好國際國內兩個市場、兩種資源的理論，關於促進社會公平正義、逐步實現全體人民共同富裕的理論等。這些理論成果，不僅有力地指導了中國的經濟發展實踐，而且開拓了馬克思主義政治經濟學的新境界，也豐富和發展了人們對社會經濟發展規律的認識。

20世紀70年代末，中國決定對舊經濟管理體制進行改革，標誌著以計劃經濟為基礎的傳統社會主義政治經濟學的終結，同時也標誌著有中國特色政治經濟學開始成長。黨的十一屆三中全會以來，中國改革開放和社會主義現代化建設之所以取得了舉世矚目的巨大成就，就是因為有了鄧小平建設有中國特色社會主義理論這一當代的馬克思主義偉大旗幟。鄧小平理論中關於市場經濟方面的獨到論述，第一次比較系統地回答了在中國這樣一個經濟文化比較落後、自然經濟還占相當比重的國家是如何發展經濟、建設社會主義的。鄧小平的市場經濟理論，實際上就是一部內容豐富的、具有中國特色的政治經濟學。它的研究重點已經不再是如何論證社會主義經濟制度出現的歷史必然性，或者如何論證「制度替代論」，而是如何回答社會主義經濟制度發展過程中湧現出的新情況、新問題，或者研究並深化馬克思主義政治經濟學的「制度發展論」。它的論斷明確界定了市場經濟的屬性，從而解除了把社會主義與市場經濟對立起來的思想束縛，為中國最終確立社會主義市場經濟體制的目標模式奠定了理論基礎。

中共十二屆三中全會通過《中共中央關於經濟體制改革的決定》，明確提出：進一步徹執行對內搞活經濟、對外實行開放的方針，加快以城市為重點的整個經濟體制改革的步伐，是當前中國形勢發展的迫切需要。改革的基本任務是建立起具有中國特色的、充滿生機和活力的社會主義經濟體制，促進社會生產力的發展。經濟體制改革的中心環節是增強企業活力；建立自覺運用價值規律的計劃體制，發展社會主義商品經濟；建立合理的價格體系，充分重視經濟槓桿的作用；實行政企職責分開，正確發揮政府機構管理經濟的職能；建立多種形式的經濟責任制，認真貫徹按勞分配原則；積極發展多種經濟形式，進一步擴大對外的和國內的經濟技術交流；起用一代新人，造就一支社會主義經濟管理幹部的宏大隊伍；加強黨的領導，保證改革的順利進行。十二屆三中全會的決定被譽為「政治經濟學初稿」，既稱之為「初稿」，則有不斷改進的空間，更有臻於完善的期待。

中國共產黨第十四次全國代表大會確定了中國經濟體制改革的目標是建立社會主義市場經濟體制，中共十四屆三中全會通過了《中共中央關於建立社會主義市場經濟體制若幹問題的決定》。決定指出：必須堅持以公有制為主體、多種經濟成份共同發展的方針，進一步轉換國有企業經營機制，建立適應市場經濟要求、產權清晰、權責明確、政企分開、管理科學的現代企業制度；建立全國統一開放的市場體系，實現城鄉市場緊密結合，國內市場與國際市場相互銜接，促進資源的優化配置；轉變政府管理經濟的職能，建立以間接手段為主的完善的宏觀調控體系，保證國民經濟的健康運行；建立以按勞分配為主體，效率優先、兼顧公平的收入分配制度，鼓勵一部分地區一部分人先富起

來，走共同富裕的道路；建立多層次的社會保障制度，為城鄉居民提供同中國國情相適應的社會保障，促進經濟發展和社會穩定。

黨的十八大以來，習近平總書記把馬克思主義政治經濟學的基本原理同中國特色社會主義的實踐相結合，發展了馬克思主義政治經濟學，提出一系列新思想新論斷，如經濟新常態理論、關於發展理念的新論斷、關於市場與政府關係的新論斷、關於基本經濟制度的新論斷、關於經濟體制改革的新論斷、關於開放發展的新論斷。這些理論創新豐富了中國特色社會主義政治經濟學理論，為中國和世界帶來了新的經濟發展理念。

三、中國改革開放的實踐將繼續豐富和發展馬克思主義政治經濟學

馬克思主義政治經濟學不僅是改革開放時期中國共產黨人政治經濟思想一以貫之的主要理論來源，保證了改革開放始終沿著中國特色社會主義道路前進，既沒有固守「老路」，更沒有走上「邪路」，還指導著中國在經濟改革與發展實踐中不斷創造新的理論。誠如習近平總書記所指出的：「黨的十一屆三中全會以來，我們黨把馬克思主義政治經濟學基本原理同改革開放新的實踐結合起來，不斷豐富和發展馬克思主義政治經濟學，形成了當代中國馬克思主義政治經濟學的許多重要理論成果。」經過30多年的改革開放，中國發生了天翻地覆的變化，這種變化體現在思想大解放、生產力大解放、社會財富大增加、國家經濟實力大提高等方面。究其原因，中國特色社會主義政治經濟學的正確指引功不可沒。因此，以更好指導中國未來經濟發展，並為世界其他國家發展提供借鑑，提煉和總結中國經濟實踐中的規律性成果意義非常重大。中國特色社會主義政治經濟學為陷入困境的發展經濟學做出了重大的理論貢獻，為當代馬克思主義政治經濟學的發展貢獻了中國智慧。

習近平主席在2015年12月21日結束的中央經濟工作會議中提出：「要堅持中國特色社會主義政治經濟學的重大原則」，這是「中國特色社會主義政治經濟學」首次出現在中央層面的會議上。它的提出，具有鮮明的時代意義和深遠的理論意義，表明我們對中國特色社會主義經濟的認識在學理性和系統性上達到了新的高度，表明馬克思主義政治經濟學中國化和時代化的發展達到了新的高度，表明中國共產黨在經濟理論上的自覺和自信達到了新的高度，因此，中國特色社會主義政治經濟學是一個重大的理論創新。以習近平為總書記的中央領導集體，將30多年的經濟發展實踐和思想理念，不僅上升到理論層面，同時也上升到學科高度，是對馬克思主義政治經濟學說的巨大創新，極大豐富了中國特色社會主義理論體系。中國特色社會主義政治經濟學始終堅持以人民為中心，以人民的利益為出發點，這是馬克思主義政治經濟學階級性的體現；中國特色社會主義政治經濟學隨著中國的實踐發展與時俱進，不斷創新，形成的理論成果，是適應當代中國國情和時代特點的政治經濟學；中國特色社會主義政治經濟學是個開放的系統，不排除對當今世界人類發展的積極理論成果包括對西方經濟學有益成分的吸收，使其更具有科學性。

今天，中國已經穩居世界第二大經濟體，經濟保持中高速增長，基本面良好、潛力巨大；同時又呈現「三期疊加」的階段性特徵，面臨諸多新的風險挑戰和不確定性因素。如此關鍵歷史時期，特別需要立足國情實際和發展實踐，揭示新特點、新規律，提煉和總結經濟發展實踐的規律性成果，把實踐經驗上升為系統化的政治經濟學說，為實踐指明方向，提供遵循。然而，我們也要認識到基於中國經濟發展實踐所形成的經濟理論還不是很系統，並沒有形成一套完整的、具有嚴密邏輯的中國特色社會主義政治經濟學說。此外，經濟建設中的一些成功經驗也沒有得到系統總結，特別是從理論上加以抽象提煉形成體系化的學說，這是改革發展穩定實踐提出的時代課題，也是進一步豐富和發展中國特色社會主義政治經濟學的時代要求。

參考文獻：

[1] 楊國昌，庚欣.《資本論》畫傳 [M]. 濟南：山東人民出版社，1984.

[2] 雪葦.《資本論》要略 [M]. 北京：人民出版社，1985.

[3] 唐任伍. 有中國特色的政治經濟學——鄧小平市場經濟理論研究 [M]. 北京：中國統計出版社，2001.

[4] 施文義. 建立社會主義政治經濟學新體系的回顧與前瞻 [J]. 西藏黨校理論探索，1996(1)：33-36.

[5] 陳承明，陳伯庚.《資本論》為社會主義市場經濟提供理論基礎和思想指導 [J]. 紅旗文稿，2015(20).

[6] 張宇. 開拓當代中國馬克思主義政治經濟學的新境界 [EB/OL]. [2016-06-12]. http://finance.sina.cn/2016-06-12/detail-ifxszmnz7069592.d.html.

[7] 劉長庚，江劍平. 中國特色社會主義政治經濟學的三大貢獻 [EB/OL]. [2016-05-18]. http://www.qstheory.cn/economy/2016-05/18/c_1118886367.htm.

[8] 張占斌. 中國特色社會主義政治經濟學新拓展 [J]. 人民論壇，2016(1)：34-35.

[9] 梅榮政，唐昆雄.《資本論》對馬克思主義政治經濟學的奠基性貢獻 [J]. 高校理論戰線，2012(1)：15-20.

借鑑馬克思生態思想
貫徹落實綠色發展理念

中共綿陽市委黨校　林勁松

摘　要：作為自然的一部分，人的勞動和自然有十分緊密的關聯，馬克思對人與自然、社會之間的關係進行了詳細的分析，並提出實現人與自然的和諧相處，是可持續發展的重要路徑。如何貫徹落實綠色發展理念，是新時期需要社會各界共同思考的重要問題。綠色發展理念與馬克思生態思想一脈相承，馬克思生態思想對領悟綠色發展理念以及尋找其貫徹落實的方法具有一定的價值。

關鍵詞：馬克思生態思想；綠色發展理念；「三生共贏」模式

在社會發展的歷程中，人從本質上看是自然界的產物，同時也是自然界的組成部分。在馬克思看來，如果沒有自然界，人們就無法進行創造，人們的勞作活動也無法開展，人與自然的和諧統一，是共產主義社會長遠目標實現的重要體現。馬克思生態思想通過對人、自然、社會的辯證關係進行論述，提出了「再生產整個自然界」的觀念，在馬克思生態思想中，人、自然、社會的協調發展是最核心的部分。而這一理念與當今社會提倡的綠色發展理念有很大的相似之處，綠色發展理念是新時期社會發展中提出的一種新型生產理念，也是實現可持續發展的基礎，馬克思生態思想對貫徹落實綠色發展理念有很大的借鑑價值。

一、馬克思生態思想的科學內涵

馬克思生態思想並沒有形成完整的體系，但是這並不影響馬克思生態思想對生態保護的貢獻。馬克思生態思想深入挖掘了人與自然的關係，基本思想包含以下三個部分：首先是人與自然的關係。在馬克思看來，人是自然的一部分，是自然的產物，在漫長的歲月中，自然是最基本的母體，人只是自然發展產物的一部分，這也堅定了馬克思人類本質的唯物主義說。馬克思認為，人應該將自己的行為和自然聯合起來，共生共存，要平等地對待自然，而不是去徵服自然。其次是自然生產力是社會生產力的基礎。馬克思

認為生產力是人與自然相互作用的結果，社會生產力則是人類所有活動的總和，自然生產力會對社會生產力造成直接的影響，要想保證社會生產力的持續提高，就需要協調好空氣、水、土地、樹木等自然生產力的關係。最后是實現人與自然協調發展的主要途徑。在資本主義社會中，人與自然的關係被異化，從而導致人與自然之間有很強的矛盾，這種矛盾造成了人與人、自然、社會的對立。而共產主義則可以很好地調整人與自然之間的異化關係，並且引導人們更好地利用自然資源，形成低浪費、低消耗、快發展的局面，保證人、自然、社會的協調。

從馬克思生態思想的根本來看，其最終目的是實現人和自然的和諧統一，因此，在馬克思生態思想中，最核心的內容是全面和諧。作為自然的主體，人要學會如何尊重自然、如何與自然相處，要用發展的眼光去看待自然，並合理地開發、利用、保護自然資源。一味地註重人的發展，忽視自然規律，不僅會起到反作用，還會受到自然界的懲罰，人只有處理好和自然的關係，才能實現可持續發展。因此，全面協調人、自然、社會的關係是馬克思生態思想的關鍵。

二、綠色發展理念與馬克思生態思想一脈相承

綠色發展理念，可以分為綠色經濟理念、綠色環境發展理念、綠色政治生態理念、綠色文化發展理念、綠色社會發展理念等五個部分。

綠色經濟理念。這一理念是在可持續發展思想的基礎上產生的新型經濟發展理念，其內容包括兩個方面：一是經濟要環保，二是環保要經濟。發展綠色經濟強調要做到資源消耗少、環境污染低、科技含量高，強調勤儉節約、低碳綠色、健康文明的生活方式。

綠色環境發展理念。合理地利用自然資源，盡可能地避免自然環境、人文環境受到破壞，為自然環境及地球生物提供保護，從而改善人們的生活生態環境，協調好人與自然的關係，實現發展平衡。

綠色政治生態理念。要保持政治的生態清明，優化從政環境。黨的十八屆五中全會提出，要「堅持全面從嚴治黨、依規治黨，積極營造風清氣正的政治生態，形成敢於擔當、奮發有為的精神狀態，努力實現幹部清正、政府清廉、政治清明，為經濟社會發展提供堅強政治保證」。綠色政治生態能極大地調動社會生產力，實現社會的綠色發展。

綠色文化發展理念。綠色文化是一種與環保、生態、生命等相關的，以綠色行為為特徵、體現人與自然和諧相處的生活方式和行為規範的文化總和。在綠色發展理念中，綠色文化發展理念是最核心的部分，對綠色發展的方方面面都有很大的影響。

綠色社會發展理念。綠色是大自然的表徵顏色，是生命健康的體現，也是現代社會的文明標誌。在社會發展的道路中，應該堅持綠色發展、循環發展、低碳發展，要強化生態環境保護，節約各種能源，降低對大自然的破壞，從而構建綠色低碳的社會運作方式。

從綠色發展理念與馬克思生態思想的內涵比較來看，它們是一脈相繼承的，甚至某

種程度上可以說綠色發展理念是對馬克思生態思想的豐富與發展。綠色發展理念是將生態文明建設融入政治、文化、經濟、社會建設等各個方面的新發展理念。黨的十八大以來，習近平就建設生態文明、維護生態安全做出過重要指示。習近平指出：要堅持保護環境、節約資源的基本國策，堅持保護優先、節約優先，恢復自然，註重綠色發展的推進。綠色發展是在社會發展中，堅持人民主體地位的重要表現，生態環境是社會經濟發展的基礎，在追求經濟發展、物質財富增長的同時，也要註重資源、環境的承載與保護。綠色發展理念是要註重速度、質量、效益的有效統一，不能以污染環境為代價進行發展，要堅持人與自然的和諧發展，做好人口、自然、資源工作。

三、馬克思生態思想對貫徹落實綠色發展理念的啟示

（一）促進生態文明建設

思想觀念的轉變是實現綠色發展的主要動力之一。馬克思認為，人具有很強的創造性、主觀性，在這種特性下，人類會不斷地改造自然，從而更好地生活，而人的主觀性、創造性也是解決環境問題的關鍵所在。在傳統的發展中，並沒有註重人與自然的關係，人們單方面地向自然索取，這種發展模式雖然在短時間內取得了一定的效果，但是隨著時間的推移，其發展就會受到極大的影響，同時還需要承受隨意索取自然帶來的后果。因此，要想全面實現綠色發展，就需要對傳統的發展觀念進行改變，不僅要在經濟發展方面樹立生態文明理念，在個體生活中也要樹立生態文明理念。在經濟發展中，不管是國家領導人，還是企業的決策者，或者是生產一線的員工，都需要樹立良好的綠色發展理念，並且將綠色發展理念滲透在生產的各個環節，這樣才能在經濟發展中實現綠色發展，才能確保經濟和環境的協調。就個體而言，其生態行為與經濟發展有很強的聯繫，在經濟發展的帶動下，個體的收入不斷增加，這就增強了個體的消費意願，當個體無法控制自身的消費衝動時，就會產生一些不合理的消費，這與綠色低碳理念是相違背的，因此，個體在實際中，也需要註重養成良好生活習慣和消費習慣。

（二）實踐「三生共贏」模式

「三生共贏」的發展模式主要是應用於環境管理中，在制訂、處理相應的生產方案時，必須對各方面的利益進行綜合考慮。「三生共贏」就是將環境問題定位在生產、生活、生態的協調發展中，也就是要提高生活質量、改善生產方式、優化生態環境。馬克思生態主義思想要求我們要在充分認識大自然的基礎上對大自然進行改造，同時還要協調好人與人、人與自然、人與社會的關係，實現經濟的整體發展和區域平衡。馬克思生態主義思想將人和自然看作一個整體，人的生存、發展是建立在自然的基礎上，人們在改造自然時，必須處理好與自然的關係，積極維護自然環境。這就要求我們在發展經濟時，要特別註重經濟與環境關係的處理，在發展的過程中，要堅持全面、綠色、協調的發展思路，調整經濟結構，減少資源消耗大的產業，扶持低消耗、高環保的產業，盡可能地減少經濟發展對環境的不利影響。

(三) 加強生態科技創新

科學技術對於社會生產力的提高有極大的作用，同時科學技術也能協調好各個方面的關係，為綠色發展提供支撐，此外科學技術還能合理地開發、利用各種生產資源，減少資源的不必要浪費，有利於經濟效益的提高。馬克思認為，我們不應該徵服自然，但是我們可以改造自然。因此，在推行綠色發展的道路中，要特別註重生態科技創新。在綠色發展過程中，應該將生態科技創新納入相應的發展規劃中。政府部門要通過資金、政策等的支持來全面推進科學技術的創新，從而為整個科學技術的深入探索提供良好環境。其次，政府部門還應該加強對高校、科研機構的支持，建立相應的技術研發中心、實驗室，加強對生態生產技術的研發，全面促進經濟生產技術升級，優化產業結構，攻克技術難題，全面推進綠色發展。

參考文獻：

[1] 權圳. 馬克思生態經濟思想對中國生態文明建設的啟示 [J]. 西安政治學院學報, 2015 (6).
[2] 程昆. 馬克思恩格斯生態思想的當代價值 [J]. 求實, 2014.
[3] 白瑞, 秦書生. 論中國綠色發展思想的形成 [J]. 理論月刊, 2012 (7).
[4] 張攀攀. 綠色生態理念的溯源探究 [J]. 經濟研究導刊, 2014 (33).
[5] 熊暉. 生態學馬克思主義科技觀及其啟示 [D]. 南京：南京理工大學, 2015.

《資本論》與共享發展的關係研究

綿陽黨校 蔣之亮

摘 要：理論在歷史與現實的互動中不斷調適自己的位置，馬克思主義當代化的時代命題就在於如何實現經典馬克思主義與現實契合。從《資本論》對公平的篤定到馬克思、恩格斯晚年正義思想的萌生，從第二國際和第三國際的曲折追求到國共對中國道路的探索，生動闡釋了不同的時代和現實背景下對馬克思主義的嬗變與調整。十八屆五中全會的共享發展理念，應是這兩種思想調和的平衡點。

關鍵詞：公平正義；共享發展；《資本論》；還原

一、理論視角——《資本論》主要內容與精神實質

研究的樣本選擇與工具運用的不同，會有不同的研究結果，因此，從《資本論》的研究對象和研究方法入手，還原其文本的精神實質是理解《資本論》的前提。

（一）《資本論》研究對象與對象性世界的呈現

《資本論》的研究對象是資本主義生產關係或資本主義生產關係的總和。但是，這裡有一個關鍵的問題是前面的一個定語，正如馬克思所說：「到現在為止，這種生產方式的典型地點是英國。因此，我在理論闡述上主要用英國作為例證。」① 從1838年出版的《霧都孤兒》為代表的現實主義小說來看，英國以及整個歐洲臭氣衝天，工人和資產者之間充滿了火藥味，政客挾政治資本不顧公眾的利益，那是一個無法內生出新秩序的舊社會。《資本論》呈現的是一個特定對象的對象性世界：一個政治混亂、社會撕裂、階級對立的世界，這在1848年歐洲革命中得到淋漓盡致的展現。

（二）《資本論》的研究方法與工具性悖論

一方面，馬克思用唯物史觀作為解剖英國政治經濟狀況，即生產力和生產關係、經

---

① 馬克思.資本論:第1卷[M].北京:人民出版社.

濟基礎和上層建築之對立統一的分析範式，正如他所說，「用於指導我的研究工作的總的結果，可以簡要地表述如下：人們在自己生活的社會生產中發生一定的、必然的、不以他們的意志為轉移的關係，即同他們的物質生產力的一定發展階段相適合的生產關係。這些生產關係的總和構成社會的經濟結構，即由法律的和政治的上層建築豎立其上並有一定的社會意識形式與之相適應的現實基礎。」馬克思運用了辯證法，這種辯證法的合理性在於其契合當時現實，即其內核是「在對現存事物的肯定的理解中同時包含對現存事物的否定的理解，即對現存事物的必然滅亡的理解……按其本質來說，它是批判的和革命的」。在此種方法論下，《資本論》所實證的，便是「使實際的資產者最深切地感到資本主義社會充滿矛盾的運動的，是現代工業所經歷的週期循環的變動，而這種變動的頂點就是普遍危機」。馬克思的唯物辯證法世界觀和方法論預示著對那個時代的現實衝擊，並為變革搖旗吶喊。在當時是具有合理性的，甚至是完美的。但另一方面，抽象的力量使得讀者面臨工具使用悖論：當馬克思運用此種思維工具得出結論後，讀者往往記住了結論，而忘記了特定的結論僅僅是在特定的思維工具下產生的。即《資本論》為了透視社會，簡化和提煉了社會的本質，但當我們千萬次重複解讀和記憶「本質」、讓「本質」脫離「具體」的特定時代時，讀者的理解也就成了誤解。當讀者把此種本質教條運用在當下，且形成一種「辯證思維」，那麼，就沉陷在馬克思所說的「顯微鏡」或者「化學試劑」中研究當下的社會而不自知。

(三)《資本論》的邏輯體系與精神實質

馬克思以英國資本主義特定的發展階段為研究對象，運用唯物辯證的解剖工具，達到了特定寫作目的——解構資本主義、建構共產主義。《資本論》完美地證明了「兩個必然」的邏輯正確性，其實質是要建立一個公平公正的理想社會。為了證明這一點，演繹出宏大的結構，馬克思寫了300多萬字的文本。其中，第1卷7篇25章以資本的生產過程為研究對象，以商品、貨幣、資本、剩餘價值、資本累積為基本範疇展開分析，透視剩餘價值的生產本質。第2卷3篇21章以資本的流通過程為研究對象，以資本循環、資本週轉和社會資本為基本範疇展開分析，在具體中觀層面研究剩餘價值的實現。第3卷以利潤、平均利潤、商業利潤、利息、地租為基本範疇展開分析，研究剩餘價值的分配。從三卷來看，《資本論》核心就是一種政治經濟學批判，也是一種哲學批判和社會學批判，總體是一種「復仇」般批判，合理論證了馬克思一生不變的反資本主義立場[1]。對政治經濟的批判表明，《資本論》理性實證了無產階級立場的正確性，即窮人、無產者、弱者翻身求解放、謀福利的合理性，這是《資本論》在政治經濟學領域的所指與實質。

---

[1] 馬克思甚至強調：「政治經濟學所研究的材料的特殊性，把人們心中最激烈、最卑鄙、最惡劣的感情，把代表私人利益的復仇女神召喚到戰場上來反對自由的科學研究。」

二、歷史視角——《資本論》與公平正義價值觀

英國政治學家、馬克思主義研究專家戴維·麥克萊倫教授指出,「一個多世紀以來,馬克思主義已經成為這樣一種語言:數百萬人用它來表達他們對一個更公正的社會的希望。」這是從歷史視角對《資本論》公平正義價值觀的最好註解。

(一)《資本論》對公平的現實追求

公平就是社會的政治利益、經濟利益和其他利益在全體社會成員之間合理而平等的分配,它意味著權利的平等、分配的合理、機會的均等和司法的公正[①]。馬克思傾註一生的心血,在被社會不斷壓迫的內心狂熱的呼喚的應該是「公平」的女神。他在《資本論》中反諷:「勞動力的買和賣是在流通領域或商品交換領域的界限以內進行的,這個領域確實是天賦人權的真正樂園。那裡占統治地位的只是自由、平等、所有權和邊沁。」這是他對當時社會的判斷與鞭撻。《資本論》的邏輯表明,批判的武器代替不了武器的批判,社會的變革要通過革命的手段,即早年馬克思指出的:「在資本主義社會和共產主義社會之間,有一個從前者變為后者的革命轉變時期。同這個時期相適應的也有一個政治上的過渡時期,這個時期的國家只能是無產階級的革命專政。」無產階級專政的背後是公平價值觀的依託和推動。

(二) 公平正義——國際共產主義運動的曲折嘗試

在《資本論》中,公平即是正義。但是,通過巴黎公社和長期革命運動,在公平價值觀襁褓中孕育出正義的新思想。[②] 馬克思指出:「在新堡和巴塞羅那,在倫敦和柏林,工人的組織不可能在一切細枝末節上都是完全一樣的。例如,在英國,工人階級面前就敞開著表現自己的政治力量的道路。凡是利用和平宣傳能更快、更可靠地達到這一目的的地方,舉行起義就是不明智的。在法國,層出不窮的迫害法令以及階級之間你死我活的對抗,看來將使社會戰爭這種不良結局成為不可避免,但是用什麼方式來達到結局,應當由這個國家的工人階級自己選擇。」[③] 隨著馬克思自己思想的「時代化」,恩格斯與伯恩施坦主義有了「蛻變」。恩格斯晚年認為:議會鬥爭「應當設法暫時用合法的鬥爭(正義)手段對付下去。不僅我們這樣做,凡是工人擁有某種法定的活動自由的所有國家裡的所有工人政黨也都在這樣做,原因很簡單,那就是用這種辦法能獲得最大

[①] 公平作為一個歷史概念,在不同歷史時段和不同地域具有不同的側重。至少包括權利公平論、效率公平論、代價公平論、差別公平論、合作公平論、傾斜公平論等。

[②] 在這裡,正義指一般意義上的相當和正當,正義包括全部美德和完好的道德行為模式,不同的思想家做出不同的界定。功利主義正義:柏拉圖在《理想國》中提出正義就是社會中各個等級的人各司其職,各守其序,各得其所。亞里士多德認為正義分為「數量相等」和「比值相等」。后者指分配的正義,即在不平等的個人之間根據各人的價值不等按比例分配與之相稱的事物。休謨認為公共福利是正義的唯一源泉。

[③] 1871年7月3日《馬克思同「世界報」記者談話的記錄》

的成果」。特別是在他即將去世的時候，他進一步強調：「歷史清楚地表明，當時歐洲大陸經濟發展的狀況還遠沒有成熟到可以鏟除資本主義的程度……在一八四八年要以一次簡單的突襲來達到社會改造，是不可能的事情。舊式的起義，在一八四八年以前到處都起決定作用的築壘的巷戰，現在大都陳舊了。如果說在國家之間進行戰爭的條件已經起了變化，那麼階級鬥爭的條件也同樣起了變化。實行突然襲擊的時代，由自覺的少數人帶領著不自覺的群眾實現革命的時代，已經過去了。」馬克思和恩格斯晚年的思想變動，直接導致第二國際和第三國際在共產主義探索道路的衝突。考茨基主義沿著馬恩晚年的思想走得更遠，考茨基認為：「只要現代的大國存在一天，政治活動的重心就要在它們的議會裡。」考茨基1918年8月發表專著《無產階級專政》，主張通過「人道主義和民主的道路」取得議會多數，「和平地」過渡到社會主義。第三國際與列寧主義則針鋒相對。世界共運史上，后面沿著這根藤，至少生長出民主社會主義和科學社會主義模式。

(三) 公平與正義——中國共產黨內「左」右之爭歷史軌跡

國際共運的不同道路對中國革命道路的影響甚大。直接體現為改良和革命的衝突。當然，這種衝突從清末的改良派、革命派之爭，到袁世凱和孫中山，在中國傳統社會已經產生。十月革命一聲炮響，如同一個導火索，徹底加劇二者的衝突，中國社會的演進，在公平和正義的選擇中幅度更大地曲折推進；表現在中國共產黨和國民黨不同道路的選擇，更直接體現在中國共產黨對公平正義的追求和黨內多次路線之爭、「左」右衝突，也體現在國民黨內「左」右之爭與派別的混亂。從新中國成立后的歷史看，同樣在公平和效率二者之間多次糾結與調整。直到十八大明確指出：公平正義是中國特色社會主義的內在要求。將科學社會主義追求平等特徵，側重理解為分配公平；將市場經濟追求效率作為正義思想，側重理解為生產過程，並且將二者有機統籌思考，尋找二者之間的平衡點，達到一個新的時代高度和歷史高度。

三、現實維度——共享發展是中國共產黨一脈相承的執政追求

溫家寶曾動情地說：「如果說發展經濟、改善民生是政府的天職，那麼推動社會公平正義就是政府的良心。」十八屆五中全會總攬五大發展理念，是新時期我們黨對歷史的超越和時代的選擇。

(一) 不平等讓中國社會無法繼續：共享發展的現實背景

馬丁・雅克說：「王岐山令人印象深刻。他講話給我最大的衝擊，是他多次強調了『不平等』問題。在我看來，這是他講話的中心論點。他說必須解決不平等問題，如果不解決，中國社會無法繼續下去。」習近平總書記指出：「當前中國司法不公、司法公信力不高問題十分突出。一些司法人員作風不正、辦案不廉、辦金錢案、關係案、人情

案,『吃了原告吃被告』,讓老百姓有冤無處申,有理無處說,有的就此加入上訪大軍。」中國社科院原院長陳奎元認為:「當前一個涉及全局的矛盾是分配不公,窮人和富人收入和生活水平的差距超過發達資本主義國家。在向市場經濟轉軌的過程中,較長時期強調效率優先,將分配公平放在次要的位置上,發展經濟和改善人民生活沒有同步,這是當前產生諸多矛盾的主要根源。」

(二) 從階級立場到公共主義——《資本論》的當代啟示

從政治學角度解構社會,應當以階級為解剖刀;從社會學來講,當代中國社會可以分為十大階層①。從2014年意識形態領域最為激烈的一次交鋒來看,堅持階級立場還是公共立場的分歧還很大。王偉光在《堅持人民民主專政,並不輸理》中認為:今天,我們中國特色社會主義國家仍然處於馬克思主義經典作家所判定的歷史時代,即社會主義與資本主義兩個前途、兩條道路、兩種命運、兩大力量生死博弈的時代,這個時代仍貫穿著無產階級與資產階級、社會主義與資本主義階級鬥爭的主線索,這就決定了國際領域內的階級鬥爭是不可能熄滅的,國內的階級鬥爭也是不可能熄滅的。另一方面,韓剛在《學習時報》發表《最根本的撥亂反正是否定以階級鬥爭為綱》,文中指責王偉光是要搞「以階級鬥爭為綱」。隨后一些學者,諸如王占陽、孫立平、趙士林、葉檀等,紛紛斥責王偉光為「文革復闢」「姚文元重生」「鼓動底層造反」,並用聳人聽聞的話語威脅王偉光會「死得很慘」「應該絞刑」,「強烈要求中央追究他的政治責任」,等等。其實,類似的爭論在中國近現代史上多次上演,但問題在於,學者的爭論僅限於一域或大多在邏輯或者科學領域,而非真實地基於現實本身。從現實角度來看,當代馬克思主義應沿著馬克思和恩格斯的思路,至少實現兩個「時代化」轉變。一是從階級政治轉變到公共政治,比如在富人與窮人關係中,從僅僅站在窮人立場上,要轉變到首先站在窮人立場上,同時兼顧富人權益,有產者與無產者、官員與民眾關係亦是如此。二是要實現從階級鬥爭轉變到公共主義。「共產主義」一詞源於古代拉丁文communis,意為「公共」。把「共產主義」譯為「公共主義」更為準確②。譯為「共產主義」易被誤解為只是主張沒收私有財產歸公共所有,而「公共主義」則是表明「立黨為公」。正本清源,作為共產黨人最高理想的共產主義,實際上在當下所指主要是一種公共主義,一種公共價值體系。

(三) 堅持與傳承,推進共享發展

在黨章做了「兩個先鋒隊」和「三個代表」的修改后,事實上我們黨從單一的階

---

① 國家與社會管理者階層、經理人員階層、私營企業主階層、專業技術人員階層、辦事人員階層、個體工商戶階層、商業、服務業員工階層、產業工人階層、農業勞動者階層、城鄉無業、失業、半失業者階層。

② 文獻考證:「共產主義」「共產黨」這兩個詞都是日本人在明治維新后的19世紀80年代用漢字翻譯西方文字的新名詞,到20世紀初被中國人移植到中文裡來。中國人把「共產主義」「共產黨」譯為「公共主義」「公共黨」。

級立場不斷走向公共立場，十八屆五中全會的共享發展觀更加從執政要求上具體表明這一點①。從《資本論》到十八屆五中全會，從革命到改良，從改良到改革，即是對歷史的總結和超越。正如習近平對當代中國的歷史方位判斷，改革開放是當代中國最鮮明的特色②。從這一點來看，如果建黨后第一個三十年最鮮明的特色是革命，第二個三十年是建設，第三個三十年就是改革，「改革」就是「改良」加「革命」，體現出中庸哲學的政治理念。由此，執政價值觀的調整，必然影響共享發展的執政理念，從當前實踐來看，主要內涵就是要突破歷史局限，各社會階層打破「唯己利尊」的舊識，形成以「利益讓渡」為核心的社會合作共識。全社會拋棄「無條件同情弱者」的無底線意識，社會底層形成完善的維權和妥協行為和意識，社會中層自願讓渡和分享利益，社會資源在上、中、下三層有機配置，方能走近理想的帕累托最優狀態，真正實現共享發展。

---

① 十八屆五中全會指出：要堅持共享發展，必須堅持發展為了人民、發展依靠人民、發展成果由人民共享，做出更有效的制度安排，使全體人民在共建共享發展中有更多獲得感。
② 2016 年習近平總書記「七一」講話。

中國特色社會主義政治經濟學發展的新境界

中共廣元市委黨校　徐光智　向喜宗

摘　要：十八大以來，以習近平為總書記的中央領導集體，針對中國經濟社會發展的新情況、新問題，提出經濟發展新常態、五大發展理念、市場與政府這「兩隻手」的關係等一系列新思想、新論斷，創新並豐富了中國特色社會主義政治經濟學理論。「中國特色社會主義政治經濟學」的創新性概括，提升了中國經濟理論學科新高度。

關鍵詞：中國特色社會主義；政治經濟學；學科發展

恩格斯說：「政治經濟學不可能對一切國家和一切歷史時代都是一樣的。」中國共產黨特別重視理論創新，堅持把馬克思主義政治經濟學基本原理同中國革命、建設和改革開放具體實踐相結合，不斷創新和發展馬克思主義政治經濟學。十八大以來，以習近平為總書記的中央領導集體，將30多年的中國特色社會主義市場經濟的成功實踐經驗和思想理念，不僅上升到理論層面，同時也上升到學科高度，針對中國經濟社會發展面臨的新情況、新問題，提出了一系列新思想、新論斷。這是對馬克思主義政治經濟學說的重大創新，極大豐富了中國特色社會主義理論體系，提升了對中國特色社會主義道路、理論和制度的認識高度。

一、「中國特色社會主義政治經濟學」的創新性概括，提升了中國經濟理論學科新高度

2014年7月8日，習近平總書記主持召開經濟形勢專家座談會，聽取專家學者對當前經濟形勢和做好經濟工作的意見和建議。在座談會上習近平總書記強調：「各級黨委和政府要學好用好政治經濟學，自覺認識和更好遵循經濟發展規律，不斷提高推進改革開放、領導經濟社會發展、提高經濟社會發展質量和效益的能力和水平。」

中共中央政治局2015年11月23日下午就馬克思主義政治經濟學基本原理和方法論進行第二十八次集體學習。習近平總書記在主持學習時強調，要立足中國國情和中國發展實踐，揭示新特點、新規律，提煉和總結中國經濟發展實踐的規律性成果，把實踐

經驗上升為系統化的經濟學說，不斷開拓當代中國馬克思主義政治經濟學新境界。

2015年12月21日結束的中央經濟工作會議提出「要堅持中國特色社會主義政治經濟學的重大原則」。這是「中國特色社會主義政治經濟學」首次出現在中央層面的會議上，它的提出，具有鮮明的時代意義和深遠的理論意義。2016年1月4日《人民日報》刊登《供給側結構性改革引領新常態——權威人士再論當前的經濟形勢》和《七問供給側結構性改革——權威人士談當前經濟怎麼看怎麼干》的獨家專訪文章，文中權威人士強調我們要學好用好「中國特色社會主義政治經濟學」，推進供給側結構性改革，必須牢牢把握住中國特色社會主義政治經濟學的幾個重大原則。

在不同的時間場合，習近平總書記和中央層面會議先後強調了政治經濟學、當代中國馬克思主義政治經濟學以及中國特色社會主義政治經濟學的重大理論現實意義。習近平總書記不僅要求各級黨委政府要學好用好政治經濟學，經濟工作要堅持中國特色社會主義政治經濟學的重大原則，而且對中國經濟學界提出了殷切期望和新要求、新任務：要立足中國國情和中國發展實踐，揭示新特點、新規律，提煉和總結中國經濟發展實踐的規律性成果，把實踐經驗上升為系統化的經濟學說，不斷開拓當代中國馬克思主義政治經濟學新境界，努力構建中國特色社會主義政治經濟學。

很顯然，習近平總書記講的政治經濟學就是馬克思主義政治經濟學而不是其他經濟學，它與當代中國馬克思主義政治經濟學以及中國特色社會主義政治經濟學三者之間具有內在的理論邏輯關係。馬克思主義政治經濟學是當代中國馬克思主義政治經濟學和中國特色社會主義政治經濟學的理論源頭和理論基礎，而當代中國馬克思主義政治經濟學和中國特色社會主義政治經濟學是馬克思主義政治經濟學中國化的創新性理論成果。中國特色社會主義政治經濟學是馬克思主義政治經濟學基本原理與中國特色社會主義事業的成功實踐結合的產物，是研究和揭示中國特色社會主義政治經濟發展和運行規律的科學。

尤其是在中央會議層面響亮提出「中國特色社會主義政治經濟學」的創新性概括及學科建設問題，更是彰顯了基於中國特色社會主義改革開放的成功實踐所取得的舉世矚目的偉大成就的道路自信、理論自信和制度自信，極大地豐富了中國特色社會主義理論體系。對於我們在黨校從事經濟學理論教學工作的教師來講，就有了更加自信、更加名正言順地用「中國特色社會主義政治經濟學」的基本原理、基本方法、重大原則來解讀中國實踐、中國道路、中國形象的底氣，將改變一段時期以來黨校政治經濟學理論教學被邊緣化的尷尬現象。

二、一系列新思想、新論斷，創新並豐富了中國特色社會主義政治經濟學理論

黨的十八大以來，以習近平為總書記的黨中央把馬克思主義政治經濟學的基本原理同中國特色社會主義的實踐相結合，針對中國經濟社會發展的新情況、新問題，提出了

一系列新思想、新論斷，創新並豐富了中國特色社會主義政治經濟學理論。

一是關於中國經濟新常態的理論。經過 30 多年的高速發展，中國已成為世界第二大經濟體，人均收入已從低收入國家進入中高收入國家行列，但同時中國經濟社會所面臨的各種深層次矛盾和問題亦不斷累積交錯。因此，科學認識中國經濟發展新階段、新特徵是科學規劃和推動中國經濟在更高水平上科學發展、可持續發展、和諧發展的前提。習近平總書記先後在不同的場合多次對中國經濟發展新常態做了深刻論述。習近平總書記明確闡述了新常態的三個特徵：一是從高速增長轉為中高速增長；二是經濟結構不斷優化升級，第三產業消費需求逐步成為新的經濟需求；三是從要素驅動、投資驅動轉向創新驅動。2014 年中央經濟工作會議從消費需求、投資需求、出口和國際收支、生產能力和產業組織方式、生產要素相對優勢、市場競爭特點、資源環境約束、經濟風險累積和化解、資源配置模式和宏觀調控方式共九個方面概括了中國經濟新常態的趨勢性特點。中國經濟趨勢變化說明，中國經濟正在向形態更高級、分工更複雜、結構更合理的階段演化，正從高速增長轉向中高速增長，經濟發展方式正從規模速度型粗放增長轉向質量效率型集約增長，經濟結構正從增量擴能為主向調整存量、做優增量並存的深度調整，經濟發展動力正從傳統增長點轉向新的增長點。2015 年中央經濟工作會議認為，認識新常態、適應新常態、引領新常態，是當前和今後一個時期中國經濟發展的大邏輯，這是中央綜合分析世界經濟長週期和中國發展階段性特徵及其相互作用做出的重大判斷。

中國經濟發展新常態理論，是立足時代的一項最重大的理論創新，是中國特色社會主義政治經濟學理論的新突破，帶有戰略性和全局性的歷史意義，是對中國經濟發展階段的科學定位，是謀劃中國經濟未來發展的邏輯起點。

二是關於發展理念的新論斷。黨的十八屆五中全會提出的創新、協調、綠色、開放、共享五大發展新理念，是以習近平同志為總書記的黨中央在總結中國 30 多年改革發展經驗、科學分析國內國外經濟社會發展規律基礎上提出的面向未來的發展理念，是對中國及世界發展規律的新認識。「十三五」規劃建議指出：「實現『十三五』時期發展目標，破解發展難題，厚植發展優勢，必須牢固樹立創新、協調、綠色、開放、共享的發展理念。」創新發展是引領發展的第一動力，協調發展是持續健康發展的內在要求，綠色發展是永續發展的必要條件和人民對美好生活追求的重要體現，開放發展是國家繁榮發展的必由之路，共享發展是中國特色社會主義的本質要求。這些新認識、新理念大大豐富了中國特色社會主義政治經濟學關於發展問題的新內涵。

三是關於市場與政府這「兩隻手」關係的新論斷。完善與發展中國特色社會主義市場經濟是對馬克思主義政治經濟學的重大理論和實踐創新。把社會主義基本經濟制度與市場經濟有機結合被公認為是世界性的難題，中國的成功實踐說明中國已找到了正確的答案。一是認識到市場經濟（體制）問題實質是資源配置方式問題；二是現代市場經濟是資源配置最有效的方式，已經為世界各國廣泛接受，但是都必須建立一套科學完善的體制機制來精準調控，要正確處理好市場與政府這「兩隻手」關係的問題。《中共中央關於全面深化改革若幹重大問題的決定》指出：「緊緊圍繞使市場在資源配置中起

決定性作用,深化經濟體制改革,堅持和完善基本經濟制度,加快完善現代市場體系、宏觀調控體系、開放型經濟體系,……推動經濟更有效、更加公平、更可持續發展。」《決定》還指出:「經濟體制改革……,核心問題是處理好政府和市場的關係,使市場在資源配置中起決定性作用和更好發揮政府作用。」習近平總書記指出:「在市場作用和政府作用的問題上,要講辯證法、兩點論……使市場在資源配置中起決定性作用和更好發揮政府作用,二者是有機統一的,不是相互否定的,不能把二者割裂開來、對立起來,既不能用市場在資源配置中的決定性作用取代甚至否定政府作用,也不能用更好發揮政府作用取代甚至否定市場在資源配置中起決定性作用。」正確認識市場和政府在資源配置中的不同作用,將市場決定性作用和更好發揮政府作用看作一個有機的整體,用市場調節的最有效功能抑制「政府調節失靈」,用政府調節的最有效功能糾正「市場調節失靈」,加強事先、事中和事後的全過程監管。關於政府與市場「兩只手」功能作用的辯證關係的新認識、新論斷,是對現代市場經濟規律的透澈認識和科學把握,必將科學指導中國深化經濟體制改革,進一步完善現代市場經濟體制。

當然,除上述新認識、新論斷外,還有關於基本經濟制度的新論斷、關於供給側結構性改革的新思路、關於開放發展的新論斷、關於共同富裕的新論斷、關於生態文明建設的新論斷等,都進一步豐富了中國特色社會主義政治經濟學理論。

三、中國特色社會主義政治經濟學的重大原則大大增強中國特色社會主義政治經濟學的實踐性

2015年中央經濟工作會議強調,要堅持中國特色社會主義政治經濟學的重大原則。這是在中央會議層面首次強調要堅持中國特色社會主義政治經濟學的重大原則。中國特色社會主義政治經濟學的重大原則主要有:以人民為中心原則、解放和發展社會生產力原則、共同富裕原則、發展社會主義市場經濟原則、公有制為主體多種所有制經濟共同發展原則、獨立自主同擴大開放積極參與經濟全球化相結合原則、改革發展穩定三統一原則、充分調動各方面積極性原則等。這些原則是馬克思主義基本原理與中國革命、建設和中國特色社會主義具體實踐相結合的產物,也是對中國革命、建設和改革開放實踐經驗的總結,既是經濟學原則,也是政治原則和社會原則,是我們推動新時期各項工作應堅持的基本遵循,堅持中國特色社會主義政治經濟學的重大原則就是堅持馬克思主義科學的方法論。這些原則大大增強了中國特色社會主義政治經濟學的實踐性、現實性和可操作性,同時也必然大大提升中國特色社會主義政治經濟學的科學性。

總之,創新是馬克思主義理論的鮮明品質,理論創新是實踐創新的先導,實踐創新是理論創新的基礎和源泉。中國特色社會主義政治經濟學必將隨著中國特色社會主義偉大實踐的創新發展而日臻完善,為馬克思主義政治經濟學創新發展貢獻中國智慧。

參考文獻：

[1] 恩格斯. 反杜林論 [M]. 北京：人民出版社，1963.

[2] 新華社. 中共中央關於全面深化改革若干重大問題的決定 [R/OL]. [2013-11-15]. http://www.gov.cn/jrzg/2013-11/15/content_2528179.html.

[3] 新華社. 中共中央關於制定國民經濟和社會發展第十三個五年規劃的建議 [R/OL]. [2015-11-03]. http://news.sinhuanet.com/fortune/2015-11/03/c_1117027676.htm.

[4] 新華社. 中華人民共和國國民經濟和社會發展第十三個五年規劃綱要 [R/OL]. [2016-03-18]. http://www.sh.xinhuanet.com/2016-03/18/c_135200400.htm.

[5] 習近平. 習近平總書記系列重要講話讀本 [M]. 北京：人民出版社，2014.

從私有財產到異化勞動的路徑探究

——《1844年經濟學哲學手稿》札記

中共廣安市委黨校 袁 琳

一、人類社會的進步是不斷地發現自然、改造自然

　　回望人類數千年的發展歷史，自然界同人類的關係經歷了早期人類的自然崇拜、初步覺醒后的人類與自然萬物的鬥爭、工業文明時代的人類試圖徵服自然，以及當代社會共同倡導的人與自然和諧共處的思想歷程。無論人類同自然的相處是在怎樣的一種關係模式，人類最終只有一個目的，那就是生存繁衍。作為大自然的一員，人類逐漸成了歷史舞臺的主角，自然對於人類的意義，也隨著人類自身地位的改變而變化：在自然崇拜階段，自然是人類生存的依賴，是人們生產生活資料的直接來源和人們精神追求的寄托；發展到后來的工業文明時代，自然界對人類社會的發展具有了更加豐富的意義。正如馬克思所說，「自然界一方面在這樣的意義上給勞動提供生活資料，即沒有勞動加工的對象，勞動就不能存在，另一方面，自然界也在更狹隘的意義上提供生活資料，即提供工人本身的肉體生存所需的資料。」

二、異化的逐步形成

（一）勞動的外化

　　人類能動地改變自然的活動就表現為生產活動，即勞動。馬克思通過對國民經濟學理論中一些概念如「勞動-工資、資本-利潤、土地-地租」的分析研究，得出了這麼一個結論：「勞動者降低為商品，而且是最無足輕重的商品；勞動者的貧困同他的生產的能力和規模成正比；資本累積於少數人手中，即壟斷的更可怕的恢復，是競爭的必然結果；最后，資本家和地租生活者之間、農民和工業勞動者之間的區別消失了，而整個社會必然的分化為兩個階級，即有產者和無產勞動者階級。」勞動作為人的一種活動，表

現為對對象的佔有，是人將其自身的意志和力量客觀化於對象中，是一種自我創造、自我實施的過程。但活動一旦結束，客觀化完成，勞動產品卻表現出了外在的性質，它脫離了勞動者本人的控制，完全成了一種不依賴於勞動者的獨立的存在，並且和勞動者相對立。用馬克思的話來說，這就是勞動者用自己的生命創造了「作為敵對的和異己的力量同他對抗」。勞動由此脫離了勞動者的勞動本源而成了外化的活動。

（二）勞動產品的異化

馬克思進一步指出：「工人生產的財富越多，他的產品的數量越大，他就越貧窮，他就越成為廉價的商品。」勞動生產出的不僅是商品，它還生產作為商品的勞動自身和工人，資本主義生產下的勞動使得勞動者同自己的產品相分離。勞動生產出了財富，可是那些財富卻不屬於辛勤的勞動工人，勞動使勞動者日益貧窮，作為工人生產產品的財富與財富生產者的工人是相對立的。如果勞動產品不屬於工人並作為一種異己的力量同個人相對立，那麼這只能是由於產品屬於工人之外的他人。也就是說，個人的勞動是替他人服務的、是受他人支配並處於他人的強迫和壓制之下的，勞動者喪失了自己的活動。勞動者同產品的異化就表現在勞動者的生產行為即勞動過程中。

（三）勞動者自身的異化

勞動者同自身活動的異化，表現為他在資本主義的生產勞動過程中所遭受的非人的折磨：「勞動對工人來說是外在的東西，也就是說，不屬於他的本質；因此，他在自己的勞動中不是肯定自己，而是否定自己，不是感到幸福，而是感到不幸，不是自由地發揮自己的體力和智力，而是使自己的肉體受折磨、精神遭摧殘……」因為勞動不是自願的，而是強制的。「只要對勞動的肉體的強制或其他強制一消失，人們就會像逃避鼠疫一樣地逃避勞動。」因此勞動者的勞動不是表現為他自己的勞動，而是表現為他人的勞動，這就把人降低為動物，只有在滿足最低等的動物性的需要時，人才會覺得自己是在進行自由的活動，覺得自己是人；而在體現人的能動性，即有意識的活動時，卻覺得自己成了動物。並且正因為人有自我意識，他才能體會到動物所不能體會的痛苦，動物的變成了人的，人的卻變成了動物的，不能不說，這是一種極其不正常的轉換。

三、私有制度的產生

人是社會中的人，無一例外會與其他的人產生這樣或者那樣的關係，在任何情況下都是如此。然而，在外化的勞動狀態下，人同他人的關係不再成為自身本質的一種肯定，而成了一種強制性的關係，只有通過這種關係，人的活動本質才能得以體現。於是，個人的異化就表現為了整個群體的異化。這個群體的異化事實上就表現為勞動者和非勞動者的分離。勞動者的勞動不是屬於他而是屬於另一個存在物。這個存在物不是宗教裡的神靈，而是現實中的人，是那些不同於自身、不依賴於自身卻又支配自身的人。這類人佔有了勞動者的勞動產品，同時還佔有了他的勞動本質。這是一種權力，資本控

制的權力,也是一種政治,擁有私有財產的政治。由此馬克思得出了一個結論:「私有制是外化的勞動即工人對自然界和自身的外在關係的產物、結果和必然后果。」

四、從政治到經濟的異化——產生了異化勞動

勞動者同自己的產品相分離后,產生了私有制,私有財產的私人佔有隨著生產力的發展和勞動範圍的不斷擴大,逐漸得到了廣泛的累積,必然會產生兩極分化。對於這一切,赤貧的勞動者顯然是無能為力的。而隨著這種社會貧富差距的逐漸拉大,工廠企業之間的兼併和強強聯合,使得財富被越來越少的人所占據,大部分的人成了雇傭勞動者,隨之而來的就是馬克思所說的「資本、地租和勞動的互相分離」。此時的勞動者一無所有,即使付出了辛勤的勞動也只能維持最低的生存,不得不把大部分的勞動產品出賣給資本家,而資本家無須付出任何勞動,單憑擁有勞動對象就可以合法地佔有大部分的勞動產品,這就產生了異化勞動。

因此,異化勞動的產生是有一定的歷史前提的,是特定歷史條件下的產物。當勞動主體和勞動對象具有普遍的直接聯繫時,異化現象不可能產生。隨著生產力的發展,富有的私有財產所有者由於不斷地累積財富變得越來越富有,他憑藉對生產資料即勞動對象和勞動手段的完全佔有,使得那些貧苦的工人除了出賣勞動力以外一無所有,所以他們不得不受雇於他人出賣自己的勞動力,目的卻只是為了不至於餓死。

誠然,在勞動主體和勞動對象的關係確定之後,意味著私有制的產生,但這並不能構成佔有他人勞動的基礎,只有對勞動對象的私人佔有才能合法地佔有他人的勞動及勞動產品。而對勞動對象的私人佔有是由私有財產佔有權的分化帶來的勞動與資本的分離所造成的。因此可以說,私有財產佔有權的分化帶來的資本與勞動的分離是使異化勞動由可能轉化為現實的必要前提。

總結

通過本文的淺顯分析,我們可以將異化勞動同私有財產的關係進行如下總結:私有財產的存在是異化勞動發生的物質基礎和理論前提,私有財產是異化勞動形成的根源所在,異化勞動的出現也在一定程度上加劇了私有財產的進一步累積和鞏固。

參考文獻:

[1] 馬克思,劉炳坤.1844年經濟學哲學手稿 [M].北京:人民出版社,1976.

[2] 李鵬程.馬克思早期思想探源 [M].北京:人民出版社,2008.

[3] 馮婉玲.論馬克思《1844年經濟學哲學手稿》中「人-自然-社會」的統一 [J].經濟研究,2009:139-140.

踐行五大理念　打贏扶貧攻堅世紀戰

甘孜州委黨校　湯紅蒂

近 30 多年來，中國共減少了 6.6 億貧困人口，成為全球首個實現聯合國千年發展目標貧困人口減半的國家，全球貧困人口數量減少的成就 93.3% 來自中國，被世界銀行稱之為「迄今人類歷史上最快速度的大規模減貧」。中國所取得的扶貧成績，既得益於專門設計的各項扶貧政策和項目，得益於全社會的廣泛參與和支持，也得益於長期的、廣泛的、全面的宏觀經濟增長。在農村自然資源稟賦條件不利的情況下，宏觀經濟增長為貧困地區勞動力帶來了非農就業的機會。通過採取專項扶貧、行業扶貧、社會扶貧等多種形式，實施了產業支持、貧困勞動力轉移與培訓、以工代賑、扶貧貼息貸款和扶貧小額貸款、貧困地區基礎設施改造和綜合開發等具體扶貧措施，經過大規模貧困區域開發、整村推進和到戶扶貧等幾個歷史階段，在扶貧開發方面累積了豐富經驗。今天，時代要求我們在總結以往經驗的基礎上，還要根據新形勢新要求，以「五大發展理念」為帶領，推動各項事業發展，打贏扶貧攻堅世紀戰。

一、扶貧攻堅是全面實現小康的重要任務

從 1986 年年人均收入 206 元，提高到 2008 年底的 1,196 元，再到 2011 年底的 2,300 元，國家扶貧標準實現十幾倍增長，更多的貧困群眾得到扶持；從解決溫飽為主要任務，轉入鞏固溫飽成果、提高發展能力、加快脫貧致富、保護生態環境、縮小發展差距，中國扶貧開發進入新階段；從「輸血式」的生活救濟型扶貧向提升貧困地區內生動力的「造血式」開發型扶貧，從「大水漫灌式」的全面扶貧到「滴灌式」的精準扶貧，中國扶貧開發方式日漸科學精準；從國家扶貧開發工作重點縣，到向集中連片特殊困難地區轉變，中國扶貧攻堅主戰場進一步向關鍵區域轉移。目前中國扶貧開發已進入啃硬骨頭、攻堅拔寨的衝刺期，已經從解決溫飽為主要任務的階段轉入鞏固溫飽成果、加快脫貧致富、改善生態環境、提高發展能力、縮小發展差距的新階段。

我們面臨的發展階段決定了必須高度重視扶貧開發工作，這是實現共同富裕這一目標的必經之路，確保同步全面建成小康社會。實現全面小康的重點在農村，難點在貧困地區和貧困人口。中國現存的 7,000 萬貧困人口必須全部脫貧。實施扶貧攻堅戰略就是

圍繞全面小康這一目標，集中力量攻克貧困地區和貧困人口脫貧這一「難題」，消除絕對貧困，真正實現全域小康、全面覆蓋、全民共享。

二、扶貧開發呈現的新特點

　　習近平同志指明：「貧窮不是社會主義。如果貧困地區長期貧困，面貌長期得不到改變，群眾生活長期得不到明顯提高，那就沒有體現中國社會主義制度的優越性，那也不是社會主義。」中國是社會主義國家，消除貧困、改善民生、實現共同富裕，是黨和政府的重要使命。要打贏這場扶貧攻堅戰，關鍵在於針對扶貧呈現出的新特點，把準脈、看準病、開對方、創新扶貧開發方式，把扶貧開發工作抓緊做實，真扶貧、扶真貧、不斷開創扶貧開發工作新局面。

(一) 扶貧攻堅任務艱鉅

　　按照中國現行脫貧標準，截至 2014 年末，全國還有 7,017 萬農村貧困人口，據推算，「十三五」仍需脫貧 6,000 萬人左右。扶貧工作進入攻堅階段，剩下的都是難啃的「硬骨頭」，貧困人口多數生活在條件較差的傳統農業地區或偏遠山區，加上因病致貧以及喪失勞動力等因素，導致貧困程度深、脫貧難度大，攻堅任務相當艱鉅，實現「十三五」脫貧目標，注定是場艱鉅而又緊迫的攻堅戰。另外隨著經濟的不斷增長，絕對貧困數量在絕對減少，而相對貧困數量在相對上升，貧困人口總量仍然規模龐大。因此，新時期的反貧困任務依然十分艱鉅。

(二) 脫貧邊際難度遞增

　　集中連片貧困地區大多位置偏、條件差、脫貧難度很大，許多地方的共同特點是地理位置差、距離經濟發達地區遠，並且經濟基礎薄弱、產業支撐乏力、基礎設施落后、公共服務水平偏低。這樣的先天不足使得它們成為扶貧路上難啃的「硬骨頭」，脫貧攻堅成本高、難度大。即使是最低生活保障制度，也因為當地財政困難，其受助人口的貧困深刻程度雖然明顯高於其他一般貧困地區，但獲得的低保援助非常有限。因此，這樣的地方要完全依靠自己，形成持續健康「造血」能力並非易事。

(三) 城鄉差距仍然存在

　　由於城鄉之間、區域之間發展失衡的格局並未從根本上得到扭轉，收入分配領域與一些制度安排存在著權益不公與失範，當今社會亦在一定程度上呈現出一種強者愈強、弱者恒弱的現象。城鄉差距仍然偏大，一些低收入家庭在教育、就業、收入、發展機會等方面處於越來越不利的地位，貧困代際傳遞現象已經出現，這是一種值得高度重視的貧困現象，也是急切需要採取有效行動來加以解決的問題。否則，整個社會就會走向兩極分化，這不僅將撕裂不同社會階層的關係，而且將難以避免地導致貧富之間的尖銳對抗。

(四) 返貧現象時有發生

近年來，在國家扶貧政策的幫助下，貧困地區群眾生產生活條件有了很大改善，但剛脫貧又返貧的現象並不鮮見，追根溯源是因為貧困地區受地理環境限制，生態環境比較脆弱，自然災害頻發，經濟基礎差，人口綜合素質較低、增收技能不強，自我發展能力不足，導致貧困地區群眾抵禦風險能力偏低，一遇到大的疾病或者大的自然災害，就容易產生返貧問題。加之經濟下行壓力較大，貧困人口就業和增收難度增大，一些農民因喪失工作重新陷入貧困。

(五) 精神脫貧還需同步

物質貧困的化解並不意味著精神貧困問題在同步緩和。在市場經濟發展的過程中，不可避免地帶來了社會價值多元化，以及以利益為追求目標的功利主義影響，何況貧困地區由於底子薄，自然資源缺乏，經濟發展不平衡，商品經濟水平低，整體人口素質偏低，不少地方還受到宗教信仰及迷信思想的影響，導致思想政治工作難度增大。因此，國家的反貧困戰略不僅要繼續向物質貧困宣戰，同時還要向精神貧困宣戰。

三、以五大理念指引精準扶貧工作

十八屆五中全會明確指出，到2020年，中國現行標準下農村貧困人口實現脫貧，貧困縣全部摘帽，解決區域性整體貧困，這是落實共享發展理念，補齊全面建成小康社會短板的需要，更是社會主義本質要求的體現。在扶貧攻堅過程中，必須把精準扶貧與五大發展理念相結合，解決貧困地區共性的難題。

黨的十八屆五中全會提出的「創新、協調、綠色、開放、共享」五大發展理念，是以習近平同志為總書記的黨中央治國理政新思想在發展理念上的高度概括，是對中國特色社會主義建設實踐的深刻總結，是馬克思主義發展觀的重大創新。它科學地回答了新形勢下需要什麼樣的發展、走什麼樣的發展道路的重大問題，為我們推動「十三五」發展、決勝同步全面小康提供了方向指引和重要遵循。創新是引領發展的第一動力，協調是持續健康發展的內在要求，綠色是永續發展的必要條件，開放是國家繁榮發展的必由之路，共享是中國特色社會主義的本質要求，「五大發展理念」互相依託、互相支持、環環相扣。同時，「五大發展理念」概括凝煉、精準、鮮明，是我黨在發展理念上的創新創造和最新概括，體現出我黨在發展理論上的成熟，也是對馬克思主義關於發展理論的新發展。

創新理念作為五大發展理念的核心，能夠為精準扶貧工作的不斷推進提供動力。要有激發扶貧對象自主脫貧的政策舉措，推動大眾創業、萬眾創新，形成以創新為重要動力的扶貧模式；樹立協調理念，解決好發展不平衡問題，補齊短板，增強扶貧工作發展整體性和協調性，將協調作為精準扶貧持續健康發展的內在要求；牢記綠色觀念，正確處理好扶貧工作中發展經濟同保護生態環境的關係，堅持節約資源和保護環境的基本國

策，將扶貧工作建立在節約資源與環境保護的基礎之上，而不是以犧牲未來發展潛力為代價，推動建立綠色、低碳、循環發展的扶貧產業體系；堅持開放發展，促進貧困地區與其他地區的交流與合作，吸取和借鑑全國各地乃至國外的成功經驗，積極引進和充分利用各方技術、資金，為貧困地區脫貧爭取更多的發展資源，贏得經濟發展的主動權，促進經濟繁榮發展；堅持共享發展，必須堅持發展為了人民、發展依靠人民、發展成果由人民共享，做出更有效的制度安排，將扶貧開發資源與貧困人口實現無縫對接，使貧困地區人民在共建共享發展中有更多獲得感，扶貧成效會更為顯著。

四、扶貧開發新舉措

（一）統一認識，發揮幹部積極性

堅持不懈地抓好扶貧開發工作，讓貧困地區群眾與全國人民同步進入全面小康社會，既是各級黨委政府義不容辭的歷史使命和政治責任，也是對我們幹部宗旨意識和能力作風的最好檢驗。必須要統一認識，改革創新扶貧考核機制，充分發揮基層幹部積極性，去除怠懶思想，把穩定解決扶貧對象溫飽、盡快實現脫貧致富作為重大任務，加大宣傳力度，促進群眾轉變脫貧觀念，變「要我脫貧」為「我要脫貧」，借政策的東風，激發廣大群眾內在動力，為全面推進精準扶貧奠定基礎，努力推動貧困地區經濟社會更好更快發展。

（二）加大國家扶持力度

在 2020 年前貧困戶要脫貧致富，還是少不了政府的大力扶持和幫助，需投入大量人力、物力和財力幫扶貧困地區，促其造血功能增強，才能徹底擺脫貧困。今後仍需要上級有關部門加大對重點貧困地區的扶持力度，給予政策、資金傾斜。在項目資金安排和承接產業轉移方面給予更多扶持，適當降低重點扶貧項目申報門檻。對於生態環境脆弱、自然條件惡劣的部分地區，在移民搬遷等項目上給予更多支持和專項扶持補助。穩步推進生態移民扶貧，促進人口向生產生活條件較好的中心城鎮集中，從而實現整體上的「內聚外遷」。

（三）加快基礎設施建設

建設完善以水、電、路、網為主的基礎設施，是促進貧困地區產業發展、實現脫貧的基礎。除了積極爭取上級部門支持外，貧困地區要主動融入「一帶一路」和長江經濟帶等國家戰略，為貧困地區集聚發展要素，增強貧困地區自我發展的內生動力。強化招商引資，狠抓基礎設施和產業平臺建設，全力謀劃和實施一批重大項目和民生工程。加快「走出去」「請進來」步伐，一方面加大政府投資力度，另一方面吸引民間投資，「政府唱主角，社會大合唱」，充分發揮項目投資對經濟增長的引領和支撐作用。

（四）增強自身造血能力

習近平同志在中央扶貧開發工作會議指出：脫貧致富終究要靠貧困群眾用自己的辛勤勞動來實現。因此，在脫貧攻堅的衝刺階段，我們要有新思路，選準項目，將傳統扶貧從單純輸血轉為培植造血，充分激發貧困地區脫貧的內生動力，必須要在保護生態環境的基礎上，把「生態保護+產業發展」作為扶貧的新模式和新方向，因地制宜，因勢利導，發揮貧困地區的資源優勢，大力培植特色農業，推進產業化經營，大力發展鄉村旅遊，積極培育現代農業生產經營主體，扶持和培育一批農業龍頭企業和農民專業合作社，增強輻射帶動能力，促進農民增收致富；加強農民素質培訓，狠抓農業實用技術培訓、創業培訓，著力提高農民的綜合素質和增收技能，實現農民增收。

（五）營造社會扶貧氛圍

扶貧是黨委政府的應盡之責，也是全社會的共同責任。貧困是由多種原因造成的，應該有更多的社會力量參與貧困地區的開發建設。黨委政府單打獨鬥不行，各行各業各自為戰也不行，必須要加強統籌、轉變思路、形成合力。今后還要加大宣傳力度，制訂優惠政策，加強東西部合作，吸引越來越多的民營企業、社會組織、個人積極參與扶貧開發，為扶貧濟困事業添磚加瓦，以凝聚社會力量參與扶貧的方式，營造全社會參與扶貧濟困的良好氛圍。

（六）加大精神文明建設力度

物質文明飛速發展，精神文明建設也不能缺位，物質文明和精神文明需要協調發展。今后還要進一步加大宣傳力度，以社會主義核心價值觀為引領，加強思想道德建設，尤其要抓好青少年和大學生的學習教育，推動核心價值體系進教材、進課堂、進學生頭腦，培養中國特色社會主義合格建設者和接班人。大力發展義務教育、遠程教育，加強重點就業人群的職業技能培訓，從多方面提高貧困地區各類人群的受教育水平，全面提高國民素質和社會文明程度，為全面建成小康社會提供有力的思想保證和群眾基礎。

新時期加強農村廉政文化建設的實踐探討

中共攀枝花市委黨校　陳宇波　李國慶

摘　要：農村廉政文化建設是一項複雜的系統工程，需要黨員幹部和人民群眾的積極參與。充分認識加強農村廉政文化建設的現實意義，有利於我們提高認識，更新觀念，通過豐富活動內容，創新形式載體，建立長效機制等形式，做好農村廉政文化建設各項工作。

關鍵詞：反腐倡廉；廉政文化；農村廉政文化建設

黨的十七屆四中全會明確指出：堅決反對腐敗，是黨必須始終抓好的重大政治任務。在堅決懲治腐敗的同時加大教育、監督、改革、創新力度，更有效地預防腐敗。加強教育是反腐倡廉的基礎性工作，廉政文化進機關、學校、社區、農村、企業、家庭無疑是其中的重要內容。加強農村廉政文化建設則是廉政文化進農村的題中應有之義。

一、加強農村廉政文化建設的現實意義

（一）加強農村廉政文化建設有助於紮實推進農村基層黨風廉政建設工作

農村基層黨風廉政建設是農村基層黨建工作的重要組成部分，對於保障農村基層黨建工作健康有序開展，促進農村經濟發展和社會穩定，推動社會主義新農村建設具有重要作用。近年來，我們不斷加大農村基層黨風廉政建設工作力度，取得了明顯成效。但是，我們也應清醒地看到，在廣大農村，腐敗現象依然存在，腐朽思想仍有市場。要想使腐敗現象無處藏身，腐朽思想遁於無形，絕非少數人一朝一夕可以改變的，而更多需要的是文化的力量。這是因為，在現實生活中真正能夠塑造和改變人的，歸根究柢仍是文化。由此可見，我們有必要把廉政文化建設作為一種教育手段，按照文化自身發展的規律，通過獨特有效的方式，將廉政的內涵和要求滲透到社會生活的方方面面，使人們在濃厚的廉政文化氛圍中，通過潛移默化的影響，達到潤物細無聲的效果，從而不斷提升人們的精神境界，助推農村基層黨風廉政建設。

（二）加強農村廉政文化建設有助於營造農村反腐倡廉工作良好社會環境

農村反腐倡廉工作是一項複雜的系統工程，離不開良好的社會環境。實踐表明，良

好的社會環境是開展農村反腐倡廉工作的「潤滑劑」，有之則遊刃有餘，反之，則舉步維艱。特別是在同腐敗現象作長期鬥爭的過程中體現得尤為明顯。事實上，作為不斷侵蝕農村社會肌體的腐敗現象，不是一種孤立的社會現象。它在破壞現實社會倫理和秩序的同時，也在以不同的方式影響著人們的思想和行為。它不僅有著一定的文化背景，而且同社會環境密切相關。所以，從一定意義上講，要改變這種現狀，就需要充分發揮廉政文化在滋潤人的心靈、蕩滌人的靈魂、重塑社會倫理等方面的重要作用，通過加強廉政文化建設，不斷營造良好的社會環境。

(三) 加強農村廉政文化建設有助於築牢農村黨員幹部廉潔自律思想基礎

在推進社會主義新農村建設的進程中，農村黨員幹部無論是在推動科學發展，還是在服務人民群眾方面都實實在在地起到了先鋒模範帶頭作用，成了黨在農村聯繫人民群眾的重要橋樑和紐帶。然而，我們依然發現，當前少數農村黨員幹部身上存在的作風漂浮、奢侈浪費等現象在一定程度上影響著黨的形象。這種現象的產生表明在這些黨員幹部身上，還沒有真正形成廉潔自律的思想基礎。為此，我們有必要對農村黨員幹部深入開展反腐倡廉教育。而廉政文化建設作為反腐倡廉教育的一項基礎性工作則將發揮越來越重要的作用。它能使廉政行為文化理念在黨員幹部內心深處生根發芽，將廉潔從政行為準則內化為自覺行動，使黨員幹部真正做到「任憑風吹浪打，我自巋然不動」，形成並築牢廉潔自律的思想基礎。

二、當前農村廉政文化建設存在的主要問題

(一) 思想觀念較為滯后

思想是行動的先導。加強農村廉政文化建設首先要從思想上加以重視，正確認識廉政文化的內涵和廉政文化建設的意義。這是做好農村廉政文化建設工作的前提。然而，在問及「你是否瞭解廉政文化和廉政文化建設」時，有多達 72.8% 的人表示「不瞭解」和「不太瞭解」。回答「非常瞭解」和「瞭解」的僅有 27.2%。對於「你是如何看待廉政文化進農村以及是否有必要」這個問題時，只有 51.7% 的人認為「很有必要」和「有必要」。而認為「無所謂」和「沒必要」的占 48.3%。在問到「你是否瞭解『廉政文化進農村』的相關活動」時，回答「非常瞭解」和「瞭解」的人僅有 32.8%。多達 67.2% 的人則選擇了「不瞭解」和「不太瞭解」。

通過調研，我們發現，人們的思想觀念還較為滯后，還不能夠完全適應農村廉政文化建設的需要。不少村民對廉政文化進農村的意義和重要性缺乏足夠的認識，認為廉政文化建設是領導幹部和各級機關的事，與自身的關係不大。一些鄉鎮和村社幹部認為廉政文化建設沒有硬指標，是軟任務，與當前的主要任務——抓經濟、抓發展、保穩定不合拍。因此，他們往往認為，只要地方的經濟增長了就算完成任務，實在不需要花錢費力去搞「務虛不務實」的廉政文化建設。還有少數幹部甚至連廉政文化建設抓什麼、怎麼抓都不太清楚。

（二）內容不夠豐富，形式和載體相對單一

農村廉政文化建設需要豐富的內容和多樣的形式與載體，這是做好農村廉政文化建設工作的基礎。在調研中，我們發現，認為當前農村廉政文化建設活動的內容豐富、形式與載體多樣、貼近實際的人僅有 35.6%，還有 64.4% 的人持相反的意見。在問及「你是否願意參加『廉政文化進農村』的相關活動」時，有 29.8% 的人表示「非常願意」和「願意」，而表示「不願意」和「不太願意」的人占到了 70.2%。

在這些人中間，我們通過座談瞭解到，他們不願意參加活動的原因，主要是認為現在的一些活動針對性還不夠強，內容比較抽象，不太具體，不容易理解，缺少說服力。形式與載體的靈活性還不夠，簡單呆板，套路陳舊，多是掛掛、刷刷、寫寫標語或者開大會、聽廣播等空洞的說教，嚴重脫離農村群眾生活實際，因此他們產生事不關己、高高掛起的心態，參與的積極性不夠高就在情理之中了。部分鄉鎮和村社幹部則認為這些活動是上級的事，上級怎樣安排，下級就怎樣做，至於對如何去豐富活動內容、創新活動形式與載體還思考得不太多，抱著多一事不如少一事的思想和交差應付的想法，主動求變的積極性還不夠高。

（三）活動陣地還需夯實

廉政文化作為一種觀念和理念，其傳播必須借助一定的陣地，加強陣地建設可以充分發揮農村廉政文化建設的輻射作用，這是做好農村廉政文化建設工作的關鍵。在調研過程中，我們瞭解到，儘管有不少鄉鎮設有廉政文化建設活動陣地，但是仍然面臨著不少的困難和矛盾。一方面，要發揮陣地的作用和維持陣地的運轉必須要有專業人員，由於經費的缺乏和現有人員組成現狀的限制，相關的專業人員非常少，特別是業務骨幹相當匱乏，而且還面臨著人員不斷流失的困擾。正是在這樣的情況下，一些陣地的作用無法充分發揮，形同虛設。另一方面，辦事缺錢依然是影響陣地建設的一個重要因素。當問到「你所在的鄉鎮是否重視廉政文化宣傳教育陣地建設的經費投入」時，只有 23.4% 的人認為「非常重視」和「重視」，有 76.6% 的人認為「不太重視」和「不重視」。在經濟不太發達和邊遠地區這種情況則更加突出。俗話講「巧婦難為無米之炊」，由於普遍缺乏必要的工作經費，這在一定程度上對農村廉政文化建設產生了一定的制約作用，影響了廉政文化宣傳教育工作在農村的開展。

（四）制度建設亟須加強

推進農村廉政文化建設需要有科學完善的制度，這是做好農村廉政文化建設工作的保障。制度建設包括了制度制定、制度執行、制度完善、制度反饋等幾個方面。作為制度制定而言，制度的制定不能脫離實際，應建立在大量調查研究的基礎上，這樣制定出來的制度才可能有旺盛的生命力。

在調研中，我們看到，現有的一些制度仍還存在與實際相脫離的情況。在制度執行方面，不在現有制度框架下執行制度的情況偶有發生。雖然只是個別現象。但是它卻產生了一定的負面影響。在問及「你認為目前有關農村廉政文化建設的制度是否健全，是

否需要進一步完善」時，有 61.3% 的人認為不太健全，還需要進一步完善。有 38.7% 的人認為不需要。事實上，還是有一些制度無論是在總體環節還是在細節方面都有不能夠完全滿足農村廉政文化建設需要的地方，仍有健全和完善的必要。比如，關於經費投入制度、激勵制度等。所謂制度反饋，是指在制度執行後，其結果通過一定的途徑傳遞給制定者、執行者，並為其瞭解和認知的過程。通過走訪和座談，我們發現，人們還不太重視制度反饋這個環節，對執行的結果多是無條件地服從，而沒有將其反饋的意願，久而久之，會使二者之間形成某種隔閡和障礙，使得二者之間的交流與互動很難形成，其所造成的影響最終也將會反應到制度的制定、執行和完善上來。

三、加強農村廉政文化建設的對策建議

（一）提高認識，更新觀念，正確處理好「三種關係」

一是正確處理好幹部示範與群眾參與的關係。農村廉政文化建設是加強黨的執政能力和提升基層政權服務能力的重要內容，是密切黨群、幹群關係的有效途徑，需要廣大農村黨員幹部、群眾的積極參與。俗話講：「村看村、戶看戶，黨員看支部，群眾看幹部。」如果農村廉政文化建設沒有黨員幹部的示範帶頭，就會失去引領和方向；而如果沒有群眾的積極參與，農村廉政文化建設只會是無源之水，無本之木，缺乏應有的生機與活力。因此，我們要以黨員幹部的示範帶頭行動激發群眾參與廉政文化活動的熱情，調動群眾的主動性、積極性和創造性。尤其是黨員幹部要先學一步，先行一步，弘揚和倡導自律、公正和廉潔的精神，使群眾通過耳濡目染樹立牢固的廉政文化理念，讓群眾看到我們黨反腐倡廉的信心和決心，主動參與到反腐倡廉的行動中去，不斷築牢農村廉政文化建設的群眾基礎。

二是正確處理好思想性與大眾性的關係。農村廉政文化建設既需要陽春白雪，也需要下里巴人。二者之間並不矛盾，而是相輔相成，缺一不可。思想性是一個嚴肅的話題，大眾性則是一個輕鬆的談資，對於農村廉政文化建設來講，如果缺少思想性，勢必會失去靈魂，迷失方向；而缺少大眾性，則會顯得空洞無物，枯燥乏味。如果具體到農村廉政文化建設的實際活動中，我們就應該既要注重活動的思想性，也要考慮活動的大眾性，寓教於理、寓教於文、寓教於樂，增強廉政文化的滲透力和吸引力，使活動更加貼近群眾、貼近實際、貼近生活，讓黨員幹部和群眾在廉政文化活動中接受廉政熏陶和教育，不斷提升自身思想境界，弘揚正氣新風。

三是正確處理好「虛」與「實」的關係。對於農村廉政文化建設的理解，不同的人有不同的看法。有的人認為虛，而有的人卻覺得實。如何把「虛」和「實」有機結合起來，是擺在我們面前必須認真思考的問題。在實際工作中，我們應堅持虛事實辦、虛功實做。從實際出發，既盡力而為，又量力而行。使制定的目標和措施，做得到、行得通、辦得實。與此同時，我們還應既努力抓好當前，更應著眼長遠，努力使農村廉政文化建設常態化、長效化。

(二) 不斷豐富活動內容，積極開展實踐活動

農村廉政文化建設的過程，一定意義上講是對農村黨員幹部和群眾進行廉政文化宣傳教育以及與農村廉政文化建設實踐相結合的過程。因此，積極開展農村廉政文化建設實踐活動不失為當下推進農村廉政文化建設工作的有效途徑。農村廉政文化建設實踐活動，應該是發端於基層，來源於群眾的。我們要在實踐活動中，及時瞭解人們的思想動態，弄清楚現階段影響農村廉政文化建設的主要因素，以便在活動過程中做到有的放矢、對症下藥。

一是要突出實踐活動的主題性。例如，目前在一些鄉鎮開展的如「清風正氣，和諧農村」等主題實踐活動，其實就是理論與實際相結合的很好形式。然而，在調查中，我們瞭解到，並不是所有的鄉鎮都開展過此類的主題實踐活動。究其原因，主要還是因為設計活動時，主題不夠鮮明，內容不夠豐富，使得活動的舉辦缺少必要的人力、物力和財力的支持。因此，要想使實踐活動能深入人心、得到廣泛開展，首要的還是要保證活動有鮮明的主題、豐富的內容。

二是要突出實踐活動的參與性。這就要求活動有豐富的內容，且突出農村特色，切合農村實際，貼近群眾生活。比如，有的鄉鎮依託本地的歷史文化資源，將群眾認可的歷史文化、民俗文化與廉政文化的內容相結合，通過實踐活動，不斷豐富農村廉政文化建設的內涵。從活動開展的情況看，這類活動非常受廣大黨員幹部和群眾的歡迎，大家普遍認為由於活動的內容不再是曲高和寡，故而更容易被大家所接受。

三是要突出實踐活動的創新性。創新使實踐活動更具生機與活力，使活動內容更加豐富多彩。在創新的過程中，我們不能為求新而不顧實際、瞎起哄、亂指揮，而要在全面瞭解實際情況的基礎上做到創中有新、新中有創。同時，還可以積極借鑑其他地方的先進做法，結合本地實際，大力推廣。

四是要突出實踐活動的可操作性。這就要求活動內容緊緊貼近群眾生產、生活細節和群眾最關心的事情，使實踐活動成為農村群眾廣泛參與的一種自覺行為，充分發揮實踐活動的引導功能、教育功能、規範功能，化解農村廉政文化建設過程中存在的問題，真正把活動落到實處，為農村經濟社會發展創造良好的環境。

(三) 加強陣地建設，創新形式載體，引導群眾廣泛參與

加強農村廉政文化建設，必須要有陣地和有效的形式與載體。在調查中，當問到「你認為當前農村廉政文化建設需要在哪些方面進一步加強」時，有 57.3% 的人認為應當加強陣地建設，創新活動形式和載體。針對一些鄉鎮活動陣地建設的現狀，我們認為在陣地建設上要做到無中生有、有中做優。所謂無中生有，就是對於目前還沒有活動陣地的鄉鎮，一定要從自身實際出發，加緊建設。比如，可以在村的黨員活動室設立「廉政課堂」，也可以利用電教室、農家書屋、文化大院等原有陣地，輔之以新的內容和形式，對黨員幹部和群眾進行反腐倡廉教育。所謂有中做優，就是對於現有的活動陣地，要在充分調查研究的基礎上，科學謀劃，統籌創新，做到人無我有，人有我優。要加大對陣地建設的經費投入力度，建立起暢通的籌資渠道，可以考慮採取向上爭取一

點、鄉鎮擠出一點、部門支持一點的做法來解決資金來源問題。要想留住和吸納優秀的人才，使之參與到農村廉政文化建設中來，一是要加大對現有人員的培養力度，使其具備良好的素質和能力。二是通過公開選拔、調入等方式積極引進立志於從事農村廉政文化建設的各類人才。三是打造有利於人才發揮才能的內外環境，為人才成長創造良好的發展空間。

在一些經濟實力比較強、人民群眾文化程度比較高的鄉鎮，我們可以嘗試建立農村廉政文化信息網路平臺。通過平臺，為大家解惑釋疑，引導黨員幹部和群眾學習和理解黨風廉政建設的有關內容，用黨的先進文化和優秀的傳統文化充實人們的思想，使人們樹立起正確的世界觀、人生觀和價值觀，不斷擴大農村廉政文化建設的覆蓋面。

此外，我們可以通過在鄉鎮修建廉政文化宣傳牆、廣告欄，組織幹部下基層講廉政黨課，組織群眾傳唱廉政歌曲，發放廉政文化宣傳教育書籍、光盤，成立「五老」農村廉政文化建設宣傳隊等形式，開展農村廉政文化建設活動，在黨員幹部和群眾中樹立起「以廉為榮，以貪為恥」的良好風尚。攀枝花是一個多民族的地方，我們可以針對農村群眾生活實際，利用民族歌舞的形式，將有關廉政文化建設的內容巧妙地融入其中，把大道理演活唱透，打造出具有地方特色的廉政文化品牌，吸引黨員幹部和群眾積極參與，進一步增強農村廉政文化建設的影響力。

(四) 加強制度建設，建立長效機制

鄧小平曾經說過，「制度好可以使壞人無法任意橫行，制度不好可以使好人無法充分做好事，甚至走向反面」「還是制度靠得住些」，制度帶有根本性、全局性、穩定性、長期性。加強農村廉政文化建設應重視制度建設。制度一旦形成，任何人都沒有超越其上的特權，都應該自覺遵守。制度往往帶有剛性，人們應在制度的影響下，使廉潔行為成為一種習慣，一種自覺的行為。

一是建立健全農村廉政文化建設組織機制。我們要從事關廉政文化建設全局的高度，充分認識農村廉政文化建設的重要地位，切實加強對農村廉政文化建設各項工作的領導。建立和完善黨委統一領導，部門齊抓共管，一級抓一級，層層抓落實的責任體系和工作機制，真正使農村廉政文化建設的「軟指標」變成「硬任務」。作為農村廉政文化建設的領導者，主要領導幹部不僅自身要做到廉潔自律，而且還應親自抓，重點抓，狠抓落實，抓出實效。紀檢部門要充分發揮牽頭抓總作用，在有關部門的協同配合下，認真制訂農村廉政文化建設實施計劃，確定工作目標，明晰工作思路，並與有關部門建立定期溝通機制，及時掌握工作進展情況，做好指導工作。

二是建立健全農村廉政文化建設投入整合機制。為了切實保證農村廉政文化建設各項工作落到實處，需要我們建立健全財政支持、自籌、社會各方捐助等多種形式的經費投入機制，在經費方面為農村廉政文化建設提供支持。同時註重發揮市場機制的作用，積極探索市場化運作的方法，豐富和完善農村廉政文化建設的運作途徑。加大鄉鎮和市縣資源整合的力度，通過送廉政戲下鄉、送廉政書刊下鄉、送廉政設施下鄉以及聯合開展廉政文化宣傳活動等方法，形成市、縣、鄉、村廉政文化建設的整體合力。

三是建立健全農村廉政文化建設考核激勵機制。建立農村廉政文化建設考核機制，

一方面可以反應各級黨組織和黨員幹部對農村廉政文化建設的重視程度，另一方面又可以反應群眾對農村廉政文化建設的滿意程度，真實反應農村廉政文化建設的成效。做好考核工作，應建立科學的考核指標體系，確立可操作、循序漸進、突出重點、綜合考評和群眾至上的原則，由紀檢部門會同相關機構進行聯合考核。建立農村廉政文化建設激勵機制。及時總結表彰農村廉政文化建設開展得好的典型，對做得較差的也要提出改進意見。要結合農村實際，開展農村廉政文化建設十佳標兵、十佳家庭、優秀廉政主題教育活動、優秀廉政文化建設活動基地、優秀廉政文化建設宣傳員等創評活動，調動群眾參與的積極性，為農村廉政文化建設增添內在動力。

關於資源型城市
推進供給側結構性改革的思考

中共攀枝花市委黨校　羅蓮　陳荻

　　摘　要：供給側結構性改革是中國「十三五」及中長期經濟結構優化升級、可持續發展的主攻方向，也是適應和引領中國經濟發展新常態和打造中國經濟升級版的必然要求和重大創新，更是資源型城市經濟轉型升級的突破口和著力點。在供給側結構性改革背景下，資源型城市面臨嚴峻挑戰，是供給側結構性改革的攻堅區，供給側結構性改革成效的好壞關係到資源型城市經濟轉型升級的成敗。通過供給側機構改革實現產業轉型升級是資源型城市的唯一選擇。

　　關鍵詞：資源型城市；供給側結構性改革；思考

　　2015年11月10日，習近平在中央財經領導小組第十一次會議上首次提出了「供給側結構性改革」，指出「在適度擴大需求的同時，著力加強供給側結構性改革，著力提高供給體系質量和效率，增強經濟持續增長動力」。11月17日，李克強在《「十三五」規劃綱要》編製工作會議上強調，在供給側和需求側兩端發力促進產業邁向中高端。2015年12月，中央經濟工作會議提出了推進供給側改革和推動經濟持續健康發展的新思路，並圍繞這一主題部署了一系列任務。供給側結構性改革是中國「十三五」及中長期經濟結構優化升級、可持續發展的主攻方向，是中國適應后國際金融危機時代國力競爭新形勢的主動選擇，也是適應和引領中國經濟發展新常態和打造中國經濟升級版的必然要求和重大創新，更是資源型城市經濟轉型升級的突破口和著力點。如何圍繞國家「供給側結構性改革」這個大局，推動資源型城市轉型發展，乘勢而上，是值得全國資源型城市思考的大問題。

一、供給側結構性改革出抬的背景與意義

　　1. 供給側結構性改革的內涵

　　自中央提出供給側結構性改革后，「供給側」已成為媒體和網路輿論中的熱詞和焦

點，引發政府、實業界、學界的密切關注。各方對供給側結構性改革的內涵、特徵、意義、路徑等進行了廣泛討論。2016年初，《人民日報》刊發多篇文章，按照「供給側+結構性+改革」的框架，形成了比較完整的供給側結構性改革理論思路，即：「從提高供給質量出發，用改革的辦法推進結構調整，矯正要素配置扭曲，擴大有效供給，提高供給結構對需求變化的適應性和靈活性，提高全要素生產率，更好滿足廣大人民群眾的需要，促進經濟社會持續健康發展。」

2. 供給側結構性改革提出的背景

在當下，供給跟不上需求正凸顯成為經濟增長的重要瓶頸。「供需不匹配」是困擾當前中國經濟發展的難題，嚴重的產能過剩與優質的有效供給短缺並存，成為當前和下一步經濟發展需要著力解決的問題，這也是中央提出供給側結構性改革的主要背景。提出「供給側改革」，主要強調通過提高社會供給效益來促進經濟增長，核心在於提高全要素生產率，短期看是為了應對當下經濟新常態出現的挑戰，從長期來看則是追求一個「供需相向匹配」的新型健康穩定的經濟結構。

3. 供給側結構性改革是尋求中國經濟增長新動力的新思路

供給與需求是經濟學的基本範疇。西方經濟學對供給管理與需求管理都有比較成熟的理論。但供給側結構性改革不同於西方供給經濟學派所提出的改革，也不同於結構主義經濟學思想所提出的改革，而是基於當今中國經濟發展階段對中國改革實踐的綜合性集成創新，是中國特色社會主義政治經濟學的新發展，也是中國經濟在新時期的一次探索性改革和思路調整，完全符合中國經濟的實際，抓住了制約中國經濟穩定和整體素質提升的關鍵。正如中央經濟工作會議強調，推進供給側結構性改革是適應國際金融危機發生后綜合國力競爭新形勢的主動選擇，是適應中國經濟發展新常態的必然要求，是正確認識經濟形勢后選擇的經濟治理藥方，也是問題倒逼的必經關口，是解決中長期經濟問題的根本之道。推進供給側結構性改革，明了中國當前改革發展的著力方向，可以預見，供給側結構性改革，將成為「十三五」時期中國經濟發展的主旋律和風向標以及2016年乃至整個「十三五」時期后續政策的重點。

二、資源型城市是供給側結構性改革的攻堅區

對於資源型城市，結構問題一直是一個突出而又緊迫的問題。在經濟新常態下，眾多資源型城市產業內向、結構單一等通病日益暴露，成為供給側結構性改革的攻堅區。通過供給側結構性改革實施「經濟轉型」已成為它們必須完成的「考題」。

1. 供給側結構性改革背景下資源型城市面臨嚴峻挑戰

中國經濟發展進入新常態，各個地區均面臨著速度變化、結構優化、動力轉換的重大挑戰。與全國經濟總體形勢相比，資源型城市既有經濟發展新常態下各地區面臨的共性原因，又有新形勢、新挑戰下資源型城市地區思想觀念、發展方式、經濟結構、體制機制相對滯后等個性原因，而兩者相互交織更加劇了問題的複雜性和嚴重性，也導致了問題解決的長期性、艱鉅性。在經濟發展進入新常態的背景下，資源型城市經濟增速下

降、工業品價格下降、實體企業盈利下降,有效投資增長不足的問題更加突出;傳統產品占大頭、「原」字號和「初」字號產品居多,工業下行壓力持續加大,部分行業和企業生產經營困難,新興產業尚未形成規模,服務業發展嚴重滯后;國有企業內生動力不足,民營經濟發展不夠充分,發展的軟環境建設存在明顯不足。同時,資源型城市科技成果轉化機制不靈活,在有效發揮政府職能作用、深化行政體制改革等方面,與市場配置資源的決定性作用和新常態的要求還有不相適應的地方。資源型城市存在的產業結構不優、創新動力不足、整體競爭力不強等突出問題,從表面上看是外部需求不足、投資拉動減弱所致,實質上則是長期存在、尚未根本解決的一些體制性、結構性矛盾的集中爆發。因此,資源型城市必將成為「供給側結構性改革」的攻堅區。

2. 供給側結構性改革成效關係資源型城市經濟轉型升級的成敗

資源型城市地區當前存在的矛盾和問題歸根究柢是產業結構、經濟結構、體制機制問題,解決這些問題歸根究柢還是要靠推進供給側結構性改革,靠深化改革。供給側結構性改革是資源型城市轉型發展的一劑良藥,資源型城市供給側結構性改革的效果的好壞必將直接關係到其經濟轉型能否順利完成。資源型城市只有下決心在供給側結構性改革上積極有為,才能推動產業產品向多元化、中高端邁進,實現產業轉型升級與城市可持續發展。

3. 推進供給側結構性改革與推進資源型城市轉型發展目標與路徑高度吻合

供給側結構性改革儘管是全新表述,但與現在已經部署並探索的一系列資源型城市轉型思路高度吻合。產業結構升級與轉型是中國進行供給側結構性改革的主要抓手。中央提出供給側結構性改革,最終目的是培育經濟發展新動力,從中長期看這與資源型城市轉型方向是一致的。以生產力配置為核心的產業結構,在一定程度上影響著要素供給結構、區域發展結構、能源利用結構等諸多方面。因而,供給側結構性改革要強化產業結構調整,通過產業結構優化調整培育新的經濟發展動能,擴大有效供給和中高端供給,實現從粗放式發展向集約化發展轉變。從供給生產端入手,通過解放生產力、提升競爭力來促進經濟發展,為步履維艱的資源型城市轉型找到了內涵,對準了目標。從目標看,資源型城市轉型與供給側結構性改革具有同一性,從內容看,資源型城市轉型重點解決產業結構的單一和陳舊,解決和實現發展的新動能的培育,從而實現城市的可持續發展;而供給側結構性改革重點解決發展新動能的培育,二者是相互支持、相互補充的。資源型城市有太多處於供給成熟和供給老化階段的產業,轉型發展必須改變經濟結構轉型的問題,最終是要落到結構改革上,就是通過比例的調整,實現改善效率的目的,並且最終要依賴體制機制創新來完成這一目標。而供給側結構改革,最終也是要落到結構改革、體制改革上,即在新制度的供給上,二者是不謀而合的。資源型城市要著力於供給側結構性改革來破解矛盾,來重新煥發資源型城市發展的生機與活力。所以,資源型城市要積極擁抱供給側結構性改革,抓住供給側結構性改革機遇,迎接供給側結構性改革挑戰。資源型城市也只有自身結構優化了,才能真正實現其轉型發展,進而更好地適應國家層面供給側結構性改革的要求。而無論是供給側結構性改革,還是資源型城市轉型,都任重而道遠,非一日之功。毫無疑問,供給側結構性改革將會成為中國「十三五」時期經濟改革的重心,供給側結構性改革也將成為資源型城市轉型發展的主

軸。重點解決發展多元支撐於可持續性的資源型城市轉型，與解決發展動能轉換的供給側結構性改革將相伴而行，共同促進，並行不悖。

三、資源型城市推進供給側結構性改革路徑選擇

　　推進供給側結構性改革是有效解決資源型城市當前結構性產能過剩、資源依賴過度引發的一系列環境困境，進一步引導產業轉型升級的機遇。「十三五」時期既是中國經濟轉型升級的歷史機遇期，又是經濟結構調整的重要窗口期，對於資源型城市轉型發展，機不可失、時不再來。

　　1. 抓好發展理念的新供給

　　《中共中央關於制定國民經濟和社會發展第十三個五年規劃的建議》中提出創新、協調、綠色、開放、共享的「五大發展理念」，為供給側結構性改革指明了方向，提供了理論指導。同時資源型城市要抓好中央提出的推進供給側結構性改革的五大重點任務「三去一降一補」，即去產能、去庫存、去槓桿、降成本、補短板，以此作為推動供給側結構性改革必須抓住的重點和關鍵點。

　　2. 抓好產業與產品體系的新供給

　　資源型城市推進供給側結構性改革需要把推進供給側結構性改革與資源型城市轉型發展結合起來，加快構建支持可持續發展的多樣新產業體系，擴大有效供給、推動企業優化結構做大做強、盡快形成多點多業支撐的新格局。一是大力發展現代農業，特別是要和觀光、休閒、生態產業結合起來。二是調整第二產業存量，做大增量、優化工業結構。實施傳統產業改造提升任務，深度開發「原字號」資源型產品，加大產業內部結構調整，讓「僵屍企業」盡快出局。三是加快現代服務業發展，把發展現代服務業作為產業結構升級的重點和製造業轉型升級的關鍵。從產品創新和產業創新中提升城市在新一輪區域競爭中的地位，服務業註重大力發展旅遊、健康、養老及互聯網、生產性服務業等產業，註重抓三次產業之間的產業關聯、業態融合，增加產品的有效供給。同時，資源型城市在推動傳統資源型行業產品升級、鏈條延伸、效益提升，扶優汰劣為成長性企業拓展發展新空間的同時，要加大產業內部結構調整力度，及時淘汰僵屍企業，加快去庫存速度；此外，在改造傳統產業的同時需要加快戰略性新興產業發展，以彌補傳統產業的萎縮，特別是加快服務業的發展。

　　3. 抓好發展動力的新供給

　　資源型城市推進經濟轉型發展需要以「供給側結構性改革」為突破口轉換發展動力，通過強化創新驅動、深化改革激發創新動力，優化發展環境，釋放發展潛力。資源型城市唯有堅持創新創業、全力培育經濟增長新動力，唯有堅持深化改革，全力構建經濟增長新體制，才有望實現化繭成蝶的希望。從提高供給質量出發，全面深化改革，加快形成有利於創新發展的市場環境、產權制度、投融資體制、分配製度等機制，才能增強資源型城市轉型發展的創新動力。

4. 抓好發展政策的新供給

　　資源型城市推進供給側結構性改革要認真貫徹中央關於供給側結構性改革的「五大政策」，即宏觀政策要穩、產業政策要準、微觀政策要活、改革政策要實、社會政策要托底。「五大政策」整體融合、有機結合、相互配合，旨在為推進供給側結構性改革營造更好的環境和條件。通過政策新供給來化解資源型城市發展中的突出矛盾和問題，為供給側結構性改革和轉型發展營造發展環境。繼續簡政放權，降低全社會創新創業門檻，重點支持科研人員、大學生、農民開展創業，培育新的供給側主體。

　　綜上，資源型城市推進供給側結構性改革不僅僅是為了當期的經濟增長，更主要的是優化供給結構、提高供給體系的質量和效率，使資源型城市經濟轉型有望迎來實質性突破和轉折。唯此，資源型城市才能進一步釋放改革紅利，才能為經濟持續中高速發展和重塑區域競爭優勢提供創新驅動、要素升級和結構優化的新動能，才有望真正走出「資源魔咒」，走上可持續發展的道路。

「一帶一路」國家發展戰略下的攀枝花機遇與對策

中共攀枝花市委黨校　陳荻　羅蓮　周群

摘　要：「一帶一路」建設是中國主動應對經濟全球化新趨勢、統籌國內國際兩個大局做出的重大戰略部署。「一帶一路」國內段覆蓋了中國中西部的大部分地區，使廣大中西部地區由原先的「內陸腹地」變成現在的「開放前沿」，為中西部地區進一步提高對外開放水平、促進經濟平穩健康發展提供了契機。攀枝花地處川西南、滇西北結合部，是絲綢之路經濟帶上的重要節點，攀枝花要緊緊抓住「一帶一路」重大戰略機遇，發揮區域比較優勢，積極融入絲綢之路經濟帶建設，為攀枝花開創一個全方位對外開放新格局，全面推動經濟轉型升級，提供攀枝花經濟新常態下持續發展的新引擎。

關鍵詞：一帶一路；攀枝花；機遇；對策

「一帶一路」是「絲綢之路經濟帶」和「21世紀海上絲綢之路」的簡稱。「一帶一路」貫穿歐亞大陸，東邊連接亞太經濟圈，西邊進入歐洲經濟圈。目前已有50多個國家參與探討與合作，國內31個省份破題建設。攀枝花地處川西南、滇西北結合部，是絲綢之路經濟帶上的重要節點，攀枝花要緊緊抓住「一帶一路」重大戰略機遇，發揮區域比較優勢，積極融入絲綢之路經濟帶建設，為攀枝花開創一個全方位對外開放新格局，全面推動經濟轉型升級，提供攀枝花經濟新常態下持續發展的新引擎。

一、「一帶一路」國家發展戰略下的攀枝花機遇分析

「一帶一路」作為中國新的國際戰略框架，其戰略願景近期著眼於「基建互通、金融互通、產業對接、資源引入」，遠期則致力於「商貿文化互通、區域經濟一體化和共同繁榮」。它的建設過程涉及眾多國家和地區，涉及眾多產業和巨量的要素調動，這期間產生的各種機遇不可估量。攀枝花作為絲綢之路經濟帶上的重要節點，發揮其獨特優勢，也將迎來促進對外開放和自身發展的重大機遇。

(一) 國家、四川省戰略利好疊加釋放的新機遇

在國家層面，攀西戰略資源創新開發試驗區是目前國家批准設立的唯一一個資源開發綜合利用試驗區。2013 年 3 月，攀枝花被全域納入攀西戰略資源創新開發試驗區，作為唯一一個全域納入試驗區的地級市，攀枝花將推出系列創新政策先行先試。攀枝花具有全國少有的南亞熱帶氣候優勢，是發展南亞熱帶特色農業的寶地。2012 年 1 月，農業部認定攀枝花市為國家現代農業示範區，並輻射帶動攀西地區以及川滇黔金三角地區。攀枝花資源開發處於穩定階段，資源保障能力強，經濟社會發展水平較高，是現階段中國能源資源安全保障的核心區。2013 年 12 月，攀枝花市被國務院界定為成熟型資源型城市。2013 年 4 月，攀枝花市被納入全國老工業基地調整改造規劃。在四川層面，省政府做出了建設攀西經濟區、發展攀西城市群等重大部署。2015 年 9 月，四川省人民政府辦公廳印發全省五大經濟區 2015 年重點工作方案，其中《攀西經濟區 2015 年重點工作方案》對全力推進攀西戰略資源創新開發試驗區建設、加快構建資源開發為主的特色產業體系、著力推進交通基礎設施建設、全面深化對外開放合作等七大方面做出了具體安排，為攀枝花積極融入「一帶一路」戰略提供了政策上的大力支持。

(二) 基礎設施投資建設的新機遇

在「一帶一路」建設中，為加快提升中國與周邊國家交通基礎設施的互聯互通水平，並形成區域交通運輸一體化，交通運輸成了優先發展領域。根據四川省人民政府辦公廳印發的《攀西經濟區 2015 年重點工作方案》，攀枝花要加快對外開放交通樞紐中心建設，就要加快推進成昆鐵路新線、麗（江）攀高速公路等基礎設施工程建設，積極做好昭通至攀枝花至麗江鐵路、攀枝花至大理鐵路、攀枝花至大理、宜賓至攀枝花高速公路等項目規劃實施。隨著「一帶一路」戰略的推進，攀枝花的基礎設施的互聯互通也將得到強化，經攀出川大通道將日益通暢。

(三) 產業轉型升級的新機遇

「一帶一路」的構想是一個全新的對外開放戰略。它將實現生產力在一個更大範圍的融合和發展，形成更加龐大的產品需求、投資需求與經濟合作，對國內產業發展將產生重大而深遠的影響，具體體現在「量」與「質」兩個方面。在「量」上，擴大國內產業的需求規模；在「質」上，將推動國內產業的轉型升級。攀枝花將圍繞全力推進攀西戰略資源創新開發試驗區建設、構建資源開發為主的特色產業體系，推進優勢資源深度開發，調整優化產業佈局，提升產業發展層次和水平。「一帶一路」戰略實施帶給攀枝花的利好在於消解過剩產能，促進產業轉型升級。

(四) 對外開放的新機遇

「一帶一路」國內段覆蓋了中國中西部的大部分地區，這必將使得中國對外開放的地理格局發生重大變化，使廣大中西部地區由原先的「內陸腹地」變成現在的「開放前沿」，為中西部地區進一步提高對外開放水平、促進經濟平穩健康發展提供了契機。

攀枝花地處川西南、滇西北結合部，是絲綢之路經濟帶上的重要節點，被列為四川重點打造的區域性中心城市。攀枝花應緊緊抓住「一帶一路」重大戰略機遇，發揮區域比較優勢，積極融入絲綢之路經濟帶建設，提升攀枝花的開放度、融入度。

二、攀枝花在國家「一帶一路」戰略中的定位

戰略定位是攀枝花融入「一帶一路」建設的首要問題。除了考慮四川省的「251行動計劃」及其鄰近雲南的功能定位以外，再綜合考慮攀枝花的比較發展優勢，包括川滇交匯的區位優勢、區域發展的經濟地理優勢、資源豐富的特色產業優勢、歷史悠久的文化底蘊優勢等因素，攀枝花在國家「一帶一路」戰略中可以定位在：以黨的十八屆三中全會精神為指導，以交通基礎設施互聯互通為基礎，以產業與城市轉型升級為核心，以新型工業化與新型城鎮化為載體，創新體制機制，完善服務功能，加快形成南絲綢之路與長江經濟帶交匯的重要樞紐城市，「一帶一路」戰略中重大產業轉移承接基地和國家戰略資源開發產業聚集基地，四川溝通連接南亞、東南亞的重要陸路通道節點和交通樞紐，南向陸路的發力點和四川的南向開放城市，內陸資源型城市對外對內開放和可持續發展示範城市，長江上游和攀西地區城市群的區域性中心城市。

三、「一帶一路」國家發展戰略下的攀枝花對策建議

攀枝花要狠抓「一帶一路」國家戰略帶來的發展新機遇，發揮好定位功能的作用，就需要做好頂層設計和具體實施。

（一）通道建設無疑是攀枝花建設絲路經濟帶重要節點的基礎保障

攀枝花要加快推進成昆鐵路新線建設，提升南北向的通行能力；攀枝花要力爭「十三五」期間實施麗攀昭遵鐵路、攀大鐵路、攀宜（賓）沿江高速公路等項目建設，除已開通的成都、重慶、北京、深圳航線外，今后爭取盡早開通至上海、廣州、貴陽、南寧、昆明、瑞麗等地航線，暢通東西向交通運輸動脈；攀枝花要結合金沙江航運規劃，發揮長江黃金水道的獨特作用，爭取將長江上游航運起點延伸至攀枝花，把攀枝花打造成為長江上游第一港，為長江上游地區開放合作、聯動發展奠定堅實基礎。

（二）產業調優和戰略資源綜合開發是攀枝花建設「一帶一路」的重要支撐

通過「一帶一路」戰略的實施，攀枝花要開放地謀劃新的產業佈局，從資源稟賦和市場前景來看，攀枝花應重點打造與世界接軌的釩鈦鋼鐵產業、兼具南亞熱帶風情的陽光康養產業、銜接南向市場的現代特色農業等產業。

(三) 助推攀枝花優勢企業「走出去」

大力支持攀鋼重軌搭好中國高鐵出口全球這趟列車、攀鋼工程和十九冶兩大對外工程承包主力成為「一帶一路」互聯互通的建設主力，力爭在釩鈦鋼鐵優勢產品出口、對外工程承包上實現新的突破，引導企業特別是基礎設施建設領域的企業加快「走出去」的步伐。同時，要培養企業國際化的人才隊伍，培養國際化視野和思維，推進攀枝花企業的形象建設。

(四) 加快開放型平臺建設

重視和深化區域合作，在攜手涼山共同建好攀西經濟區、攜手涼山、雅安共同建設攀西戰略資源創新開發試驗區的同時，借長江經濟帶建設之東風，聯合川滇黔毗鄰地區共同打造攀西—六盤水經濟區，攜手昆明、楚雄、麗江構建攀昆經濟帶，促進建立產業錯位發展、城市相向發展、設施共建共享的開放合作機制。主動融入南向開放平臺搭建，積極參與攀枝花市與南亞、東南亞的投資貿易旅遊交流活動和搭建「一帶一路」貿易投資旅遊活動平臺，加快四川南向開放門戶建設。加快區域性現代物流業中心、區域性會展中心、區域性現代商貿中心、區域口岸中心建設。

(五) 推動體制機制改革創新

加強政策協調機制建設，要加強中央、省級政府與「一帶一路」沿線國家的政策協調力度，積極構建多層次的政府間宏觀政策溝通交流機制；要調動地方政府的主動性和積極性，加強其與「一帶一路」沿線地區和城市之間的政策協調。建立健全投融資體制，引導其更多地參股攀枝花「一帶一路」建設的工程項目。完善經濟政治風險管控機制，共同維護區域合作和經濟社會穩定。推進生態保護聯動機制，「一帶一路」全方位的開放將帶來全方面的新福祉，而這種新福祉的集中體現就是生態化的人居環境。攀枝花地處干熱河谷地區，是構建長江上游綠色生態屏障的重要一環，重視生態文明建設，推進生態保護聯動機制，是攀枝花參與「一帶一路」建設的重要內容。

(六) 密切對外人文交流

人文交流無疑是建構國家間關係的一項長期的基礎性工作，加強「一帶一路」人文交流，將有利於推動參與國家和地區的科技資源共享和智力支持，推動沿線國家宗教和思想文化的交流，推動歐亞大陸的文明多維交融，贏得沿線國家對中華民族的認同。實現「一帶一路」人文交流的方式具有多樣性，主要有文化、教育、智庫、華人華僑、特色旅遊、民間外交、青年交流與合作等。

混合所有制：經濟發展的增長點

中共眉山市委黨校　羅志軍

摘　要：目前，中國新一輪國有企業改革重點放在混合所有制上，國資主管部門目前已經將混合所有制改革試點單位公布，中國石化等央企自主混合所有制改革得到了普遍關注，因此也引起了社會上及學術界的普遍關注。其中混合所有制就是基於中國公有制為主體，實現多種所有制經濟的共同發展的經濟制度，這一模式的推行不但有助於國有資本的放大功能和轉換機制，同時還能夠顯著提高其市場競爭力。在混合所有制發展過程中，主要就是要對國有資本實施分類，從而構建完善的現代企業制度，構建基於董事會為核心的法人治理結構，從而構建新的市場化運作機制。同時還要進一步完善法律體系及市場體系，在多種資本交叉持股模式運行及融合之下，共同推進中國國民經濟的發展，實現國有資本、非公資本以及社會公眾的共同發展。本文則對混合所有制在中國經濟發展中的重要意義進行分析。

關鍵詞：混合所有制；經濟發展；增長點

伴隨著中國所有制改革的不斷深化，支撐國民經濟的結構已經基本形成。混合所有制是社會化大生產下提出的一種多元化、社會化的經濟制度，在運行中不同經濟成分相互競爭，與其他經濟體制相結合能夠很好地促進社會生產力的發展。混合所有制對經濟發展起著重要作用。為促進混合所有制的發展，本文在分析發展混合所有制必然性基礎上，分析混合所有制對經濟增長帶來的作用，進而分析目前混合所有制發展面對的難點和對策，為經濟發展提供理論參考。

一、混合所有制經濟在中國的發展意義

改革開放以來，通過不斷改革經濟體制，中國經濟得到高速發展，但是經濟增長的背後隱藏著結構問題：產業結構、所有制結構等多種問題。部分行業處於壟斷地位，導致效率低下、治理結構不科學等。在這種背景下，國務院提出積極發展混合所有制經濟，提高公有制經濟的活力和競爭力，完善治理結構，並實現非公有制企業的多元化和現代化發展，拓寬企業的盈利和發展空間。黨的十八大首次提出鼓勵非公有制發展，允

许更多的国有经济转变所有制制度。十八届三中全会将混合所有制提升到重要高度，明确了混合所有制发展方向，表明混合所有制和当前经济发展需求更为契合。

中国现阶段的基本经济制度是以公有制为主体，多种所有制经济相互促进，共同发展。因此，大力发展股份制，从主要方面看，实际上是大力发展各类资本相互参股或融合的混合所有制经济。而大力发展国有资本、集体资本和非公有资本等参股的混合所有制经济，有利于改善国有企业或公有制企业的产权结构，推动其建立规范的现代企业制度；有利于国有或公有产权的流动、重组，优化资本配置，提高营运效率；有利于依托多元产权架构和市场化、民营型的营运机制，增加国有经济或公有经济利益；有利于减少非公有资本对公有资本的直接侵害，增强国有资本或公有资本对其他资本的辐射功能，提高国有经济的控制力、影响力和带动力，提升整个国有经济的竞争力。总之，有利于发挥国有经济的主导作用和坚持公有制的主体地位，完善社会主义初级阶段的基本经济制度，最大限度地解放和发展生产力。

二、混合所有制发展对经济增长的影响

积极发展混合所有制有利于促进民营经济发展，刺激民间投资。中国在很早以前就提出促进民营经济发展，经过这些年的发展，政府部门在舆论导向、土地政策等方面给予了大力支持，但是效果不佳。这些扶持措施都局限在所有制结构框架下，对民间资本开放性不高。混合所有制能够打破垄断，为民间资本提供更加有利的发展环境，在混合所有制改革下，能够减少投资审批限制，改变企业管理制度，推动改革，促进企业的发展。同时混合所有制的发展也能够促进国有经济发展，国有企业的发展需要大量资金投入，而目前财政将更多的资金转向公共职能，来满足社会保障要求，但是仅仅依靠国有经济自我累积很难对其实施有效保障，从而导致国企发生严重资金危机。中国人口众多，社会资本非常雄厚，民间投资能力和热情都很好，发展混合所有制能够提供更好投资空间和投资机会，实现双赢。积极发展混合所有制能够克服国有企业竞争的弊端，对摆脱跨太平洋战略经济伙伴关系协定给中国经济发展带来的不利因素、增强话语权有重要价值。

中国资本市场在最初的发展中，为保证国有企业摆脱困境，过分强调融资功能，不够重视对投资者的保护，部分国有企业有圈钱嫌疑。受到所有制发展限制，民间资本选择余地很少。进入21世纪后，民间资本发展壮大，传统企业改造后，国有股份仍然是主角。中国经济发展的特点在股市上表现得更加明显，在资本市场上，企业规模和国有资金比例成正比，虽然资本市场已有多年发展历史，同时民营企业数量超过了国有企业，但是国有股份比重仍然远远超过民营股份比重，国有企业在计算机、通信等制造行业占有份额比例上的优势。

混合所有制改革能够促进股本多元化发展。混合所有制发展为民营经济的发展提供了很大的发展空间，对进一步经营资本扩张具有重要价值。混合所有制的实施，能够优化市场环境，促进民营企业的发展，为其取得更多发展机会。尤其是能源、铁路、教育

等公共服務業，民營企業與國企合作能達到雙贏效果。近幾年在調查中發現民營企業數量已經超過了國有企業，但是規模卻遠遠小於國有企業，這種情況說明，中國民營企業數量多，但是規模小。民營企業的快速發展能夠進一步促進混合所有制的改革發展，提高社會資本在企業中的比重，促進企業股本的多元化發展。但是目前中國混合所有制還僅僅局限在國有企業改革中，打破國有企業的壟斷地位，進而促進對社會資本的吸收，更有助於促進中國社會資本市場的開放。

混合所有制的可以提供更多的市場投資機會。對於壟斷性行業而言，混合所有制的發展能夠在客觀上擴大股份公司的規模，提高企業經濟效率。對競爭型企業來說，這一制度的發展能夠促使國有企業扶持其他行業發展，為產業發展提供新資本，促進公司健康發展。按照混合所有制改革思路，民間資本能夠進入到電力以及地鐵等行業中，實現重點突破。混合所有制發展能給競爭型行業帶來更多的投資機會。

混合所有制從制度設置上能實現新的制度安排與制度創新，能夠通過新的制度安排與制度創新激活與推進混合所有制主體的技術創新，通過技術創新引領經濟發展。中國經濟體制改革最有意義和最大的突破在於從制度設置上確立了社會主義市場經濟體制這一制度創新與制度安排，為市場經濟要求產權主體多元化奠定制度基礎。在市場經濟中，交換應是不同產權主體之間生產要素的讓渡與轉移。沒有多元的產權主體，就不可能有真正的交換關係，因而就不可能形成真正的市場。單一的公有制內部的產權分離和調整，無法塑造出市場必要的產權基礎。非公有制與市場經濟存在天然的聯繫，能夠提供市場機制發揮作用的基礎。國有經濟與非國有經濟在現代市場經濟中都是不可缺少的組成部分。國家掌握一定數量的經濟資源，保持一定數量的國有企業，是政府進行宏觀調控、實現產業結構優化、克服市場失靈所必需的。而非國有經濟則是市場機制發揮作用的基本領域。因此，各種所有制成分之間在功能上具有互補性，相互之間無法完全替代。這種外部制度的構建為內部制度多元化創新及其並存提供了保障。多種制度並存更有助於促進經濟的發展。

三、混合所有制在中國發展中存在的問題及對策

推動混合所有制經濟的發展是促進中國經濟發展的必然要求，但是在改革中，受到經濟、政治等環境的影響，有很多問題亟待解決。經濟體制改革面臨很大風險，國有企業害怕風險，而有實力的民營企業同樣怕改革后失去話語權，無法保證自身合法利益。國有企業管理存在明顯行政性質，進行混合所有制改革存在很大難度。目前國有企業領導都是直接任命，隸屬組織部和國資委，部分管理人員更加關注自身仕途，管理存在明顯機關化性質，經營管理效率很低，還很容易滋生腐敗，加大混合所有制改革難度。中國所採用的公有制為主體的經濟制度，國有企業在發展中始終處於優勢地位，民營企業無論是在市場地位還是發展空間上都處於劣勢地位，民營企業很難與國有企業競爭。

針對混合所有制發展面對的問題，建議從以下幾方面進行改進。

繼續深化國有企業改革，完善混合所有制公司結構。國有企業在深化體制改革中，

首先需要去行政化，建議借鑑新加坡發展經驗，國有企業迴歸國家財政部門，但是管理人員都需要從市場中選擇，去除管理人員的政治身分色彩。在企業制度方面，同樣需要去除掉政治色彩，建立更加明確的法人治理結構。在控股形態上，需要盡量避免出現國家投資股份獨大的情況，加大獨立董事比例，增加非國有股份的代表比例，並引進員工持股方式，提升國有企業監督管理能力，避免人才流失。在提高監督管理中，需要明確產權管理，加強資產監管，避免利益輸送。

營造更加公平的市場環境。國務院提出營造更加公平參與的市場環境，因此需要逐漸放開市場准入資質，取消不同制度經濟歧視性政策。凡是國家法律沒有禁止進入的領域，允許非公有資本進入，如天然氣、銀行以及電力企業等。另外企業併購交易中，不能限制非國有企業行為。消除政策上的歧視，拓寬中小企業融資渠道，加大融資支持力度，消除政府部門對非公有制企業的審批限制。並加強社會媒體監督，鼓勵發展民營企業行業自律組織。

與發達國家資本市場相比，中國資本市場發育很不成熟，這嚴重制約了混合所有制的進一步發展。中國資本市場的問題集中表現為：一是市場主體運作規範化程度不高。近幾年，隨著資本市場的制度和機制的變化，市場化約束日益加強。但一些上市公司、證券公司的情況是治理水平低、運作不規範，侵害社會公眾投資者權益的現象時有發生，已成為影響市場穩定運行和混合所有制企業發展的重要制約因素。二是充分發揮市場機制的作用與市場主體頻繁出現失信行為的衝突日益加劇。資本市場只有通過真實有效的信息，才能充分發揮市場調節的作用，實現社會資源的合理配置。而信息披露不規範、不真實、不及時的現象以及各種失信行為，造成了市場信號失真，產生了「劣幣驅逐良幣」的效應，降低了市場機制的作用，使多元投資主體之間的投資導向錯誤，影響了混合所有制經濟的發展。三是市場穩定發展與外部環境因素不適應的矛盾日益突出。由於法制環境不配套，立法和司法環境不完善，監管力量和監管威懾力還十分薄弱，中國資本市場發展受到較大的束縛。因此要建立和完善多層次的產權交易市場體系，從產權制度和所有權制度創新的角度為混合所有制經濟的發展提供有效運轉的平臺。健全和完善產權交易市場的機制和功能，加強產權交易信息網路建設，提高系統化和網路化水平，加強產權交易專業人才隊伍建設，提升產權交易規範水平，降低產權交易成本，提高資金配置效率；在推進宏觀層面制度建設與建構市場外部制度體系保障中，加快建立和完善產權交易市場相關法律法規，健全產權監管制度；嚴格執行產權交易進入市場制度，提高產權交易的市場化運作程度，鼓勵民營、外資等非公有制經濟的產權進入交易，促進產權競爭，激活產權市場，使產權市場成為混合所有制經濟發展壯大的有效平臺。

結語

綜上所述，本文主要分析混合所有制發現對經濟增長的作用，針對混合所有制在發展中出現的難點，提出還需要進一步健全資本市場，積極整合產業資本、金融資本等，

同時開發不同類型風險管理以及配套設置等，擴展市場深度和範圍。也需要化解制約因素，加快制度安排與制度創新，帶動技術創新，拓展發展機遇，深化發展空間，促進經濟增長。

參考文獻：

　　［1］黃群慧. 新時期如何積極發展混合所有制經濟［J］. 政管理改革，2013（12）：49-54.

　　［2］尤利平. 混合所有制經濟下的國有企業競爭力發展研究［J］. 現代經濟探討，2014（4）：53-57.

　　［3］李正圖. 積極發展混合所有制經濟：戰略構想和頂層設計［J］. 經濟學家，2014（11）：100-101.

　　［4］餘菁.「混合所有制」的學術論爭及其路徑找尋［J］. 改革，2014（11）：26-35.

　　［5］張卓元. 積極發展混合所有制經濟促進各種資本優勢互補共同發展［J］. 經濟理論與經濟管理，2014（12）：5-9.

　　［6］劉偉. 發展混合所有制經濟是建設社會主義市場經濟的根本性制度創新［J］. 經濟理論與經濟管理，2015（1）：5-14.

　　［7］程承坪，焦方輝. 現階段推進混合所有制經濟發展的難點及措施［J］. 經濟縱橫，2015（1）：51-55.

破解農村消費「需」而「不旺」問題的思考

南充市南部縣委黨校課題組

摘　要：目前，農村消費普遍存在「沒錢可花」。但在農民生活水平仍然有待改善的情況下，農民增收的部分並沒有相應地用於提高自身生活水平的消費領域，「有錢不敢花」現象也十分突出。農民的消費熱情不高，農村消費「需」而「不旺」的問題相當明顯，對經濟的拉動作用極為有限。認真研究、妥善解決農村消費問題，對擴大內需、促進國民經濟健康發展非常重要。

關鍵詞：農村消費　不旺　破解

　　中國農村有九億多農民，消費市場極大。剛解決溫飽的農民，生活改善的空間還很大。隨著國家各種惠農政策的出抬，農民收入大幅度提高，但農民並未把增收部分相應地用於提高自身生活水平的消費領域，有錢不敢花，農民的消費熱情不高，對經濟的拉動作用十分有限。農村消費「需」而「不旺」的問題十分明顯。這一問題不認真研究、不妥善解決，則中央擴大內需、促進國民經濟健康發展的宏觀調控政策將難以順利實現。

一、農村消費的現狀

　　農村人口多，市場大，但消費並不活躍。課題組以南部縣為例，隨機從全縣72個鄉鎮挑選了100戶農戶，以問卷、座談、走訪等方式對農村居民的消費情況進行了深入瞭解，調研發現農村居民的消費呈以下明顯特點：

　　1. 生存消費比重大

　　據調查，2010年，百戶農村居民人均純收入為4,300元。百戶農戶食物消費情況是：每天人均消費糧食1.6元，全年為584元；每場（3天為一場）消費豬肉250克，約6元錢，全年是729元；蛋、奶製品等每人每天約2元，全年大約730元；蔬菜每天1.4元，全年511元，農村居民一年人均食物消費共2,554元，恩格爾系數為59.4，受

物價因素的影響，比上年增加了 3.5%。現在，農民消費觀念也逐步發生轉變，農村居民在外飲食支出增多，人均在外飲食支出達到 120 元。每年人均購買成品服裝、床上用品等支出為 120 元；住房維修、添置家具 160 元；照明、煮飯用燃料計 240 元；非住院醫療費用 20 元。為了維持生存，農村居民年均開支為 3,094 元，占純收入總量的 72%。雖然農民花在吃住方面的費用所占比重在逐年下降，醫療保健、通信、文教娛樂的支出比重在增加，消費結構呈現多樣化趨勢，但農村居民生活仍未擺脫以吃、穿等必需品為主的消費模式。

2. 集中消費呈常態

在平常時日，農民普遍比較節儉，只有到春節才會突擊性、集中進行消費。春節時，外出務工人員紛紛回家過年或寄錢回家，購買年貨、置辦家用達到高潮。春節前後更是農村青年男女娶嫁的高峰，帶來消費熱潮。據統計，農民在春節前後的消費要占全年消費總量的 48% 左右。

3. 從眾消費現象突出

農民長期生活在比較封閉的農村社會，很難跟上現代社會的消費潮流。在消費時存在盲目的從眾心理，缺乏理性的購買思考。往往是看到商品價格低、便宜，或買的人多，就容易產生購買衝動。

4. 人情消費居高不下

在農村，大多是同宗同族相聚而居，人情禮節氛圍特濃。因此，農村居民的人情消費非常驚人。現在農村送禮名目繁多，婚喪嫁娶、生兒育女、小孩過生日、建房、喬遷、升學、參軍等，親朋好友都要送禮。隨著近年來農民收入和消費水平的不斷提高，農村「人情消費」也在不斷上檔升級，禮金數額水漲船高。農民每年的人情消費平均每戶少則數百元，多則上萬元。農民不得不減少其他開支，甚至省衣縮食來籌備禮金。

5. 攀比消費浪費驚人

在農村攀比消費相當普遍。一是在蓋房中比大比氣派，「蓋房熱」一浪高過一浪。2005 年以來，農民百戶中占 80% 以上是新建住房。使用面積少的 300 多平方米，多的近千平方米。二是紅白喜事競相鬥闊，越辦越豪華。在農村每一起紅白喜事的花費一般都在六七萬元左右，有的竟高達數十萬元。三是為了不讓孩子輸在起跑線上，不惜代價送子女進城讀書。為了照顧子女，多數家長不得不在城裡租房陪讀，每年租金一般都在 3,000 元以上。有的條件較好的家庭，就乾脆在城裡買房供子女讀書。

二、農村消費「需」而「不旺」的原因

在調研中發現，目前農村消費普遍存在「沒錢可花」與「有錢不敢花」兩大現象。收入低固然限制消費，但農民增收的部分並沒有相應地用於提高自身生活水平的消費領域，即農民收入的增長並不必然帶來消費的增長。造成這種情況的成因很複雜。

1. 無力消費

（1）農民收入低，直接影響消費。決定消費水平和規模的最主要因素是收入。以南

部縣為例，2008年，農民純收入3,996元，可支配收入3,908元；2009年，純收入4,283元，可支配收入4,130元。這些收入來源主要由農產品的出售和勞務輸出兩大部分構成。對既是一個農業大縣又是一個農業弱縣的南部而言，務工經濟成了家庭收入的主要來源。但隨著城市就業壓力的增大，農民自身素質在短時間內又難以提高，農民進城務工的難度也越來越大。特別是受金融危機的影響，農民進城打工的不確定性大大增加，務工收入縮水的同時，農民那本就不旺的消費需求也大打折扣。

（2）預期消費大大限制了即期消費能力。近些年，義務教育「兩免一補」、新農村合作醫療保險的實施，客觀上減輕了農民負擔。但是，農村中大量「並校」，讀小學都集中到鄉鎮中心小學、讀中學被集中到中心鎮中學或縣城，學生的生活費、交通費大大提高。特別是非義務教育收費越來越高，超過了大多數農民的承受能力。新農合對醫療服務水平越高、報銷比例越少的設限規定，使得農民大病後，無論是在報銷比例高、服務水平較低的鄉鎮醫院拖著治療，還是在報銷比例低、服務水平相對較高的縣級以上醫院治療，都會造成農民住院治療自負費用的增加，一般都在數千元以上，農民看病貴、看病難的問題仍然沒有得到有效解決。城市住房價格高漲，也加劇了農民的預期消費心理。為此，當農民手中有了餘錢時，90%的人首先選擇了儲蓄。2009年，南部縣城鄉居民儲蓄存款餘額達到84.54億元，在南充9縣（市、區）中，僅次於順慶區，高居第二。

（3）農村公共產品供給制度加重了農民負擔，減弱了農民的消費能力。城鄉有別的公共產品供給制度致使農村公共服務長期以來一直處於低水平發展狀態，基礎設施落後、教育資源匱乏、醫療衛生的低水平不但直接影響了農村消費環境的改善，而且制約了農村勞動力素質的提高，而勞動力素質勢必制約農民增收的能力，降低未來的收入預期，進而抑制了農民的消費能力。

（4）留守老人消費能力有限。從南部縣來看，60歲以上人口為20.94萬，占總人口的16.08%，已經超前進入了老齡化社會，而這部分人成了農村的主要留守者。他們要求簡單，能吃飽穿暖就行，消費十分有限。除了生活必需品外，一般不會購買其他耐用、高端電子、機械產品。

2. 不願消費

（1）農民消費觀念保守。大部分農民深受節儉、「量入為出」等傳統觀念的影響，在消費行為上顯得比城市居民謹慎。農民捂住「錢袋子」的消費習慣，導致農村消費領域不寬，消費層次不高，農村消費市場啟動乏力。

（2）怕露富。一是農村居民居住分散，怕大手大腳花錢太招搖，影響財產和人身安全；二是怕相互借錢，引起不必要的財產糾紛，進而影響和諧的鄰里關係；三是怕將來政策變化，錢財不保。

（3）不忍心消費。隨著大量的勞務輸出，農村留守人員大多不是家裡創收的主力軍，經濟來源主要依靠的是不在家的「掙錢人」，這給他們的消費心理造成了一種無形的壓力，從而怕花錢，更不敢亂花錢，久而久之，養成了一種「守好錢」的心態，形成了「能自己種的不買，能湊合用的不換，能不花錢的不花」的消費理念。

3. 不敢消費

（1）不健全的農村社會保障制約消費。一是農村社保起步晚、覆蓋面小，極大影響了農民消費。2010年1月開始，南部縣作為全國首批新農保試點縣，交費參保農戶29萬，申領參保農戶15萬，共計44萬戶，參保率僅40%。二是農村低保作用發揮有限。南部縣是四川省低保大縣，低保受益人口僅占全縣農村人口的8.6%。三是農村養老問題突出，農民消費的后顧之憂大。南部縣農村老齡人口約21.6萬，農村敬老院共51所，住老人1,100多人。在農村主要還是子女承擔養老義務。

（2）適合農民消費特點的商品匱乏。農民消費的最大特點是選購商品時特別重視該商品是否適合農村環境、功能是否簡單、使用是否方便、是否經久耐用等。而長期以來，提供消費品的企業大部分在城市，受各種因素的影響，農民的消費特點被忽略了或是放到了次要地位。結果造成惠農的下鄉家電往往是城市積壓產品，真正適合農民消費的商品很少。

（3）農民消費環境差。一是農村生活基礎設施差。農村很多地方的道路、供水、供電、電視信號接轉等問題仍很嚴重，抑制了農民對家用電器、家用機械的消費。二是市場環境差。由於農民對商品的辨識能力差、品牌消費意識弱，加之商家的惡意宣傳和推銷，農村市場管理秩序又比較混亂，致使假冒偽劣商品充斥農村市場，使得農民在購買大件耐用品時存有顧慮。三是信貸服務差。「重生產、輕消費」的信貸政策使得農民消費得不到金融機構的信貸支持，缺乏消費助力。不僅如此，農民生產經營的貸款也十分艱難，農民只好把大量的現金用於生產的擴大投資，結果造成消費現金緊缺，抑制了消費。四是農村商品市場建設滯后。農村市場網點少、規模小，相當多的農民只好「買大件到城裡，油鹽醬醋找個體，日用百貨趕大集」。

4. 消費轉移

（1）農村消費的主流人群轉移到了城市。農村青壯勞動力不僅是家庭經濟增長的源泉，而且也是引領農村消費的主力軍。南部縣農村人口共108萬，每年外出打工的青壯勞動力約50萬。2008年以前，農民工一邊在外打工，一邊還要兼顧農村的莊稼，因此，每年回家的次數較多，消費量大。而之後，農民工一年一回或幾年一回的情況增多，他們的衣食住行等消費主要在城市。隨著青壯勞動力的轉移，農村消費的主要市場實際上已轉移到了城市。

（2）家庭進城生活成員增多。一些打工者隨著經濟條件的改善，在城市買房落戶，帶動全家外遷，使得農村「空巢」家庭增多；隨父母、子女經商，農村子女或父母進城生活的大有人在；有的農民為讓子女能接受較好的教育，把他們送進城讀書，往往是由母親或爺爺婆婆租房陪讀，進一步弱化了農村消費市場。

三、破解農村消費「需」而「不旺」的路徑選擇

開拓農村市場，促進農村消費潛力的提升，不僅有利於促進農村經濟的發展，提高農民生活質量，而且在金融危機背景下，對於拉動內需，刺激整個國民經濟穩定發展有

著非常重要的意義。

1. 創新農民增收機制，增強農村消費動力

一是繼續加大國家對農業的支持力度。提高糧食最低收購價格，提高農資綜合直補、良種補貼、農機具補貼等標準，這項措施將直接增加農民轉移性收入。二是加快農業經營方式轉變，積極鼓勵農民增加技術、資本等生產要素投入，採用先進科技和生產手段，提高農業生產的集約化水平。三是按照高產、優質、高效、生態、安全的要求，加快農村經濟結構調整，積極發展現代農業，提高土地產出率、資源利用率、農業勞動生產率和農業綜合效益。四是培育農民新型合作組織，鼓勵龍頭企業與農民建立密集型利益聯結機制，著力提高農民組織化程度和抗御市場風險的能力。五是以城鄉統籌發展為契機，發展農村二、三產業，加快農村剩餘勞動力向非農產業轉移，引導農民有序外出就業、就近轉移就業，增加現金收入，同時鼓勵和支持農民工返鄉創業。六是提高農民整體素質，培育新型農民。切實加強農村勞動力的培訓，大力發展農村職業教育，提高農民的素質和技能，從而滿足新農村建設對人力資本的需求。七是建立完善的農村宅基地和房屋流轉制度和市場，允許農民以轉讓、抵押、出租、互換、聯合建設等多種形式流轉宅基地使用權，實現農民對於宅基地及其房屋的收益最大化。

2. 建立健全農村社會保障體系，解除農民消費的后顧之憂

一是統籌城鄉發展，盡快在農村建立低水平、廣覆蓋的農村居民養老制度。二是提高農村醫療衛生條件，加強藥品價格管理，減少流通環節，把過高的醫療、藥品價格降下來，增加農村新型合作醫療報銷比例，讓農民看得起病。三是建立和完善廣覆蓋的農村最低生活保障制度，做到應保盡保，並提高保障和補助標準。完善農村五保供養、特困戶生活救治等救助制度，解決好失地農民轉型群體和進城農民工的社會保障及生活問題，保護其合法權益。減輕農民預期消費心理負擔，樹立農村居民消費信心。

3. 加大農村公共產品投入，減輕農民消費負擔

一方面加大政策和資金的傾斜力度，加快完善農村教育、衛生、文化等公共服務供給機制，減輕農民自籌自建的負擔，使其盡快享受到與城市平等的公共服務。另一方面以新農村建設為契機，加強農村交通、通信、電力、自來水等公共產品投入，健全農村公共設施維護機制，讓家用電器迅速進入農民家庭，為擴大農村消費需求創造良好的硬件環境。

4. 優化農村消費環境，讓農民放心消費

整頓規範農村市場秩序，加大打擊假冒偽劣商品和坑農、害農行為的力度，確保消費安全與消費權益，切實提高農村居民消費質量。

5. 構建多方位的農村風險應對體系，降低農民的預期消費

一是進一步完善農村金融體系，大力扶持農民家庭性生產經營，積極擴大住房、汽車和農村消費信貸市場，引導農村消費。二是發展農村保險市場，積極探索以政府引導、農民參保、市場運作的農業保險新路子，幫助因自然災害導致低收入的農村家庭走出經營困境，逐步增強農業抗風險能力。

6. 重視消費引導，幫助農民樹立科學、合理的消費觀念

一是教育和引導農民樹立正確的、現代的消費觀念，堅決摒棄盲目消費、畸形消費

和不敢消費等落后觀念。二是加強農民科學文化素質教育，引導農民學習和掌握先進的消費文化、消費理念，更加關注商品的文化内涵、綠色環保、健康安全，從單純滿足基本需求的物質消費，向追求物質消費和精神消費並重的更高層次消費需求轉變。要採取多種措施和形式鼓勵他們加大精神文化消費，推動農村消費市場多樣化發展。三是培育一批適應消費結構升級的新型消費產業，加強文化、娛樂等基礎設施建設，大力發展旅遊、文化、休閒娛樂等產業。四是擴大消費熱點，充分發揮品牌消費在市場導向和引領消費潮流方面的主導作用，鼓勵企業開發生產適合農村和農民消費需求的物美價廉、經濟適用、操作簡便的耐用消費品。

7. 加快農村城市化進程，努力提高農民消費質量

城市化是社會發展的必然趨勢，當務之急是要給農民市民待遇，為其進入城市提供相應的社會保障，從教育培訓、醫療衛生到就業、工資福利等方面都保證農民與城市居民享受一樣的待遇。通過各種形式的、專門面向農民工提供廉價甚至免費的技術技能培訓，使之能夠盡快進入二、三產業；充分重視農民子女的教育問題，取消農民工子女的教育限制，對於教育資源匱乏的部分地區給予適當的政策傾斜，增加其獲取高等教育的機會；通過提供經濟適用房、廉租房等使農民工在城市得以安身立命，最終逐漸融入城市生活。通過各種形式引導農民形成健康的消費理念和消費文化，全面提高生活品質。

參考文獻：

[1] 遲福林. 擴大内需重在基本公共服務制度建設 [EB/OL]. [2009-06-07]. http://www.people.com.cn/.

[2] 夏鋒. 加快啓動農村消費大市場 [J]. 農村工作通訊，2009 (1).

[3] 郭曉鳴. 激活農村消費 啓動農村内需 [EB/OL]. [2009-11-17]. http://news.163.com/09/1117/12/5OAPGNQI000120GR.html.

課題組作者簡介：

敬功德：南部縣委黨校副校長
敬慧君：南部縣委黨校講師
衡海生：南部縣委黨校講師
羅水生：南部縣委黨校講師

丘陵地區統籌城鄉改革發展調查研究

——以南充市順慶區為例

中共南充市委黨校　梁　宇

摘　要：順慶區是南充市統籌城鄉發展先行區，近幾年經過探索實踐取得了一定成效，對丘陵地區全面推進城鄉統籌發展具有一定的啟示作用。本文在對順慶統籌城鄉改革發展的情況進行深入調查研究的基礎上，分析總結其成績及問題，並進一步提出了對策建議。

關鍵詞：統籌城鄉；改革發展；丘陵地區

　　四川是全國農業大省，四川丘陵地區又是四川省的農業和農村經濟核心地帶，因此，統籌四川丘陵地區城鄉發展在全局發展中舉足輕重。目前，四川省平原地區經濟發展已有較好基礎，山區和少數民族地區開發潛力較大，而丘陵地區發展則相對困難、辦法不多。推進四川區域經濟新跨越，重點在丘陵地區，難點也在丘陵地區。

　　順慶是南充市的中心城區，也是四川具有代表性的丘區之一，2007年被確定為四川省統籌城鄉發展試點區，2008年正式啟動實施，2012年被列為南充市統籌城鄉發展先行區。近幾年來，順慶根據本地實際情況，並學習借鑑成都的經驗，在統籌城鄉發展方面進行了探索實踐，取得了初步成效。為此及時分析總結順慶統籌城鄉改革試點的基本情況及其經驗，為南充甚或丘陵地區全面推進統籌城鄉改革發展提供經驗是非常必要的。

一、順慶區統籌城鄉改革發展的實踐探索及問題

（一）主要做法

1. 統籌城鄉產業發展，構建城鄉互動的產業體系

　　順慶區大力調整產業結構，鼓勵城市勞動密集型企業向農村擴展或轉移，加快農產品加工業發展，同時加大農業自身產業調整的力度。在工業上，重點打造瀠溪、瀠華兩大工業集中區，提升承載能力，加大五大產業集群在園區內有效聚集。在農村，重點發

展「百村四帶」產業經濟帶。一是國道212線優質農產品生產加工示範產業帶。二是沿江綠色蔬菜水果產業帶。三是城周生態觀光農業產業帶。四是瀠新線特色農業產業帶。

2. 統籌城鄉基礎設施建設，改善農村生產生活條件

把基礎設施建設的重點放在農村，加快農村「路、水、氣」建設，改變農村基礎設施建設落后的狀況。目前，順慶區農村基本形成了「鄉鄉通油路、村村通公路」的道路體系，基本完成農村改水、改電、改廁和農村通信網路建設，最遠的鄉鎮到城區的距離由以前的4個小時縮短到現在的半個小時。加強了城鄉生態建設，著力發展城市林業、近郊林業、遠郊林業，提高森林覆蓋率。

3. 統籌城鄉社會事業發展，完善農村公共服務體系

積極將城市公共資源和服務向農村延伸，統籌推進城鄉公共服務均衡發展。一是城鄉農村社會保障體系實現全覆蓋。實現城鎮居民基本養老保險、農村基本養老保險、新農合基本醫療保險和城鄉低保全覆蓋。二是公共服務體系不斷健全。建立了「七個一」的公共服務體系，在每個鄉鎮、每個村（社區）建立了一個便民服務中心（點），每個鄉鎮建立一所寄宿制學校、一所規範化衛生院、一個標準化文化中心，在每個村建立一個甲級衛生站、一個文體活動室、一個惠民讀書點，推進了公共服務向農村延伸。其中便民服務向農村基層延伸經驗得到省委領導肯定，全省現場會在順慶召開，順慶經驗在全省推廣。

4. 統籌城鄉勞動就業，實現城鄉勞動力就業平等

實行城鄉就業政策、失業登記、勞動力市場、服務和勞動用工等方面的統一管理，實現城鄉勞動力就業平等。擴大社區就業面，促進失地無業農民充分就業。取消對農民進城就業的限制性規定，建立農民工工資支付監控管理制度，維護農民合法權益。健全覆蓋城鄉的職業培訓體系，加強農村勞動力職業技能培訓和創業培訓，增強農民轉移就業和創業能力。每年轉移農村多餘勞動力2萬人以上。全面推行勞動合同制度，加強農村進城務工人員的勞動權益保護，實現城鄉勞動者同工同酬。

5. 統籌城鄉發展政策支持，促進城鄉和諧協調發展

一是完善戶籍管理制度。本著「降低門檻、放寬政策、簡化手續」的原則深化戶籍管理改革。逐步對本區戶籍人口取消農業和非農業的戶口性質劃分，按實際居住地登記為「居民戶口」。實行一元化戶口登記制度，凡在城市有固定住所和生活來源的農民，允許遷入城市。被徵地拆遷農戶原則上安置到城鎮社區居住並落戶。二是完善農村土地流轉政策。按照「依法、自願、有償」的原則推進土地承包經營權流轉。鼓勵城市工商業主、科技人員、各類創業者和農村經營大戶採取土地股份合作和租賃、承包等多種形式發展農業產業化經營。積極探索建立土地收益分配新機制，實行多種補償安置辦法，切實解決失地農民「失地不失業、失地不失利」的問題。積極探索宅基地集約化經營使用辦法。

自2008年正式啟動實施以來，順慶區統籌城鄉發展取得了顯著成效，全區工業化率提高到46%、城鎮化率提高到71.2%。全區地方生產總值、財政收入、社會固定資產投資總額、社會消費品零售總額等主要經濟指標在2006年的基礎上分別實現了翻番，區域經濟綜合實力躍居全省第17位、丘區第4位、川東北第一位。社會事業發展、城

鄉環境形象、城鄉居民生活水平和城鄉黨的建設均得到了明顯改善和提升。

(二) 存在的主要問題

雖然順慶在探索城鄉相互融合、促進城鄉共同發展方面取得了一定成效，但是隨著體制轉換和結構變動的不斷加快，城市和農村之間固有的一些體制矛盾並沒有徹底解決，這些問題有可能成為今后統籌城鄉發展中的障礙因素。

1. 重點領域和關鍵環節的深化改革遭遇制度障礙，是制約城鄉統籌發展的深層原因

統籌城鄉改革發展與現有的政策法律的規定存在著矛盾，使得一些重點領域和關鍵環節進一步深化改革難以推進。一是農村土地制度改革仍然面臨深層次的問題，主要表現為：農村集體經濟組織產權主體「虛置」問題仍沒有得到根本解決、農民土地產權權能不完整、土地徵用政府行政壟斷難打破、農村土地產權交易市場機制尚不完善等。二是勞動就業與社會保障體系仍不適應現實需求，主要表現為：政府對勞動就業的公共管理職能界定仍然存在缺位和越位現象、勞動就業服務產業鏈尚未形成、最低生活保障對象的保障體系還不夠完善、城鄉社保對接機制尚需進一步完善等。三是公共服務和社會管理仍需加強，如公共服務市場化運作機制不夠健全等方面。

2. 丘陵地區經濟財力薄弱、缺乏物質支撐，是城鄉統籌發展的難點問題

四川省丘陵地區是四川省四大類區（平原、丘陵、山區和少數民族地區）中人口最多的區域，66個丘陵地區縣人口比重達60%，經濟總量接近全省的50%。[1]然而丘陵地區經濟發展總體水平卻落後於全省平均水平，規模工業、財政收入僅占全省的40%左右。丘陵區發展滯後，人多地少，資源相對匱乏，環境承載能力差，城鄉二元結構明顯，城鄉統籌發展任務艱鉅。從目前順慶乃至四川丘陵地區統籌城鄉的實際情況來看，大多數改革措施是以增加政府對農村基礎設施和公共服務的投入為保障的，而丘陵地區經濟落後，造成有些改革措施因政府財力的制約而不具有持續性，所以丘陵地區統籌城鄉發展財政資金的支持壓力很大。

3. 農民的科技文化水平普遍不高，統籌城鄉發展遭遇素質「瓶頸」

城鄉統籌發展的一個基本要求，就是農民要突破傳統的小農經濟觀念，具有現代化的科技文化素質、開放化的思維意識、市場化的競爭觀念。在農民轉為市民、傳統鄉村社會轉向現代文明社會的過程中，只有農民自身素質適應這樣的轉變，統籌城鄉發展、縮小城鄉差別才會成為可能。但這將會是一個漫長的歷史過程。另一方面，農村勞動力整體素質不高，在知識水平、基本技能和文化素質等方面，不能適應新形勢下非農產業的崗位要求，在很大程度上影響了勞動力轉移。

二、克服發展「瓶頸」，深入推進丘陵地區統籌城鄉發展的對策建議

要克服丘陵地區發展「瓶頸」，深入推進丘陵地區城鄉統籌發展，必須堅持科學規

劃、通盤考慮、重點突破、循序漸進。

（一）優化城鄉經濟發展模式，為推進丘陵地區統籌城鄉發展提供物質基礎和經濟支撐

首先，要加強城鄉經濟發展的空間戰略佈局，統籌規劃城鄉區域結構，根據空間分佈情況進行總體規劃，根據全面發展的經濟發展理念，完善城鎮體系建設規劃，著力推進大中小城鎮和農村新型社區建設，構建特色明顯、分工協作、優勢互補的現代化城鎮體系。逐步形成特大中心城市、中小城市（鎮）和農村新型社區為一體的市域城鎮體系。

其次，要加快城鄉發展的產業結構調整。只有各項產業得到發展，才能為城鄉經濟統籌發展提供物質基礎和經濟支撐。一是為經濟持續快速發展創造良好的環境和條件。要構建推進城鄉一體化的長效機制，在政策和資金等方面支持有關產業做大做強。進一步發揮政策導向作用，通過財政貼息、以獎代補、稅收優惠等，引導城市的社會資金、技術、人才等生產要素流向農村，充分發揮城市對農村的輻射帶動作用。二是根據規劃積極促進城鎮和鄉村產業合理佈局。堅持「一、二、三產業互動，城鄉經濟互融」的原則，調整工業佈局，大力發展城郊經濟和現代農業，重點發展都市生態農業、農產品加工業，大力推進農業產業化，促進產業轉移，把適合在農村發展的工業放到農村，促進城鄉一、二、三產業有機融合、協調發展。

（二）完善土地流轉的相關制度，為推進丘陵地區統籌城鄉發展提供政策保證

一直以來，中國沒有形成一個城鄉統一的土地管理制度，農村難以享受城市土地市場流轉帶來的權益。丘陵地區城鄉統籌經濟發展，要進行土地制度創新，開展農村土地整理和農業承包地流轉制度。按照農業用地和建設用地的不同分別設計不同的流轉方式和實現途徑，促進農村建設用地向城鎮集中，以提高城鎮化水平，增強城鎮帶動能力。按照「三集中」原則，即人口向城鎮和農民新居集中、產業向園區集中、土地向規模經營集中，在農民自願的前提下，建立以行政村和村集體經濟組織為依託，以租賃為主、投資入股為輔、多種形式並存的農村土地承包經營權流轉制。

（三）加快農村社會保障體系建設，為推進丘陵地區統籌城鄉發展提供保障機制

當前，丘陵地區社會保障制度與福利制度的問題突出表現在：一是面臨人口老齡化、城鎮化、就業形式多樣化的挑戰。二是社會保障需求與社會保障供給的矛盾比較突出。丘陵地區困難群體量大面廣，因而對社會保障具有多層面的需求，而現行的社會保障制度項目不全、覆蓋面不廣、保障水平低，難以滿足廣大群眾的社會保障需要。三是傳統體制束縛仍是制約統籌城鄉社會保障制度和福利制度建立的重要因素。現行戶籍制度派生出的「重城抑鄉」的勞動就業、教育衛生、社會保障等制度，進一步加劇了城鄉割裂，最需要保障的人群不能全部享受到有效保護。為此，要加快建立和完善城鄉統籌的社會保障體系建設。

(四) 進一步爭取多方融資，為推進丘陵地區統籌城鄉發展提供強大的資金保障

農村金融服務是現代農村經濟的核心，更是推進新農村建設和城鎮化進程的動力，為此，要努力在創新農村投融資體制上實現新突破。首先，要整合財政支農資金，支農項目資金要集中管理，不管是由哪條線下來的資金，都應歸入「三農」帳戶統一管理，嚴格監管其使用過程，評估其使用效果。集中后的「三農」項目資金要根據農業、農村發展戰略統籌安排，重點投入到農業主導產業和優勢農業資源開發領域之中，尤其要大力支持農業科技創新、推廣和農業品牌的打造。其次，要探索農村新型金融互助合作組織。該金融系統的服務對象僅限於農村與農民，限制系統內資金流向城市。對於較大金額的貸款項目，政府的農業發展專項基金可與之銜接起來，提供擔保。最后，要積極吸收社會閒散資金，廣泛吸引有資金、懂技術、善經營的各方人士投資創業，經營開發。

(五) 註重培養和造就新型農民，為推進丘陵地區統籌城鄉發展提供人力資源

丘陵地區統籌城鄉發展，建設新農村，應該按照以人為本、促進經濟社會和人的全面發展的要求，把提高農業發展能力、促進農民的自由全面發展作為一個重要目標。著力培養有文化、懂技術、會經營的新型農民，提高農民的整體素質。這是把農村巨大人口壓力轉化為人力資源優勢的根本途徑，也是持續推動社會主義新農村建設的力量源泉。要通過發展農村教育、活躍農村的文化活動、加強農村精神文明建設、完善農民職業技能培訓制度等措施，在農村形成良好的社會風貌，使新一代農民有健康成長的良好社會環境。在轉變鄉鎮政府職能的同時，切實加強農村基層組織建設，發展基層民主。通過完善「一事一議」和村務公開制度，保證農民依法行使民主權利。健全村黨組織領導下充滿活力的村民自治機制，為建設社會主義新農村提供可靠的組織保障。

參考文獻：

[1] 李昌平. 在丘陵地區促進農民增收工作座談會上的講話 [EB/OL]. [2012-06-20]. http://www.snsc.gov.cn/licpSpeech/681.jhtml.

追求和諧、效率、持續的內在統一

——深入研究《資本論》中的綠色經濟思想

遂寧市綠色經濟研究院　袁劍平　胡文權

摘　要：綠色經濟的核心價值在於和諧、效率、持續的內在統一。本文試圖依據綠色經濟的內涵和理念，從和諧、效率、持續內在統一的視角，深入分析和研究蘊含在《資本論》中的綠色經濟思想。為進一步深入推動綠色經濟的發展提供依據，為深入研究綠色經濟的發展提供思想和理論方面的思考。

關鍵詞：《資本論》；綠色經濟；效率；和諧；持續

在馬克思的科學巨著《資本論》中，確實沒有出現過綠色經濟這樣的概念，但是通過對《資本論》的深入研究和分析，不難發現《資本論》這部科學巨著蘊含著系統的綠色經濟思想。深入分析和研究《資本論》中的綠色經濟思想，對於推動我們今天的改革發展意義重大。

一、綠色經濟的概念

著名英國經濟學家皮爾斯於1989年在他的著作《綠色經濟藍圖》一書中，提出了「綠色經濟」的概念。皮爾斯主張，不能因盲目追求生產增長而造成社會分裂和生態危機，不能因自然資源耗竭而使經濟無法持續發展，經濟發展應當是自然環境和人類自身可以承受的，依據社會條件和生態條件，構建一種社會可承受的經濟發展模式。發展綠色經濟，就是要將環保技術、清潔生產工藝等眾多有益於環境的技術轉化為現實的先進生產力，依靠有益於環境或與環境無對抗的經濟行為，實現經濟發展的可持續增長。綠色經濟是以生態、經濟、社會的協調發展為核心的經濟發展模式，維護人類生存環境，合理保護資源、能源以及有益於人體健康是這種經濟發展模式和經濟發展方式的重要特徵，概括地講，綠色經濟是一種平衡式經濟。

綠色經濟是以和諧、效率、持續為發展目標和價值取向的經濟發展模式。這種模式可以概括為一種全新的三位一體思想理論、發展體系和發展理念。這個體系包括：①以

「和諧、效率、持續」構成三位一體的目標體系,不管是農業、工業、還是服務產業都要服從和諧、效率、持續的發展目標;②以農業、工業、服務產業構成三位一體的內容體系;③以經濟結構、增長方式和社會形態構成三位一體的發展體系;④以綠色經濟、綠色新政、綠色社會構成三位一體的文明體系,從而指明了人類社會未來發展的方向。

「和諧」的經濟學意義就是空間的「平衡」和時間的「平衡」。首先,是不同國家、不同地區、不同組織、不同人群之間的對稱、平衡;其次,是人類發展與生態環境的對稱、平衡;最後,就是公正、公平,包括國際的、區際的、人際的。當然也包括生產力與生產關係的和諧,以及生產力與生產關係內部結構的和諧。

「效率」的經濟學意義就是「增長」。增長的過程實際上就是財富的集聚的過程。在人類社會發展過程中,工業經濟替代農業經濟、服務經濟替代工業經濟成為世界經濟發展的主流,根本原因是因為后者比前者更有效率,能夠創造更多的財富,實現更快的增長。

「持續」的經濟學意義是時間「對稱」,實現代際的和諧與效率。人類社會不但要滿足今天的發展,還要滿足未來和后代的發展,「持續發展」的概念就是如此。持續發展不僅意味著人均福利水平隨著時間變化而增長,而且意味著在滿足當代人類需要的同時,滿足后代人的需求,使所有人都能均等地獲得收入、資源和社會服務。

二、《資本論》中的和諧觀

馬克思《資本論》中的和諧發展觀可以概括為三個方面:一是人與自然關係的和諧,是實現社會和諧的必要條件;二是人自身關係的和諧,是實現社會和諧的現實基礎;三是人與人關係的和諧,是實現社會和諧的重要內容。

實現和追求人與自然關係的和諧。馬克思《資本論》中關於人與自然關係和諧的思想觀點,是在對資本主義生產過程,特別是資本主義勞動過程的深入研究中展開的。馬克思依據對人類社會發展的客觀規律的深入研究,認為實現人與自然之間的和諧發展的根本途徑,就是消滅資本主義生產方式以及與此相適應的整個社會制度。科學合理地調節和構建人類與自然界之間的物質變換關係,是實現人與自然和諧共存、互利進化的必由之路。這就是《資本論》中關於人與自然關係和諧思想的核心要素。[1]

社會的發展早已進入生態文明時代,實現人與自然關係的和諧至關重要的就是,重建人與自然的關係,確立新型的尊重自然、敬畏自然、保護自然的價值觀念,倡導和實踐文明的、綠色的思想和行為方式以及消費方式。從思維方式講,就是要自覺地遵循自然規律,進一步清理傳統的思維和認識,從傳統發展思維轉變為和諧發展思維;從決策方式講,就是要科學地適應自然法則,進一步調整決策方式和方法,從粗放型決策轉變為集約型決策;從生產方式講,就是要能動地參加自然循環,進一步規範生產活動和發展行為,從掠奪式生產轉變為持續式生產;從消費方式講,就是要合理地、高效地使用自然資源,進一步轉變生活理念和生活習慣,從揮霍型消費轉變為節約型消費。

實現人自身關係的和諧。最根本的就是要實現每個人的自由而全面的發展。實現人

的自由而全面的發展的最高目標就是實現共產主義。共產主義社會是實現人的自由和全面發展的最高境界。馬克思從分析資本主義生產關係入手，深刻揭露資本主義生產關係的對抗性——是阻礙人實現自由而全面發展的桎梏。實現人自身關係和諧的根本途徑就是建立共產主義社會，前提就是消滅阻礙實現自由而全面發展的資本主義制度。

馬克思深入分析和研究了資本主義勞動過程，認為舊的社會分工造成了人的片面、畸形發展。在資本主義社會生產力的一切發展都是以犧牲個人的自由而全面的發展為條件的。他曾經一針見血地指出，現代社會內部分工的特點在於它產生了特長和專業，同時也產生了職業的痴呆。[2]

馬克思在《資本論》中研究未來理想的社會形態時指出，共產主義社會本質上是自由人的聯合體，是每個人都獲得全面而自由的發展的社會形式。實現每個人的全面而自由的發展，是馬克思對和諧社會關於實現人自身關係的和諧最為經典的表述。不僅揭示了人自身關係和諧發展的歷史趨勢，而且表達了人類對自身發展和諧的最高理想和追求，是實現人自身關係和諧的基石。

實現人與人之間關係的和諧。人與人關係的和諧是和諧社會的本質所在。所謂人與人關係的和諧實際上就是每個社會成員平等地享有權利和自覺地履行義務這樣一種社會關係狀態。在這種社會關係中，社會成員之間既相互依賴，又相互促進，共同推動社會發展和人類的文明進步。在馬克思設想的理想社會形態中，人與人關係的和諧表現為：勞動中各盡所能，分配中各取所需，生活中和諧相處。在這種社會形態中，沒有階級、階級壓迫和階級剝削，商品貨幣關係不復存在。

體現在馬克思《資本論》中關於人與人關係和諧的思想觀點充分反應了馬克思主義唯物辯證法的基本精神。馬克思認為在同一社會內部實現人與人關係的和諧，首先是物質生產關係的和諧，物質資料的生產是一切社會存在和發展的基礎；其次是所有制關係的和諧，生產資料所有制是生產關係的核心；再次是分配關係的和諧[3]，科學合理的分配關係是社會和諧和穩定的基礎；最後是人與人之間的地位和相互關係的和諧，這種和諧關係是以上三種關係的集中體現。總之，體現在《資本論》中，關於人與人之間關係和諧的思想觀點是從生產關係的視角去研究和分析的，從而得出符合人類社會發展規律的科學結論。在研究和分析中，馬克思特別重視所有制關係和分配關係，生產關係和交換關係。在馬克思看來，要實現人與人之間關係的和諧，基礎是所有制關係的和諧。

馬克思認為《資本論》研究的資本主義生產關係是暫時的、過渡的、必然為更高級的社會形態淘汰的生產關係。而從整個人類歷史發展的進程分析，人類對人與人關係和諧發展的追求主要體現在兩個方面：一是在生產力推動生產關係發展變化的歷史進程中，實現生產力和生產關係的相互適應和變革；二是在經濟基礎決定上層建築的發展變化的歷史演進中，實現經濟基礎和上層建築之間的相互適應和變革。實現人與人關係的和諧不外有兩種途徑，一種途徑是改革，實際上就是對現有生產關係和社會制度的調整、健全和完善；另一種途徑就是革命，推動促進生產力發展的生產關係和社會制度以取代阻礙生產力發展的生產關係和社會制度，使生產關係適應生產力發展的需要。

今天的改革就是為了實現和追求人與人關係的和諧，表現為經濟、政治、文化、社

會、生態發展的和諧。特別是通過積極探索社會主義公有制的多種有效的實現形式促進我們的改革、發展以及人與人關係的和諧；推進社會主義的所有制結構改革，建立和完善以公有制為主體，多種經濟成分共同發展的基本經濟制度，以實現生產力發展水平與所有制關係的和諧，從而實現我們的改革發展與社會主義生產關係和社會主義制度的和諧統一。真正實現以物為本向以人為本的轉變，以資本為本向以勞動為本的轉變。

三、《資本論》中的效率觀

效率是經濟學的一個永恆的話題。馬克思的《資本論》，從一定意義上講就是資本效率論。馬克思曾經高度讚揚資本主義生產關係的效率。1848 年 2 月，馬克思、恩格斯在《共產黨宣言》中指出：「資產階級在它的不到一百年的階級統治中所創造的生產力，比過去一切世代創造的全部生產力還要多，還要大。自然力的徵服，機器的採用，化學在工業和農業中的應用，輪船的行駛，鐵路的通行，電報的使用，整個大陸的開墾，河川的通航，仿佛用法術從地下呼喚出來的大量人口，——過去哪一個世紀料想到在社會勞動裡蘊藏有這樣的生產力呢？」[4]

在馬克思看來，資本主義生產關係和資本主義以前的生產關係相比，資本主義生產關係更有效率、更有利於生產力的發展。這種效率集中地體現在資本主義社會生產力的高度發展和社會財富的累積以及社會文明的進步。可見，馬克思對資本主義社會的效率是充分肯定的。實際上，對效率的追求是市場經濟的共同的理念。市場經濟在一定程度上講就是效率經濟。

在《資本論》中，馬克思分析，資本家迫於競爭的外部壓力和追求剩餘價值的內在衝動加劇了資本家對效率的追求。在資本家看來只要能夠獲得更多的剩餘價值並在競爭中處於有利地位，不管採用什麼手段和形式都是正確的。如馬克思在《資本論》中分析的絕對剩餘價值生產、相對剩餘價值生產、對超額剩餘價值的追求、平均利潤的形成等，這些都是資本家提高資本主義生產效率的手段。資本家在追求效率的過程中，是不管這些手段是否突破道德、法律和歷史的界限，甚至是反社會的。

總之，資本主義生產關係的效率是資產階級的效率，是資本家的效率，是少數人的效率；而不是無產階級和廣大勞動人民的效率——多數人的效率。資本家追求這種效率的結果，一方面是資本家財富的累積，是資本累積的效率、是資產階級財富累積的效率；另一方面是無產階級和廣大勞動人民貧困的累積，是貧困累積的效率。也就是說，資本主義社會的效率越高社會越不公平、越不和諧，發展也越是不可能持續。

確立社會主義市場經濟體制為經濟體制改革的目標，一方面是要提高經濟社會發展的效率，學習借鑑資本主義追求效率的一些積極的、有用的方法和手段，以提高發展的效率；另一方面是要全體人民公平、公正地共享經濟社會發展的成果，實現社會的和諧。在資本主義條件下，效率是少數人獨享的效率；在社會主義社會，效率成為多數人共享的效率。這種多數人共享的效率才能真正帶來社會的和諧和繁榮。

四、《資本論》中的持續觀

在馬克思看來，人類和自然生態系統是一個不可分割的有機統一整體，生產力發展的源泉是勞動力和自然資源。他非常讚同威廉·配第「勞動是財富之父，土地是財富之母」的觀點。他認為：「種種商品體，是自然物質和勞動這兩種要素的結合。」因此，持續發展首先是人類和自然生態系統要素開發利用的持續發展。馬克思認為，勞動「是為了人類需要而佔有自然物，是人和自然之間物質變換的一般條件，因此，它不以人類生活的任何形式為轉移，倒不如說，它是人類生活的一切形式所共有的」[5]。

從馬克思的勞動價值理論的角度分析，經濟社會的持續發展表現為社會生產力的不斷提高。勞動價值論體現的基本思想觀點就是，節約勞動可以使生產者、消費者獲得更多的利益，這種對勞動的節約，需要通過不斷發展社會生產力來實現。勞動的社會生產力、勞動的自然生產力、勞動的科學技術生產力，緊密地結合在一起，共同推動著勞動生產率的提高和社會生產的發展。所以，從勞動價值理論觀點分析，經濟社會發展的持續，簡而言之，就是整個社會生產力系統（勞動的社會生產力、勞動的自然生產力、勞動的科學技術生產力）協調一致不斷發展的過程以及發展的結果，即社會生產力的持續發展。社會生產力發展的持續最終使人類從繁重的體力勞動中解放出來，以最小的勞動投入和最小的自然資源耗費為代價，最大限度地改善社會總體福利水平，這是人類社會持續發展的最高境界。

馬克思在《資本論》中研究的擴大再生產理論，揭示了市場經濟條件下實現經濟持續發展的基本條件。馬克思對資本主義擴大再生產實現條件的研究揭示出經濟增長中的基本關係：①要實現經濟快速持續增長，Ⅰ部類必須較快增長，也就是說Ⅰ部類必須優先增長，Ⅰ部類的累積率決定Ⅱ部類的累積率；②在經濟增長率達到比較合理水平的條件下，保持經濟在這個合理水平上的持續增長的條件是，Ⅰ部類和Ⅱ部類有相同的增長速度，使兩大部類在價值上的交換和實物上的替換得以順利實現；③在經濟增長過程中勞動者收入增長率、投資增長率、剩餘價值增長率不應當低於經濟增長率。否則，將導致增長不可持續。[6]

《資本論》中的資本總循環理論揭示了市場經濟條件下持續發展的必要條件。這個條件就是貨幣資本、生產資本和商品資本在時間上的繼起和空間上的並存。再生產過程中的每一筆資本投入，都要依次經過生產階段、出售階段和購買階段，完成各自的循環；而每個資本的運動又有序地經過這三個階段，恰好就填補了每一筆資本在整個循環中客觀上出現的或者在生產階段、流通階段出現的空當，從而保持了資本運動過程的連續性。為了使購買、生產、銷售同時進行，資本家投入的資本必須要按一定的比例分配在這三個不同的階段、三種不同的職能和三種不同的形態上，否則資本主義再生產就不可能正常進行。因此，保持資本主義生產過程的連續性是保證整個資本主義再生產過程實現持續的基本條件。馬克思創建的資本總循環理論是建立在資本主義發展內部分工協作基礎之上的，企業內部的分工協作要求企業內部生產各個部分的生產要素必須有計

劃、按比例地投入和使用，購買、生產、銷售各個階段的資本運動必須有機地銜接、有序地開展，相應地，整個社會總資本也要按比例配置和使用。

在《資本論》中，馬克思還提出了持續發展的途徑和實現條件。首先，馬克思對人類活動所產生的排泄物進行了分類。他指出，我們所說的生產排泄物，是指工業和農業的廢料；消費排泄物則部分地指人的自然的新陳代謝所產生的排泄物，部分地指消費品消費以后殘留下來的東西。其次，馬克思指出，應該把這種通過生產排泄物再利用而造成的節約和由於廢料的減少而造成的節約區別開來，后一種節約是把生產排泄物減少到最低限度和把一切進入生產中去的原料和輔助材料的直接利用提到最高限度。再次，馬克思指出，所謂的廢料，幾乎在每一種產業中都起著重要的作用。馬克思的這些觀點體現了持續發展的一個基本理念——「垃圾是放錯了位置的資源」。

關於持續發展的實現條件，馬克思認為，建立在生產社會化基礎上的大規模社會勞動是實現持續發展的前提條件；工人的生產經驗和節約意識是持續發展的根本保證；原材料市場價格的約束和企業追求最大經濟利益的行為是實現持續發展的內在動力。

《資本論》中的持續發展觀，蘊含著建立適應生產力發展的生產關係是實現持續發展保障的思想。資本主義社會生產力的高度發展是以對生產財富的源泉——勞動力和自然資源的破壞以及生產力發展週期性地被經濟危機所打斷為代價的。在資本主義生產關係下的生產力的快速發展並不意味著生產力實現了持續，這種發展導致的種種問題表明了，在資本主義社會生產力和生產關係之間存在不可調和的矛盾，並且這種矛盾日益尖銳。要實現經濟社會持續發展，就必須建立和完善適應生產力發展的生產關係和社會制度。

《資本論》中持續發展觀的本質實際上是社會生產力的持續發展，在適應生產關係和社會制度下推動生產力發展的持續。遵循生產力持續發展的要求，構建一個高效配置自然資源、以勞動為本的生產關係，是實現生產力持續發展的保障。中國特色社會主義的生產關係是適應於生產力發展持續的生產關係，是推動持續發展的制度保障。

總之，《資本論》中的綠色經濟思想充分體現了發展的效率、和諧與持續的內在統一，是綠色發展理念之源頭，是市場經濟理論之根基，是全面深化改革和推動綠色發展的思想理論之先導。

參考文獻：

[1] 宋建國.《資本論》社會和諧思想探析 [J]. 經濟問題，2005（11）：3.

[2] 馬克思，恩格斯. 馬克思恩格斯選集：第1卷 [M]. 北京：人民出版社，1995：169.

[3] 馬克思，恩格斯. 馬克思恩格斯全集：第23卷 [M]. 北京：人民出版社，1995：832.

[4] 馬克思，恩格斯. 共產黨宣言 [M]. 北京：人民出版社，2014：32.

[5] 馬克思. 資本論：第1卷 [M]. 北京：人民出版社，2004：215.

[6] 王岩.《資本論》中的可持續發展觀及其實踐性探尋 [J]. 貴州師範大學學報：社會科學版，2008（6）：5.

甘孜藏區農牧民飲水安全現狀及思考

甘孜州委黨校　吳財明

摘　要：甘孜州地處橫斷山脈、川藏高山區，水源差、水質差、硬度大，人畜共飲現象突出，高山峽谷，飲用水困難，嚴重影響農牧民群眾生產生活。近年來，黨和國家高度重視，投入強勁，但現存問題仍然突出，水質量不達標，寄生蟲、細菌嚴重超標，特別是內地援藏幹部到農牧區後，被染上寄生蟲病的不在少數，農牧民因飲水患上疾病的也很突出。開展對此問題的思考，對於有效防治疾病，增強農牧民及藏區幹部飲用水安全防患意識，得到黨和政府的進一步重視意義重大。

關鍵詞：甘孜州；農牧區；飲用水；安全

一、農村飲水安全研究的意義與目的

飲水安全問題直接關係人民群眾的身體健康、千家萬戶的日常生活，是人民群眾的頭等大事，各地民生工程的重要任務。然而，中國很多地區特別是中西部大片農村尚存在各種程度的飲水安全問題，大量人口飲水未達到安全標準。農村飲水安全作為新農村建設的重點內容，一直受到普遍關注。

國家發改委同水利部、衛生部等有關部門曾確保在「十一五」期間解決1億農村人口飲用高氟水、高砷水、苦鹹水、污染水等水質不達標以及血吸蟲病區、微生物超標地區等局部地區嚴重缺水的問題；在「十二五」期間，全面解決2.98億農村人口和11.4萬所農村學校師生的飲水安全問題，強化項目管理，加強縣級農村飲水安全工程水質檢測能力建設等。2011年中央一號文件明確指出，在2016年前基本解決農村飲水不安全問題。

國家領導也對農村飲水安全問題做出過重要批示。胡錦濤2003年對農村飲水安全做出批示：「無論有多大困難，都要想辦法解決群眾的飲水問題，絕不能讓群眾再喝高氟水。」溫家寶在2005年的政府工作報告中，也把「讓人民群眾喝上乾淨的水」作為奮鬥目標之一。2014年李克強在水利部座談時，提出要確保農村飲水安全工程質量，兌現對人民的硬承諾。李克強說，政府工作報告提出解決農村飲水安全的目標，我們說

到就要做到，要努力讓所有農村居民喝上乾淨水，為群眾創造最基本的生存條件。有關部門和地方要加大資金投入和政策支持，按照統一的工程標準，加快建設進度，提高完工率。針對農村特別是中西部自然條件差、人口居住分散的情況，要注意摸清底數，對遺漏的也要科學提出目標，如期完成。在此基礎上，結合「十三五」規劃編製，統籌謀劃，逐步提高飲水安全標準，切實把農村飲水安全成果鞏固住、不反覆。

　　水是生命之源、生活之本、發展之要，飲水安全問題關係國泰民安，飲水安全建設一頭連著基本民生，一頭連著未來發展。各級水利、飲水衛生部門需高度重視飲水安全問題，尤其是條件艱苦的農村地區的飲水安全問題，讓廣大農村居民喝上安全水、放心水，打好民生建設的重要一仗。

二、甘孜州農村飲水安全的現狀

　　甘孜州地處青藏高原東南緣、四川西部高寒地區，地廣人稀，自然條件惡劣，自然災害頻發。由於過去農村人口飲水投入不足，建設標準低，農牧區人口飲水難、飲水不安全面大，群眾盼水猶如久旱盼甘霖。近年來，甘孜推進農村安全飲水工作成效明顯，有力改善了農牧區生產生活條件。但由於甘孜州溝壑縱深、地廣人稀、居住分散、自然災害頻發等因素制約，農村飲水安全工程建設面臨成本高、后期管護難度大、水質合格率低等諸多問題。特別是飲水安全工程建設成本很高，國家現行的補助標準遠遠滿足不了現實需求，加上人口增長、因災損毀、管網老化等影響，仍有大量農牧區人口無法飲用到放心安全水。2014 年，州水務局在全州開展了農村飲水安全現狀摸底調查工作，確定甘孜州仍有 49.6 萬人因災、水毀、工程建設標準低、投資不足等原因面臨飲水不安全問題，解決農村飲水安全問題依然任重道遠。

　　現在甘孜州農村飲水安全面臨的主要問題有：第一，大骨節病、包蟲病等介水傳染病在農牧區流行，需提高甘孜州的水質監測能力，有效防止介水傳染病的發生，確保飲用水水質達標安全。第二，自然災害頻發，需設立農村供水保障維護系統，確保甘孜州農村供水工程長期有效運行。第三，資金投入尚不足。目前，甘孜州「十二五」農村飲水安全建設指標基本完成，但是因建成后管護難度大等原因，全州農村飲水安全工作仍需要進一步提高質量、鞏固升級。

　　各級黨委政府對甘孜州飲水安全建設給予了很大的關心與幫助。國家水利部和省水利廳高度重視甘孜州飲水安全問題，先後派出 6 個調研組深入甘孜州開展專題調研和核查。2014 年，國家水利部規劃司常務副司長汪安南一行就深入稻城縣桑堆鎮磨坊溝、赤土鄉仲堆村督察農村安全飲水工程建設情況，詳細瞭解水質檢測、工程投資、入戶供水等情況，並表示國家水利部將一如既往地支持民族地區水利建設，在政策上繼續給予一定傾斜，支持甘孜州農村飲水工作提質增效升級。

三、甘孜州農村飲水安全建設成果

(一) 全面統籌解決甘孜邊遠地區飲水安全問題

目前，甘孜州「十二五」農村飲水安全建設指標基本完成，但是因建成後管護難度大等原因，全州農村飲水安全工作仍需要進一步提高質量、鞏固升級。2014年，甘孜州組織葛洲壩集團四川勘測設計分公司和全州18個縣啟動編製《解決全州新出現飲水不安全問題實施方案》。此次編製工作正式啟動後，藏區老百姓飲水不安全等民生問題將隨著方案的實施逐步得到解決。按照初步計劃，國家已在2015年投入7.44億元專門解決甘孜州新出現的49.6萬人口飲水不安全問題。

在「十三五」規劃中，甘孜州水利工作將以「解決城鄉飲水工作提質升級」為軸心，以「農田水利灌溉和牧區草原節水灌溉」為兩翼，以「資源保護和強力執法、綜合治理和頂層設計、防災減災和保護人民群眾生命財產安全」為中心，實現沒有水的地方能用水，有水的地方能惠民，大災的時候能安身。

在宏觀統籌上，一是要加大對農村安全飲水工作的政策支持和資金投入，要對民族地區出抬特殊優惠政策，提高飲水安全工程人均補助標準，並考慮對甘孜州實行全額補助，將甘孜州農村飲水不安全人口按實際數字全部納入「十三五」規劃。二是針對甘孜州區域實際，將農村供水保障維護資金納入項目投資概算，建立飲水安全工程專項維修資金，確保甘孜州農村供水工程長期有效運行。三是分片區建立水質檢測中心，提高甘孜州的水質監測能力，防治大骨節病、包蟲病等介水傳染病，確保飲用水水質達標安全。四是為中型水利工程渠系配套項目和資金，解決好「最后一公里」問題。

(二) 專項工程「農村甘露行動」讓農牧民飲安全水

甘孜州為解決本州民生問題，開展了幸福工程十大行動，其中就有專為解決農村飲水問題的「農村甘露行動」。為切實解決農牧區飲水難問題，甘孜州水務局加快推進農村飲水安全工程建設，組織實施好農村甘露行動。2012年，按照先試點，後突出重點，最後解決難點、消除盲點的原則實施「甘露工程」。選擇了具有代表性的爐霍、石渠、色達、稻城四縣作為試點縣，尋找共性，發現個性，總結「甘露工程」試點經驗，在不斷完善的基礎上做好推廣，從而實現到2015年完成69.1062萬人安全飲水目標，建立「水量保證、水質達標、水價合理、管理規範、發展持續」的農牧區飲用水供給體系。通過建設自流引水工程和打井工程，僅2013年1~7月就解決了3.15萬人的安全飲水問題，完成年度目標的32%。到2014年11月，全州通過實施農村甘露工程新建供水工程349處，自流式飲水工程327處，打井工程22處，解決了6.8901萬人的飲水安全問題，完成幸福工程甘露行動目標任務的86%。累計完成投資4,697.11萬元。

以康定市為例，該市將甘露工程建設作為惠民工作重點之一來抓。為保障農村安全飲水工程建設順利實施，該市水務局在建立健全農村飲水安全工程建設的各項規章制度

的同時，嚴把建設過程中設計、施工、材料、質量、驗收等關口，以確保工程質量和飲水工程的良性運行及群眾用水安全。到 2014 年 9 月，已投資 468.08 萬元，其中中央預算內資金 299 萬元，省級配套資金 32 萬元，地方自籌及群眾投勞折資 137.08 萬元。工程計劃新建沉砂池、蓄水池共 41 口，檢修井 4 口，防滲堰 2,000 米，安裝各類管道 86,602 餘米，建成後將解決麥崩鄉、時濟鄉、捧塔鄉、金湯鄉等共計 11 個鄉鎮 12 個行政村 6,100 人的人口安全飲水問題，有效保障當地居民的飲水安全，使惠農政策真正落到實處。

然而，到 2016 年，要使 69.2562 萬人真正喝上安全達標的飲用水，開展農村甘露行動惠民工程，還必須創新觀念，改變投入和建設管理方式，集中力量，高起點規劃，高規格建設，高標準運行和管理，這樣才能從根本上解決甘孜州農牧區群眾的飲水難和飲水不安全的問題。

（三）各縣因地制宜開展亮點做法解決飲水問題

甘孜州地域廣大，每個縣的具體情況都有所不同，因此在解決飲水安全問題上，各縣乃至各級鄉村部門要因地制宜，開展適合自己的特色做法、亮點做法，不斷總結好經驗、推廣新做法，並且相互協調配合，加強水質監測和水源保護，確保水質達標安全。

以稻城縣為例，稻城縣是甘孜州農村「甘露行動」的首批試點縣之一，面臨著海拔高、位置偏、水源缺乏、水質難以保證等諸多問題。稻城縣地廣人稀，農牧民居住分散，修建飲水工程量大，投資大，而解決的面和人數甚少。由於地理位置特殊，新建農村飲水工程建設材料全部從內地拉運，材料設備運輸遠，增加了工程建設的投資成本。海拔高缺氧，氣候惡劣，冰凍期長，工程建設施工期短，每年的施工期只有七個月左右，施工難度大，延長了工程建設週期。受自然條件的影響，水災、泥石流、山體滑坡頻繁，飲水工程設施常被衝毀，年年都需要恢復，嚴重影響了當地經濟的發展。稻城縣地方財政拮据，修建飲水工程的資金投入少，地方配套資金難以匹配。

在惡劣的自然條件下，為加強農村供水基礎設施建設、完善農村供水社會化服務體系、保障農村居民飲水安全，該縣制定了《稻城縣農村飲水安全工程「十二五」規劃報告》，以改善農村飲水條件、實現飲水安全為目標，以提高農村飲用水質量為重點，按照「先急後緩、先重後輕」的原則，優先解決對農牧民生活和身心健康影響較大的飲水問題，重點解決全縣飲用水水量不足和局部地區飲用水極不方便的問題。

根據稻城縣已解決農村飲水安全的基本經驗和目前待解決農村飲水安全分佈情況和所處的地理位置，結合當地實際，因地制宜，選擇不易受傳染的水源、高山山泉和地下水作為首選水源點。對水源採取有效的工程措施，以小微型相結合，分步實施、集中成片解決。根據項目實施區的水源及地形條件，決定採取自流引水工程方式。自流引水工程以建房、池圍欄、慢濾、修建溝渠進行排污處理。

在水源選擇上，為保證水源可持續利用和廣大農牧民群眾飲上乾淨自來水，水源選擇優先考慮水源的水質、供水保證率、水量、用水方便程度等因素。其次，做好水源處的環境保護問題，在保護好現有植被的同時，種樹、種草、擴大綠化面積，加強水源的周邊保護和管護工程。

在工程處理上，工程類型選擇根據地形、地貌及人口分佈狀況，在人口較集中的地方採用集中供水方式，人口居住分散的地方採用分散式供水方式。工程規模則根據飲水人口數量及分佈狀況確定供水規模。在水處理及消毒措施上，根據衛生防疫部門測定的水源為生活飲用水，為達到國家規定的衛生標準，在選擇水處理措施和消毒措施時採用過濾、反過濾、沉澱池、清水池和淨水劑處理。

　　該縣從2012年6月至2013年5月，已完成並解決東義區中心校560人及周邊群眾100人的飲水問題，鋪設主管道2,500米；解決省母鄉新增戶9戶共計52人的飲水問題，鋪設管道1,050米；解決巨龍鄉布郎村白郎組鋪設管道1,000米的搬遷戶5戶的安全飲水問題；解決金珠鎮培中村新立戶17戶149人的飲水問題；建成並解決了吉呷鄉中心校833位師生的安全飲水問題。並開始提升改造赤土鄉沙堆村、金珠鎮龍古村和冷巴村、俄牙同鄉中心校、各卡鄉中心校共計6個點2,100人的農村安全飲水項目。項目資金累計使用11.4萬元。

　　總結該縣農村飲水安全建設的經驗主要為：第一，盡可能集中、成片安排項目，充分發揮農村安全飲水工程設施的作用，便於建設管理與銷號；以集中供水為主，提高供水飲水質量，做到建一處成一處，建設起來就要發揮效益。第二，堅持以水源工程建設為重點，立足長遠，保質防旱，選好建好水源工程，使其形成較長時間的生產能力。第三，做好水質淨化處理工程建設，科學規劃，合理布置，處理工藝科學；管材選型上應科學合理，材質應優良。第四，堅持飲水安全標準與飲水工程設計標準相符合，嚴格執行水利部頒發的《村鎮供水工程技術規範》規定，提高工程規劃設計與建設施工質量，努力創建優良工程。並且加強工程質量管理和監督，農村飲水安全工程必須按照基本建設工程質量管理辦法，工程建設要實行「六制」，要做好工程質量的監督工作。

　　該縣的飲水安全建設取得了頗為有效的成果，使當地農村牧民群眾擺脫了吃水困難的老問題，徹底改變了農牧民群眾傳統的到幾千米以外人背馬馱取水和飲用不衛生水的狀況。飲水工程實施后，不僅解決了人畜飲水困難問題，而且引導農、牧民群眾調整農牧業產業結構，促進農、畜產品的深加工，鄉村旅遊等經濟也將有所發展。

四、甘孜州農村飲水安全現存問題與建議

　　甘孜州農村飲水安全現存的主要為題為：第一，資金投入不足，尤其是地方財政有限，配套不足。第二，自然環境惡劣，自然災害頻發，嚴格限制了飲水安全工程的施工和農村供水保障維護系統的運行。第三，大骨節病、包蟲病等介水傳染病還沒有得到完全的控制，需提高甘孜州的水質監測能力，確保飲用水水質達標安全。

　　主要的建議為：第一，加強宏觀統籌，要加大對農村安全飲水工作的政策支持和資金投入，對民族地區出抬特殊優惠政策，提高飲水安全工程人均補助標準，並考慮對甘孜州實行全額補助，將甘孜州農村飲水不安全人口按實際數字全部納入「十三五」規劃。將農村供水保障維護資金納入項目投資概算，建立飲水安全工程專項維修資金，確保甘孜州農村供水工程長期有效運行。第二，加強水質監測，分片區建立水質檢測中

心，提高甘孜州的水質監測能力，防止大骨節病、包蟲病等介水傳染病的發生，確保飲用水水質達標安全。第三，繼續抓好農村飲水安全工程甘露行動專項建設，一是嚴把項目「審定關」。根據鄉黨委政府及村寨對縣委政府及水利工作的支持力度對上報的安全飲水項目進行嚴格審定。二是對加強領導，落實責任。一方面積極解決工程建設中出現的資金、協調等難題；另一方面加強督促，嚴把項目規模、資金使用、技術指導、工程進度、工程質量關，確保水質安全。在工程實施過程中，嚴把工程建設規劃設計關、工程質量關、施工監督關和竣工驗收關。加強對飲水水源的水質監測，為供水村群眾提供符合衛生標準的飲用水，確保農村群眾喝上安全、衛生、潔淨的飲用水。不斷強化已建工程的管理工作，確保工程建成正常運行、長期發揮效益，有力保障甘孜州農牧民群眾生產生活用水安全。

結論：在農牧區，針對安全飲水問題，一方面要加大政府投入，黨和政府加強關心、關注力度；另一方面，農牧民要自救，增強飲水安全意識，文明生活，文明飲水，增強自身防護能力，共同奔向全面建成小康社會的目標。

參考文獻：

[1] 四川省甘孜州地方志編委會. 甘孜州年鑒（2014）[M]. 北京：方志出版社.

[2] 朱丹，王建成，付雲霞. 甘孜州農村飲用水安全問題及對策 [J]. 四川農工業科技，2012 (9).

哲學視閾下生態保護紅線劃定與
管控的思考

德陽市委黨校　倪　婷

我們的地球不僅是從祖先那傳來的，更是問后代借來的。生態問題不解決，我們的后代無一幸免都將成為「生態難民」。面對已惡化的生態危機，如果我們不知道如何拯救和挽回，但至少可以停止破壞來守住生態環境的最底線。生態紅線的劃定，正是在此意義上作為當下生態文明建設中的一項重大舉措在推進，本文對此展開研究。

一、生態保護紅線的提出與劃定現狀

（一）生態保護紅線的提出背景

良好的生態環境才是我們人類社會賴以生存、延續的家園。由於過去不可持續的經濟發展方式和城鎮化建設進程的加快推進等問題，欠下大筆的生態環境帳，中國的生態環境遭到了嚴重破壞，造成水土流失嚴重、沙漠化和草原退化的加劇、生物物種滅絕加速、大氣污染和水體污染的明顯加重等問題。尤其是近幾年來凸顯的霧霾問題已經成為全民社會化問題，比如去年底到今年初連續12天的跨年霾，已經令我們深切感受到重視環境問題的迫切感。根據有關的數據統計顯示，中國面積大於10平方千米的湖泊有200多個已經萎縮，因圍墾而消失的天然湖泊近1,000個，每年有1.6萬億立方米的降水因直接入海而無法利用；就現行的空氣質量評價標準而言，全國地級及以上城市的空氣質量平均超標天數比例為27.3%，其中京津冀地區達到53.6%；全國10萬平方千米耕地已經受到污染、40%的耕地出現退化，水土流失面積占國土面積的30%；全國超10%的地表水國控斷面水質為劣Ⅴ類，僅今年上半年就有8個地表水國控斷面（點位）出現共計18次的重金屬超標的現象，其中四川有一個。

黨的十八大以來，以習近平同志為總書記的黨中央高瞻遠矚、戰略謀劃，著力創新發展理念，並大力強調建設生態文明，引領中華民族在偉大復興的徵途上奮勇前行。「十三五」規劃提出五大發展理念中的綠色發展理念，就是將生態文明再次提到了一個新高度。習近平總書記強調：良好生態環境是最公平的公共產品，是最普惠的民生福祉。既要金山銀山，也要綠水青山，綠水青山就是金山銀山。絕不能以犧牲生態環境為

代價換取經濟的一時發展，嚴守生態紅線不能「越雷池一步」。對此，黨的十八屆三中全會通過的《中共中央關於全面深化改革若干重大問題的決定》提出，要加快生態文明制度建設，用制度保護生態環境，劃定中國第二條國策紅線——生態保護紅線。

(二) 生態保護紅線的內涵

生態保護紅線作為國家和區域生態安全的底線，在維繫中國生態安全的格局、維護生態系統的功能上都發揮著重要作用，也將為推動「十三五」的可持續發展提供基礎保障。過去對於「紅線」概念的理解，我們更加熟悉中華民族的生命線——耕地紅線。而生態紅線，就是人們對影響自然的生產、生活行為，進行一個底線或最低限度的管理。就其本質來說，有四層含義：

第一層紅線含義，是空間區域上的紅線。我們通過禁止或限制開發建設活動的分類紅線劃定，在地圖上劃出能夠找到看到的線，豎起生態屏障，這就讓經濟發展為生態保護讓步了。比如一旦劃定了自然保護區，依法就不能在其規定區域內搞經濟建設，當地的人民群眾的謀生受影響部分，可以通過領取政府的生態補償來實現。

第二層紅線含義，是環境質量的紅線。在發展經濟過快過猛的追求下，現在的環境質量確實退化嚴重，特別是空氣質量和水質量問題的凸顯，很多區域已經突破了底線。所以，無論是流域、地面還是大氣都不能再惡化，都應該要對環境質量有一個制度底線，因時因地來進行制定。

第三層紅線含義，是資源消耗的上限。中國現如今每年都平均保持增長兩億噸的煤耗，這對環境尤其是近年來的霧霾問題影響頗大，所以必須要控制好煤炭消耗的上限，以此來保證污染的下限。並可以通過科研創新來發展新能源或化學能源，通過節能的方式來緩解污染的壓力。

最後一層紅線含義，就是污染物排放量的控制線。就目前來說，中國已經設定了幾項主要的污染物指標。接下來，每年不但要控制好不能突破那個線，還要往下減。對於一個國家來講，要想發展新項目來助推經濟發展，必須要通過削減原來的排放污染物的總量才能實現。

以上四點就是我們認識生態紅線劃定的內涵所在。

(三) 生態保護紅線的劃定現狀

綜上理論部分，所謂生態保護紅線，就是應當兼顧生態、環境、資源這三大領域的重大問題及保護需求，構建以「生態功能保障基線-環境質量安全底線-自然資源利用上線」為核心的國家生態紅線體系。早在 2011 年，在國務院印發的《國務院關於加強環境保護重點工作的意見》中就首次提出了要「在重要生態功能區、陸地和海洋生態環境敏感區、脆弱區等區域劃定生態紅線」。隨後，新的《中華人民共和國環境保護法》和中共中央、國務院《關於加快推進生態文明建設的意見》《生態文明體制改革總體方案》中均明確提出「要劃定並嚴守生態保護紅線」。在 2015 年黨的十八屆五中全會上通過的《中共中央關於制定國民經濟和社會發展第十三個五年規劃的建議》中也將「綠色」詞彙與「創新、協調、開放、共享」一起並提為「十三五」時期的五大發

展理念，表明了黨中央以此理念來引領中國走向永續發展、文明發展新道路的決心。

就四川省來說，2013 年，省環境保護廳選擇具有代表性的溫江區、蒲江縣、寶興縣、松潘縣來作為開展生態保護紅線劃定的試點工作。2014 年，四川首次劃定了林地、沙區植被、濕地、物種四條生態紅線，圈住了四川省生態資源的「家底」。2015 年底基本完成省一級的生態紅線劃定，發布了《生態保護紅線管理辦法（試點試行）徵求意見稿》。近日，省政府已經印發了《四川省生態保護紅線實施意見》，覆蓋 21 個市（州）、146 個縣（市、區），主導生態功能及保護重點的 13 個紅線區塊已經劃定，並提出通過分類管控的方式明確管理管控的不同要求，比如一類管控區要求禁止開發建設活動，如果要進行必要的科研或生態保護活動也必須經由依法審批的程序。二類管控區要求限制開發建設活動，依據紅線區主導生態功能的維護相關需求，制定限制性的開發建設清單，以此來確保即便是有用地需要，也能達到其性質的不轉換、生態功能的不降低和空間面積的不減少。

二、哲學視閾下對生態保護紅線劃定與管控的幾點解讀

生態保護紅線的劃定和管控不僅是一項要靠技術和政策來推動的工作，更要以哲學思維中科學的世界觀、方法論來指導，以保障這項工作沿健康有序的軌道向前推進。

第一，事物的對立統一規律——解讀「保護」與「發展」二者在本質上的一致性。劃紅線是為了保護，但保護並不代表就必定會限制地方經濟的發展。本文認為，應當從哲學思想的對立統一規律指導下把握好以下兩個方面。一方面，明確「保護優先」的思想認識。「保護優先」這個原則是由新的環保法明確提出，表明此兩者的關係得到了法律上的界定，突出強調的是未來經濟發展與環境保護的協調性和統籌性，而劃紅線，就是對這一關係中「保護優先」的具體體現。「保護優先」的原則前提下也要看到二者間的辯證統一性，我中有你，你中有我，不能把兩者割裂或對立起來片面強調其中一點。所以，保護不但不是限制發展，反而是為了優化和促進發展。另一方面，「保護」也離不開「發展」。只有在發展所提供的物質保障條件和科技水平提升的基礎之上，才能讓社會更有能力、更有效率地解決好環境、資源等生態問題。習近平總書記一再強調的「綠水青山」就是「金山銀山」，就是對「保護」與「發展」這兩者之間辯證統一關係的最佳詮釋。總而言之，辯證唯物主義思想的指導作用下，這項紅線劃定與管控工作才會具有全局性、長遠性和系統性。

第二，事物的普遍聯繫觀點——解讀生態紅線的豐富內涵與整體性。紅線不僅僅是區域性的空間保護界線，在第一部分的本質含義梳理中，已經突出表明了這一點。現在，在有些地方，提到生態保護紅線，包括有些政府人員在內的很多人都會誤把紅線僅視為是區域性的管控邊界線，這種看法顯然是片面的，具有局限性。其實，堅持辯證唯物主義中關於事物之間的普遍聯繫觀點，就能夠全面、準確地把握生態紅線的多維度內涵。

在管控的對象上，如山、水、林、田、湖等多種生態要素與類型的交叉重疊，以及

它們之間的相互關聯、相互作用的現象,這就體現著事物之間普遍聯繫的特徵。另外,在管控的要求上,由於其內涵的多樣性——生態功能保障基線、環境質量安全底線、自然資源利用上線,所以這是一個多維度的系統工程。因此,只有從整體的視野和戰略的高度來把握其豐富內涵,才可以在落實紅線劃定與管控的工作過程中把所涉及的諸多方面統籌與整合好。

第三,矛盾無處不在、無時不有的普遍性原理——解讀生態紅線管控的長期性和艱鉅性。生態保護紅線在圖紙上完成界定意味著階段性成果的取得,但是,現實的事物發展過程始終是舊有矛盾的解決與新矛盾的產生。紅線劃定后需要我們時刻保持清醒的頭腦去面對在此之後受到的各種外部因素的挑戰,在管控過程中也會不斷湧現許多新情況、新矛盾和新問題。而真正始終做到堅守紅線,就要各地方和有關部門保持定力,不為短期能夠產生的利益所動,放長眼光,站穩可持續發展的根基。由於矛盾的不斷變化發展,在保障措施上就應當建立起確保紅線落地的一系列長效保障制度與機制,包括法律方面與管理層面等,只有在完備、健全的制度機制下,生態保護紅線才能真正成為一條不可逾越的「鐵線」,得到長久、有效的管控。

第四,過程與結果的辯證統一——解讀劃定生態紅線應作為推動生態文明建設的過程,而不能把「一條線」或「一張圖」看作最終目標。劃定紅線工作作為推進生態文明建設的一項重大舉措,其具長遠性與累積性的漸進過程要遠比結果有意義,特別是社會群眾合力的支持與參與。由於紅線的劃定在某些區域內可能會影響當地群眾的生活生產方式,甚至影響眼前利益,所以,作為主體責任的環保部門要改變「閉門畫圖、埋頭劃線」的工作方式,將廣泛民主滲透到紅線劃定的工作中,並將其作為基礎工作堅持做到最佳。

紅線的劃定與管控,不該僅是專家們的純技術性工作,而應當是推動地方生態文明進程的宣傳性、社會性的活動。在此意義上,我們所追求的就絕不僅是「一條線」或「一張圖」的結果,而是全社會參與的增強生態保護意識、提高生態文明建設水平的效果,真正使生態文明的理念深植於群眾頭腦中、體現在日常行動上。

國家圖書館出版品預行編目(CIP)資料

【資本論】與中國特色社會主義政治經濟學/楊穎、許彥 主編.
-- 第一版. -- 臺北市：崧博出版：財經錢線文化發行，2018.10

　面；　公分

ISBN 978-957-735-539-3(平裝)

1.資本論 2.研究考訂

550.1863　　　107016454

書　　名：【資本論】與中國特色社會主義政治經濟學
作　　者：楊穎、許彥 主編
發 行 人：黃振庭
出 版 者：崧博出版事業有限公司
發 行 者：財經錢線文化事業有限公司
E-mail：sonbookservice@gmail.com
粉絲頁　　　　　　網　址
地　　址：台北市中正區延平南路六十一號五樓一室
8F.-815, No.61, Sec. 1, Chongqing S. Rd., Zhongzheng Dist., Taipei City 100, Taiwan (R.O.C.)
電　　話：(02)2370-3310　傳　真：(02) 2370-3210
總 經 銷：紅螞蟻圖書有限公司
地　　址：台北市內湖區舊宗路二段 121 巷 19 號
電　　話:02-2795-3656　傳真:02-2795-4100　網址：
印　　刷：京峯彩色印刷有限公司（京峰數位）

　　本書版權為西南財經大學出版社所有授權崧博出版事業有限公司獨家發行電子書及繁體書繁體版。若有其他相關權利及授權需求請與本公司聯繫。

定價：300元

發行日期：2018 年 10 月第一版

◎ 本書以POD印製發行